书读懂系列

博古通今

一本书读懂

中国通史

姜正成◎主编

中国财富出版社

图书在版编目（CIP）数据

博古通今：一本书读懂中国通史/姜正成主编. —北京：中国财富出版社，
2016.3（2019.5重印）

（一本书读懂系列）

ISBN 978-7-5047-5976-4

Ⅰ.①博⋯　Ⅱ.①姜⋯　Ⅲ.①中国历史–通俗读物　Ⅳ.①K209

中国版本图书馆 CIP 数据核字（2015）第 290317 号

策划编辑	张彩霞	责任编辑	张彩霞		
责任印制	方朋远	责任校对	饶莉莉	责任发行	邢小波

出版发行	中国财富出版社				
社　　址	北京市丰台区南四环西路 188 号 5 区 20 楼		邮政编码	100070	
电　　话	010-52227568（发行部）		010-52227588 转 307（总编室）		
	010-68589540（读者服务部）		010-52227588 转 305（质检部）		
网　　址	http://www.cfpress.com.cn				
经　　销	新华书店				
印　　刷	北京晨旭印刷厂				
书　　号	ISBN 978-7-5047-5976-4 / K·0199				
开　　本	710mm×1000mm　1/16		版　次	2016 年 3 月第 1 版	
印　　张	17.75		印　次	2019 年 5 月第 2 次印刷	
字　　数	222 千字		定　价	38.00 元	

前言

中国有悠久的普史传统，皇皇二十四史记载了中华文明的伟大历程。古埃及、古罗马的文明早已中断，只留下残垣断壁供人凭吊；古印度的文明虽极悠久，但他们只有神话而无史。而中华文明则一脉相承，继往开来。

史学家黄仁宇先生把秦至清的历史区分为三个阶段：秦汉是第一帝国时期，唐宋是第二帝国时期，明清是第三帝国时期。经历了近代史的百年震荡之后，新中国的成立标志着中华民族迎来又一次伟大复兴。"周虽旧邦，其命维新。"我们的民族何以如此生生不息？这是一个大问题，也是我们读史的一大目的。

中国人，特别是年轻的一代，了解中国过去发生的大事，体认中国的文化传统，感悟中国人的生存智慧，是一件很有意义的事。

本书就是为了以上目的而编写的。它不同于传统教科书的面面俱到，而是选取了一百多个在中国历史上占重要地位的故事，既包含精彩的人物特写，又囊括了丰富的历史事件。它不是板起面孔教育读者怎样认识一个事件，怎样评价一个人物，而是寓情于理，通过一个个既相互独立又连为一体的故事，启迪读者思考。

当面对祖先创造的辉煌灿烂的文化，你怎能不为中华文明而击节赞叹，不为生活在这片神奇的土地而自豪？有人也许会问"历史是什么"，读过本书，你也许会觉得历史自有其独特的美感，它思接千载，视通万里，千姿百态，令人神往，因此它比其他学科更能激发人们的想象力。

有人说：读史使人明智。"明智"，即所谓"知人者智，自知者明"。对先人的成功经验要借鉴，而对他们的失败教训也要重视，以免重蹈覆辙，在不断反省自身的过程中获得前进的智慧。通过阅读这本书，如果读者能有所感悟、有所收益，就是一件令人高兴的事。

中国历史丰富多彩、博大精深，本书的内容有限，当然不可能总括一切。读者如果有深入阅读的兴趣，那些优秀的历史专著和珍贵的历史文献都等待着你去发掘。此书算是一个向导，带你渐入佳境。

目 录
Contents

第一章　先秦卷

------------------------- >>>

第二章 秦汉卷

第三章　魏晋南北朝卷

第四章　隋唐五代卷

第五章 宋辽夏金卷

>>>

第六章 元代卷

>>>

第七章 明代卷

第八章 清代卷

博古通今
一本书读懂中国通史

第一章
先秦卷

中国史学界将夏代以前的历史称为"史前史",包括原始社会及尧、舜、禹所处的传说时期。史前史的研究主要依据考古发现的人类遗存的实物资料以及神话传说。

公元前 21 世纪,禹的儿子启破坏了禅让的传统,自立为王,建立了夏朝。这标志着中国原始社会基本结束,长达数千年的阶级社会从此开始。

公元前 1600 年,夏朝被新起的商王朝所取代。商朝是中国奴隶社会的一个重要发展阶段,其灿烂辉煌的青铜文化在世界文明史上占有重要的位置。商朝还是中国有文字记载的历史的开端。出土的甲骨文和金文,是我们研究商朝文明的宝贵资料。

公元前 1046 年,周武王灭商。周朝是古代中国的一个重要时期,也是中华古典文明的全盛时期,它的两项制度对后世产生了深远的影响:一是分封诸侯,二是制定礼乐。周朝的礼乐制度是儒家思想的先河。

公元前 771 年,西北的犬戎攻入周的都城镐京,杀死周幽王。第二年,周平王迁都洛邑,周王朝从此走向衰微。历史上,迁都前的周王朝被称为"西周",而迁都以后的周王朝被称为"东周"(前 770—前 256 年)。

东周分为春秋和战国两个时期,这一时期的政治中心逐渐从周王室转移到诸侯各国。齐桓公、宋襄公、晋文公、秦穆公、楚庄王相继称霸,史称"春秋五霸"。战国时期则形成齐、楚、燕、韩、赵、魏、秦七个大国,号称"战国七雄"。春秋战国时期,思想文化空前活跃,形成了百家争鸣的生动局面。中国历史上最重要的思想家,如老子、孔子、墨子、韩非子,都产生于这一时代,影响了中国两千多年。因此春秋战国又被称为中国的"轴心时代"。

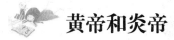 **黄帝和炎帝**

中国是历史悠久的文明古国之一。与世界其他文化体系相比，数千年来，中国历史记载最为完整，历史遗存最为丰富，历史传承关系也最为明确。

《史记·五帝本纪》记述了黄帝、颛顼、帝喾、尧、舜的事迹。这并不是司马迁的凭空想象，而是他走遍大江南北，考察风土人情后，采集的有关先古圣王的传说。可见"五帝"传说由来已久。

黄帝族和炎帝族是史前两个关系密切的大氏族部落。在炎帝氏族部落衰落的时候，黄帝氏族部落强大起来。关于炎、黄的关系，《国语·晋语四》记述："昔少典娶于有蟜氏，生黄帝、炎帝。黄帝以姬水成，炎帝以姜水成。成而异德，故黄帝为姬，炎帝为姜。二帝用师以相济（济通挤）也，异德之故也。"依此说，炎帝与黄帝同出于少典氏族。炎帝族所在姜水是渭水的一条支流，在今陕西宝鸡市境内。黄帝族所在的姬水是现今哪一条河流虽然尚无定论，但应距姜水不远，因而可以推测，炎、黄两个氏族部落发祥于我国西北黄土高原地区，后来向中原地区发展。

黄帝时代，中国史前社会发展取得了伟大成就：人们开始驯养、使用牛马，发明了车船，学会打井和养蚕缫丝；发明了文字，制定出历法和甲子，发明了冠冕衣裳。中华民族制度文明发端于黄帝时代。

炎帝时代主要贡献在原始农业和原始文化方面。传说炎帝神农氏寻求治病的药物时遍尝百草，发明医药是炎帝神农时代的又一重大成就。

对于中国文明起源时代的部族、部族集团或者部族联盟，有的学者认为除了黄帝和炎帝之外，还有蚩尤。也有的学者认为，和黄帝、炎帝并列的部族集团或部族联盟是苗蛮。对于这一阶段的历史文化分析、认识之所以无法一致，是因为有关传说时代的文字遗存本来就零散、片断而且未能确信。

但是，以炎、黄二帝的传说作为中华文明的起源，是自古有之的说法，并已深深嵌入了中国人的文化信仰。

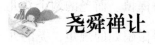

尧舜禅让

尧姓伊祁，名放勋，号陶唐氏。古书上说尧很善于治理天下，他命令羲、和两个人掌管天地，派羲仲、羲叔、和仲、和叔分别掌管东、南、西、北四方。他还制定了历法，规定一年为三百六十六日，分春、夏、秋、冬四个季节，使农牧业、渔猎业根据季节安排生产。

尧在位七十年而得到了舜。又过了二十年，尧退居二线，让舜代行天子的职务。尧知道自己的儿子丹朱不成器，所以没把天下交给他。

他说："无论如何，不能让天下人受苦，而让丹朱一个人得利！"于是他毅然把帝位传给了舜。

尧退位二十八年后去世，舜为尧服丧三年，然后把帝位让给丹朱，自己躲到南河以南。可是朝见天子的诸侯不找丹朱而找舜，争讼告状的人不找丹朱而找到舜，唱歌的不赞美丹朱而赞美舜，于是舜说："看来这是天意。"然后舜回到都城登上天子之位。

舜姓姚，名重华，是冀州人，曾在历山种过田，在雷泽打过鱼，在黄河边上烧制过陶器，在寿丘制造过各种工具，在负夏做过生意。舜的父亲瞽叟愚顽，母亲泼悍，弟弟象骄纵，他们都想杀害舜。舜很恭顺，不失为子之道，对弟弟很慈爱。即使他们想杀他，也无从下手；如果有事找他，他又常常在身边。

舜二十岁就以孝顺闻名于世。到三十岁时，尧询问可以重用的人，四方诸侯都推荐舜，说他可以重用。于是尧把两个女儿嫁给他，以考察他如何治家。又让九个儿子与他相处，以考察他如何待人接物。舜住在妫水与黄河的汇合处，在家里的表现愈益谨慎。而尧的两个女儿也不敢因出身高贵而傲视舜的亲戚，都很懂得做媳妇的规矩，尧的九个儿子也越来越诚实厚道。

舜在历山种地，历山的种田人受其感化都能互相谦让，在田界处让对方多占有土地；舜到雷泽打鱼，雷泽的渔人受感化都能互相推让居住的地方；舜在黄河之滨烧制陶器，黄河边出产的陶器从此不再粗制滥造。他住的地方，一年就成了村落，两年就成了市镇，三年就成了都城。于是尧便试着让舜主管礼教，后让其担任各种职务，舜都做得很好。

舜二十岁以孝顺闻名，三十岁尧委以重任，五十岁代尧行天子职权。五十八岁时尧去世，六十一岁登上帝位。舜在位的第三十九年到南方视察，死在了苍梧的郊野，葬在长江以南的九嶷山，地处于零陵郡。

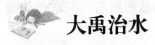 # 大禹治水

夏禹姓姒名文命。禹的父亲名鲧，鲧的父亲叫颛顼，颛顼的父亲叫昌意，昌意的父亲就是黄帝。禹是黄帝的玄孙、颛顼的孙子。禹的曾祖父昌意和父亲鲧都不在帝位，而为人臣子。

尧在位时，洪水滔天，浩浩荡荡地包围着大山，吞裹着丘陵，百姓陷入困境。尧下令寻找能治水的人，群臣与四方部落的首领都说鲧可以。尧说："鲧是一个违背上命、毁坏家族的人，不能用。"部落首领们说："在同列的人员中没有比鲧更能干的了，还望您让他试一试。"于是尧听从了他们的意见，任用鲧来治水。

但鲧治了九年，洪水也未能平息，治水没有功效。于是尧又寻找人才，得到舜。舜被提拔重用，后又代行天子的职权，巡视天下。他在视察中看到鲧治理洪水不像样子，就将其正法于羽山。天下人都认为舜杀鲧应该，于是舜又提拔了鲧的儿子禹，叫他继续完成鲧所没能完成的事业。

尧去世后，舜询问四方部落首领："谁能很好地完成尧的事业，

担任各种官职呢？"部落首领们都说："让大禹当司空，一定能很好地完成尧的事业。"舜说："嗯，可以这样。"随后舜命令禹："你去平定水土，要努力干好！"禹下拜叩头，想推让给契、后稷、皋陶等人。舜说："你就赶紧上任干这件事吧。"

禹为人敏捷、做事勤奋，他的品德不违正道，仁慈可亲，说话可信；他发出的声音可以校定音律，躯干、四肢的长短可以作为丈量的长度，各种度量衡的标准都从他身上得出；他恭敬勤勉，一举一动都可以作为人们仿效的准则。

禹与伯益、后稷奉舜之命，命令诸侯百官征集人夫，平治水土，顺着山势竖立标志，根据高山大川的原有走向疏导洪水。禹痛心父亲鲧的无功被杀，因而苦心劳思，在外干了十三年，几次经过自己的家门口都没有工夫进去。他自己吃穿简朴，但祭祀祖先神明却丰厚虔诚；他自己居住的条件很简陋，但在修渠挖沟方面却舍得花钱。他旱路坐车，水路乘船，在沼泽地上坐橇，走山路则穿一种底下有齿的鞋子。

他左边挂着水准仪和墨斗，右边背着圆规和方矩，随着一年四季的变化到处奔走，划定九州的疆域，开辟九州的道路，修筑各地的湖堤，测量各地的大山。

他命令伯益向民众发放稻种，让他们栽种在低洼有水的地方。他又命令后稷在民众食物缺乏时发放食物。哪里缺粮食，他便从粮食有余的地方向哪里调集，务使各诸侯地区的生活平均。禹根据他所巡视的各地的生产，确定各地向天子的贡赋，并确定了对各地山川开发利用的问题。

舜向上天举荐禹，让禹继承天子之位。过了十七年，舜去世。禹为舜服丧三年期满后，让天子之位给舜的儿子商均，自己躲到了阳城。但四方的诸侯都不愿跟着商均而去投奔禹，于是禹只好登上了天子之位，面向南方以接受各地诸侯之朝拜，禹所建立的国叫"夏"。

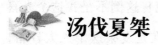

汤伐夏桀

夏朝的第十四代国君叫夏桀。他是一个出名的败家子，贪图享受，生活糜烂，不知体察百姓的疾苦。老祖宗夏禹辛辛苦苦创立的江山，到了他这里已经是风雨飘摇了。

正当夏朝势力日渐衰落的时候，黄河下游的商国却在兴起。商国是夏朝的属国，据说祖先是帝喾的小儿子，名字叫契。契曾经帮助大禹治水，立了功，故大禹赐他姓子，封他在商地。子契在封地建立了一个小国家，叫商。夏桀胡作非为的时候，正是子契的第十四代孙子汤掌管商国政权。商汤看到夏桀已经是众叛亲离，就决心顺应民意，积极积蓄力量，准备推翻夏朝。

商汤是个仁义的人，这也是他赢得民心的重要原因。据说有一次，商汤到城外玩，看到一个捕鸟的人张着四面网在捕鸟，捕鸟人口里还不断地念叨："从天上落下来的，从地面往上飞的，从四面八方来的，都掉进我的网里来！"商汤看了，对捕鸟人说："你这样做太残忍了，赶快撤掉三面网，留下一面就够了。"捕鸟人说："一面网怎么能捕

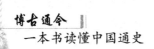

鸟?"商汤说:"你张一面网,对鸟喊叫:'鸟儿啊!你们愿意往左就往左飞;愿意往右就往右飞;实在不想活了,就进我的网里来吧!'这样才显得你心地善良。"

商汤对捕鸟人说的这一番话很快就流传开来,人们都说商汤这个人真好,他对禽兽都这样仁慈,我们应当真心拥护他。

商汤做好了准备工作后,就发表了一个宣言,对夏朝发动了进攻。他在宣言中说:"大家都跟着我去攻打夏桀吧!这倒不是我这个人喜欢作乱,叫你们撂下繁忙的农事去打仗,实在是夏桀这个人太昏庸,天下被他糟蹋得太不像话了。老百姓早就指着他的脊梁骨在诅咒他,叫他快点死。他做的坏事真是天地难容。现在我奉老天爷的旨意去消灭他,你们应当帮助我。你们如果能在战争中立功,我一定重重地赏赐;如果不努力作战,我一定要重重责罚!"

夏桀听说商汤带兵打来了,赶紧命令从属夏朝的昆吾国、韦国、顾国三个小国家的军队来保卫夏朝。商汤早就料到这一着,于是他先派兵灭亡了韦国和顾国,打败了昆吾国,带领大军直逼夏朝的重要城市鸣条。夏桀亲自带兵到鸣条迎战,但是军心涣散,士兵都不听他的指挥,有的逃散,有的投降。

夏桀看到大势已去,不敢再回首都斟鄩(今洛阳),带着少数残兵败将去投靠昆吾国。商汤乘胜追击,一举灭亡了昆吾国。夏桀带着他的妻子妹喜逃出重围,乘上一只小船渡江到了南巢(今安徽巢湖西南)。但夫妻俩在深宫养尊处优惯了,不会劳动,最后双双饿死在南巢山中。

商汤赶走了夏桀,拆毁了夏朝祭祀祖先的太庙,放火焚烧了夏朝的祭器,肃清了夏朝的残余势力。这样,从公元前21世纪开始建立的夏朝，经历了四百多年宣告灭亡了。大约在公元前 17 世纪初，商汤正式建立了我国历史上的第二个奴隶制国家——商朝。

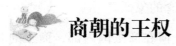

商朝的王权

商朝处于方国林立的时代，国家的外部形式表现为方国联盟。商朝的方国在殷墟甲骨文中称为"某方""多方""邦方"等，方国首领的称谓有"侯""伯""邦伯""任""田"等。这些方国多是由古代的部族独立发展演变而来的，与商王国缺乏内在的联系，因而具有很强的独立性。诸方国与商王国的关系错综复杂，有的始终与商为敌，有的时服时叛，有的则长期与商结为同盟。可见，商朝并不是大一统的国家，而是一个以商王国为主体的松散联盟；商王国与诸方国并非中央王朝与地方政权的关系，而是国与国之间的关系。

商王国是方国联盟的主体，作为商王国的首领，对其他方国而言，商王具有盟主的性质。商王权力的大小，取决于商王国势力的盛衰。盘庚迁殷以前，商王国曾五次迁都。由于没有一个稳定的政治中心，商王国逐渐衰弱，王权也随之不振。盘庚迁殷（公元前 1300 年）以后，内乱消弭，逐渐形成了以殷都为中心的王畿，王朝的地位才渐渐稳固。正因为有了政治和经济实力雄厚的王畿为后盾，商王国才得以凌驾于诸方国之上，形同中央王国。

此时的商王经常以诸侯之长和盟主的身份对外行使王权，以命令的口吻支使方国首领。殷墟卜辞中有许多商王"呼""令"某侯、某伯的记载，说明商王对某些方国有一定的支配权。西方最强的周在名义上也承认商王为天子。虽然此时似乎还没有产生封建制度，但部落间已有一种与封建制相近的比较精密的组织。天下一家的观念，此时大概已很普遍，故名义上的共主就是这个观念的象征。

商王的对外权力虽然有一定的局限性，但在商王国内部，商王的权力则是至高无上的。王权的至尊，是由社会内部结构所决定的。

从社会内部结构来看，商王国是一个宗族国家，以宗族体系为基础。在宗族政治体制下，商王具有多重身份，他既是王国的首领，又是同姓宗族的大族长，亦是异姓宗族的君主，集王权、族权、政权于一身。在王国内部，商王自称"余一人"，拥有至高无上的权力，无异于专制君主。

商王的王位继承以兄终弟及为主，父死子继为辅。兄终弟及是传统的王位继承法，武乙以前的诸王，兄死由弟继承，直至无弟可传，然后传子。这种继承制度的不确定因素较多，有一定的随意性，容易导致争夺王位的现象。故武乙以后的诸王均为父死子继，传子制取代了传统的兄终弟及制，这一制度为后来的周人所沿袭。

殷墟与甲骨文

关于商代，旧的史料能提供给我们的知识极少，直到清末甲骨文的发现。

我国目前考古发现最早的成文资料始于商朝。商朝的文字资料，有陶文、玉石文、金文和甲骨文几种，其中以甲骨文最为重要，而且数量最多。

殷墟最重要的发现首推甲骨文。自从光绪二十五年（1899年）甲骨文在河南安阳小屯村被发现后，甲骨文引起了人们广泛的关注。1928年至1937年，考古学家先后在殷墟进行了5次发掘，出土甲骨10万多件，共有4500字，记录了从盘庚迁殷至商朝灭亡273年间的历史。这就是中国最早有文字可考的历史。

商朝人迷信占卜，几乎到了无事不卜的地步。从发现的殷墟甲骨卜辞来看，他们卜问的内容，从年岁的丰歉、战争的胜负、田猎的捕获，到风雨的有无、出入的凶吉、疾病的轻重、妇人的生育，无所不包。有的时候，对同一件事还要反复地再卜、三卜，甚至十数卜，可见他们对占卜是非常郑重其事的。

占卜由"贞人"主持。占卜之前，他们先要进行修治卜甲、卜骨的工作，即在选好的龟的背甲、腹甲或牛(少数为羊、猪)的肩胛骨的背

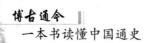

面，用铜钻钻出一个圆坑，再贴着圆坑用铜凿凿出一个枣核形的长槽。在一块卜甲或卜骨上面，也可以修治出许多这样的坑槽，供多次占卜之用。占卜的时候，贞人先要将卜问的事祷告鬼神，然后用微火灼烤钻凿处，卜甲、卜骨的正面就会循着钻凿疤痕出现一竖一横像"卜"字的裂纹，这种裂纹叫"兆"。贞人就根据得到的兆形判断所卜问事情的吉凶。

占卜之后，还要把这次占卜的有关情况记录在兆纹旁边，这些记录占卜的文字叫作"卜辞"。这些卜辞是契刻在占卜用的龟甲、兽骨上的，所以又称为"甲骨卜辞"。今人从文字的角度研究它，则称之为"甲骨文"。在商王朝灭亡时，这些甲骨也被丢弃，从此掩埋在商都城的废墟——殷墟之中了。直到三千多年以后的清朝光绪年间，才又被世人发现。

从目前对甲骨文的研究来看，甲骨卜辞中的单字有近五千个，其中已经被人辨识了的单字有1000多个，约占总数的1/4。甲骨文都是卜辞，这就限制了它的使用范围，换句话说，甲骨卜辞中的文字，只是涉及需要占的事项的有关文字，而不是商代文字的全部，商代的文字比起甲骨文中的单字来，要丰富得多。

这样多的单字，不可能在短时间内创造出来，而是经过相当长的时间发展积累起来的。因此，甲骨文不是中国最早的文字，在它之前一定还有一个相当长的草创期。

甲骨文的构字方式也比较复杂，汉代人许慎所说的"六书"，即象形、会意、形声、指事、转注、假借等六种造字方法，在甲骨文中都可以找到例子，其中又以象形、会意、形声、假借四类为多。汉字的造字，首先是由描绘实物形状的象形字开始的，在此基础上才有了其他几种造字方法。甲骨文中具备各种造字方法，即表明它已经经过了较长的发展过程。古代文字的发展还有一条规律，即由象形字转化为形声字，甲骨文中形声字的大量存在，也是文字比较成熟的一个标志。

甲骨文的意义是无与伦比的，它标志着中国历史进入了有文字可考的时代。文字的产生和发展是一个漫长的过程，学者们孜孜不倦地在考古发掘的遗物中探寻中国文字（汉字）的起源。西安半坡遗址出土的陶钵口沿上有二三十种刻画符号，有学者认为它们是最古老的具有表意作用的文字符号。在介于仰韶文化与龙山文化之间的大汶口文化遗址，虽说也发现了一些文字符号，但这些文字符号的数量太少，难以显现原始文字的全貌。人类由史前史进入有文字可考的时代，必须有足够数量的文字，使人们可以通过文字去认识那个时代，直到甲骨文的发现才解决了这个问题。

因此人们有理由说，中国有文字可考的历史开始于公元前 16 世纪，因为这时有了成熟的足够数量的文字——甲骨文。

甲骨文是我们祖先的天才发明，具有不朽的品质和价值，无论怎样赞誉都不嫌过分，至今仍是东亚汉字文化圈的共同财富。

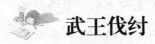

武王伐纣

周是一个古老的部族，活动在西北黄土高原上，可能是夏族的一

个分支。早在尧的时代，周的始祖后稷就担任农师，掌管农业生产。后稷的后代公刘、古公亶父率领族人继续施行兴农措施，使部族逐渐强大。古公亶父为了躲避戎狄的侵扰，率族离开豳地移居岐下，营建城邑，修治村落，设立官职，广行仁义，建立了周国。又经过公季、文王的苦心经营，国力增强。后来武王率领天下诸侯，抓住商纣王暴虐无道、丧尽民心的时机，一举灭商，建立了周王朝。

在儒家学派的心目中，文王、武王都是"应天顺世"的大圣人，是理想君王的化身。

武王即位后，任命太公望为军师，周公旦为辅佐，加上召公、毕公等人的协助，武王继续奉行文王的遗业。

武王继位九年后，到毕原（今陕西省西安市长安区）祭祀文王之墓，然后往东方炫耀武力，一直到达盟津。他做了个文王的灵牌拉在车上，随时置于中军。武王自称"太子发"，意思是奉文王的命令进行征战，不敢自己专行。随后他向司马、司徒、司空以及各个接受委任的官员宣告："要严肃谨慎、言行一致！我无知，全靠先辈留下的贤德之臣，我只是承继了先祖的遗业，我们要明确赏罚，以完成先辈的使命。"于是起兵。

师尚父发布号令："集合你们的队伍，准备好你们的船只，迟到的要斩首！"武王北渡黄河，船到中流，有条白鱼跳到了武王的船上。武王弯腰捡起，用以祭祀。渡河后，一团火光从天上掉下来，等落到武王的屋顶时，忽然又变成乌鸦，颜色是红的，发出了"叭"的一声响。

来到盟津的诸侯有八百多个。他们都说："纣可以讨伐了。"而武王说："你们不知道天命，现在还不行。"于是又把军队撤了回来。

过了两年，纣王更加昏庸暴虐，杀了王子比干，囚禁了箕子。乐官太师疵、少师疆抱着他们的乐器逃奔到了周。于是武王遍告诸侯：
"殷有重大罪恶，这回不能不合力讨伐了。"于是遵奉文王遗命，率兵
车三百辆，号称"虎贲"的近卫军三千人，披甲的战士四万五千人，
东出讨伐殷纣。十一年十二月戊年这一天，军队全部渡过盟津，诸侯
都会合在一起。武王说："大家都要勤勤恳恳，不可有丝毫的懈怠。"
于是武王作《泰誓》，向众人宣告说："如今的殷纣专门听信女人的
话，自绝于天，毁弃天地人的正道，疏远同祖兄弟，舍弃先祖的古乐，
用淫乱的音乐去替代典雅的音乐，以讨好女人。因此现在我要恭谨地
对他进行上天的讨伐。努力啊，将士们。不要让我们再来第二回、第
三回。"

二月甲子日的清早，武王来到商都朝歌郊外的牧野，在那里誓师。
武王左手持黄色大斧，右手秉持白色牦牛尾装饰的旗。他挥动了一下
旗子，说："辛苦了，来自西方的人们。"武王又说："喂！我们友好
邻邦的君主，司徒、司马、司空、亚旅、师氏，千夫长、百夫长，以
及庸、蜀、羌、鬃、微、垆、彭、濮各国的人士，举起你们的戈，排
好你们的盾，竖起你们的矛，听我宣誓。"武王说："古人说过：母鸡
不能打鸣，谁家的母鸡打鸣，这个家就要败落。现在商纣专门听女人
的话，抛弃先祖不去祭祀，抛弃家国，抛弃他的同祖兄弟不睬，而专
门对其他国家逃来的罪人加以优待、加以厚爱、加以信任、加以使用，
让他们暴虐百姓，在殷国为非作歹。现在我姬发要恭敬地对他进行上
天的讨伐。今天的战斗，我们要每前进六七步就停下来整齐一下，大
家要努力！对敌人攻击要在四下、五下、六下、七下之后就停下来整
齐一下，一定要努力，将士们！大家要勇猛，我们在这商都之郊要表
现得像虎、像黑、像豺、像螭。不要迎击那些前来投降的人，让他们

到西方为我们服役。努力呀，各位，谁不努力，谁就将被杀头。"誓师完毕，这时各路诸侯来会的战车共有四千辆，都在牧野摆开阵势。

纣王听说武王来攻，派出了七十万人前去迎敌。武王派师尚父率领一百人出去挑战，而后以主力部队冲杀纣王的军队。纣王的军队人数虽多，但士兵却不愿作战，都盼望着武王迅速攻入京城。于是纣王的军队都掉转矛头，为武王开路。武王军队飞驰而来，纣王军队全部崩溃，背叛纣王。纣王回身逃走，逃到鹿台之上，用宝玉蔽身，自焚而死。

武王执大白旗向各路诸侯挥动，诸侯们都来拜见武王，武王也拱手回礼，诸侯全部服从。

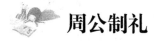

周公制礼

周武王是周朝的建立者，可惜建国不久便病逝了，他尚在襁褓的儿子继位为成王，由周公摄政。

周公姬旦是周武王的弟弟，以忠厚仁爱著称。为了全力辅佐成王，管理百废待兴的国家，他让儿子伯禽代替自己到封地曲阜去做鲁公，自己则留在朝中主持大政。

伯禽临行前，周公告诫他："我是文王的儿子、武王的弟弟，成王的叔父，我在天下的地位也不低了。然而我起身恭敬地接待士人，还担心失去天下的贤人。你到了鲁国，千万不要因国君的身份就看不起人。"

后来，管叔、蔡叔（他们也是武王之子，周公的兄弟）联合商纣王之子武庚发动叛乱，周公奉成王之命出兵讨伐，打败了叛军，处死了管叔，杀了武庚，放逐了蔡叔。随后收服了殷商的遗民，封康叔于卫国，封微子于宋国，用来接续殷的祭祀。又用两年时间平定、安抚了淮夷。从此诸侯归服，尊周王室为宗主。

周公克尽职守，日理万机，往往"一日三吐哺，一日三握发"，连吃饭和洗头时都经常被事情打断。

成王长大后，周公便把政权交给成王，由成王临朝执政。周公又面向北回到臣子的位置，依旧恭恭谨谨。所以，周公是仁德的楷模，是儒家的先驱。

周公为周朝制定了一系列典章制度，在历史上留下了深远的影响。在周公的政绩中，影响最为深远的是"制礼作乐"，就是令孔子顶礼膜拜、梦牵魂绕的礼乐文明。

"礼"的出现是以贫富分化、等级分化为前提的，反过来，"礼"的形成又稳定了贫富分化、等级分化的社会秩序。因此，"礼"并非"礼节""礼貌"，其本质是"异"，即用来显示各等级之间的差异。也就是说，贵与贱、尊与卑、长与幼、亲与疏的各色人等之间，必须遵守各自的行为规范，用来显示贵贱、尊卑、长幼、亲疏之间的差异，绝对不可混淆：贵者有贵者之礼，贱者有贱者之礼；尊者有尊者之礼，卑者有卑者之礼；长者有长者之礼，幼者有幼者之礼；亲者有亲者之礼，疏者有疏者之礼。这样就形成了君臣、父子、兄弟、夫妇、朋友之间的上下尊卑关系，人人必须遵守，不得有所逾越。如果

大家都遵守"礼",那么这个社会的运行就会非常有序;如果违背了"礼",就是"僭越"。所以孔子说:"非礼勿视,非礼勿听,非礼勿言,非礼勿动。"

但是一个社会只讲差异,不讲和同,社会就无法和谐。因此周公在"制礼"的同时又"作乐",使"礼"与"乐"相辅相成,或者说相反相成。"礼"讲究差异,"乐"则讲究和同。"乐"虽指音乐,但带有浓厚的政治色彩、社会色彩。"乐"的功能是以音乐节奏激起人们相同的共鸣情绪——喜怒哀乐,产生同类感,仿佛"四海之内皆兄弟"。

《礼记·乐记》说:如果君臣上下一起在宗庙中共同聆听音乐,就可以达到"莫不和敬"的效果;如果同族老小一起在乡里共同聆听音乐,就可以达到"莫不和顺"的效果;如果父子兄弟在家庭中聆听音乐,就可以达到"莫不和亲"的效果。总的来说,"乐"的功能就是使君臣之间、父子之间显得"和合",万民之间显得"附亲",从而增加社会的凝聚力、亲和力。因此"礼"与"乐",亦即"异"与"同",两者缺一不可,否则社会就会失衡。

周公深谙治国之道,既强调差异,又注意和同,"礼"和"乐"不可偏废。一言以蔽之,这就是礼乐文明的精髓。周公是儒家的始祖,没有儒家,中国传统的文明可能是另一种精神状态。所以孔子要梦见周公,称赞说:"郁郁乎文哉,吾从周。"

中国源远流长的礼乐文明不能全盘否定,在建设和谐社会的今天,它仍是宝贵的精神财富。

西周生活掠影

西周社会与商朝一样，仍是由贵族、平民、奴隶三大阶级构成。但与商朝不同的是，西周各阶级内部有更细的等级划分，等级色彩更为显著。

西周的贵族包括周王、诸侯和卿大夫等。卿大夫是对从政贵族的统称，卿和大夫有别，执掌军政事务的贵族称为卿，一般的从政者则称为大夫。

西周是宗族统治的鼎盛时期，宗族体系十分发达，整个社会如同一个大家族，通过分封制的形式建立起来，以宗法制作为维系的纽带。天子的权力是上天授予的，诸侯国是由天子分封的，卿大夫的采邑则是由诸侯分封的，天子、诸侯、卿大夫之间有天然的血缘联系和政治婚姻关系，既是亲戚又是君臣，自然就形成了下级贵族臣服上级贵族、全体贵族臣服天子的政治隶属关系，表现出鲜明的等级色彩。

贵族的生活是当时生活的重心。诸侯公卿向天子、卿大夫向诸侯，以及家臣向卿大夫表示敬意的朝会礼节，占贵族生活很重要的一部分，团体的意识一部分由此造成。

此外贵族最喜欢战争，战争场景在《诗经》中都有反映。不打仗时，贵族就猎兽或行射礼。两者可说是战戏。

斯文一点的生活是宴会，虽然宴会时的情形并不一定很斯文。宴饮的场面在《诗经》中也多有描写，其中以《小雅·宾之初筵》的描写最为生动。诗的大意是：宾客就席，揖拜有礼；笾豆成行，佳肴丰盛；酒醇且甘，饮而舒心；悬钟设鼓，献酬频频。箭靶张立，弓已满弦；对手赛射，比试高低；中者为胜，败者罚饮。艺术地呈现了宴饮之礼。

战国前，贵族才有姓氏，贵族男子称氏，女子称姓。因为"姓所以别婚姻"，"氏所以别贵贱"。贵者称氏，贱者则以职业概括之。如庖丁、匠石、优孟，这些职业名后来成了姓。当时只是某一职业的通称。

"礼不娶同姓"，"父母同姓，其出不蕃"。因为"姓"起着"别婚姻"的作用，又由于贵族男子不称姓，故女子称姓特别重要。为了对待嫁或已嫁的同姓女子加以区别，就形成了对女子的特殊称呼：或是在姓前加排行，如孟姜、伯姬、叔隗；或是以夫家的采邑、谥号为前缀，如晋姬、武姜、文嬴。

贵族的生活由"礼"支配，不似庶民的只有"俗"。男女婚姻，生子女等都有固定的礼法。贵族子弟受教育，礼也是很重要的课程，如"七年（岁）男女不同席，不共食"，"八年（岁），出入门户及即席饮食，必后长者，始教之让"，"十有三年（十三岁），学乐诵诗，学射御"（《礼记·内则》）。男子成年加冠，行冠礼，而女子受各种妇礼的教育，成年后并行笄礼。

成年的贵族有享受政治权利的机会。除少数由王侯受封土的之外，很大一部分贵族都能谋得官职。至于贵族死后的丧礼与祭礼，尤其繁复隆重，他所享受丧葬规格要与他的身份相适应。贵族由生至死都受礼的支配。

西周时，除少数的权利阶级外，大多数人都是被统治的庶民。他们几乎都是佃奴或佃农，因为农业是当时政治社会的基础。庶民中的少数经营商业与工业。庶民的生活不是个人的，甚至也不是家族的，而是集团的。

这一点从《诗经·豳风·七月》中可以窥见：农奴一年到头辛苦劳作，上头又有田官监督、公子剥削；收获了粮食，要聚集起来送到贵族的仓库；农事既毕，还要为贵族统治者猎取野兽，经办酒宴；当这些劳役完成后，他们才能聚在一起享受难得的欢娱。《诗经·魏风·硕鼠》中也写道："硕鼠硕鼠，无食我黍！三岁贯汝，莫我肯顾。逝将去汝，适彼乐土。乐土乐土，爰得我所。"正是农奴遭受贵族压迫的生活的真实写照。

庶民的婚姻也有集团的性质。《周官·地官司徒》载："媒氏，掌万民之判。凡男女，自成名以上，皆书年月日名焉。令男三十而娶，女二十而嫁。……中秋之月，令会男女。……若无故而不用令者，罚之。"那时的人们是没有婚姻自由一说的。

 # 郑庄公箭射周天子

郑武公、郑庄公父子先后担任周平王的卿士，权力很大。周平王有些不大乐意，就暗暗把一部分权力托给虢公。郑庄公发现了这个事情，埋怨周平王。周平王说："绝对没有这样的事情。"于是周、郑交

换人质：王子狐到郑国做人质，郑国的公子忽在周朝做人质。

公元前 720 年，周平王去世。在郑国为人质的太子王子狐还没有回到洛邑就去世了。王子狐的儿子、年少气盛的周桓王姬林登上了宝座。周桓王因为自己父亲的事情，对郑庄公很是不满。有几次郑庄公朝拜的时候，周桓王都故意不以礼相待。周桓王暗中谋划，准备把辅政大权交给虢公。这件事情引起了郑庄公的不满，四月，郑国的祭足领兵抢掠周王室温地（今河南温县南）的麦子。秋天，又割取了成周（今河南洛阳市东）的谷子。这些公然的挑衅行为使郑国和周王室的关系全面恶化。

公元前 707 年，郑国和周王室的长年积怨终于爆发为战争。周桓王决定教训一下郑庄公这个不听话的家伙，亲自率领蔡、卫、虢、陈联军讨伐郑国。双方在繻葛（今河南长葛北）摆开战场。结果联军大败，周桓王本人也身负箭伤，被迫下令结束战斗。

这场战争影响太深远了，周桓王的鲁莽之举让周王室威信扫地。自此周王室只剩下天下共主的名义，变成诸侯争强图霸的时候不时捧出来的招牌。"礼乐征伐自天子出"的时代一去不复返，大国争霸的时代正式开始。

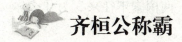

齐桓公称霸

郑国其实是地处中原的一个小国，之所以在春秋初年能强盛一时，是因为真正的大国尚未崛起。春秋时期争霸的主角是齐、晋、秦、楚，这四个国家内部权力斗争比较复杂，统一也比较迟缓。如齐国的襄公荒唐无道，引起大臣管至父叛乱；晋国发生骊姬之乱，晋献公的儿子死的死，逃的逃，公子重耳流亡国外，国内权臣为拥立国君又展开争夺。正由于此，一群小国才能在中原一时自由横行。四大国统一之后，这些小国都成了大国所争的对象，失去一切行动的自由。

大国统一之后，一方面靠自己的实力，另一方面借天子的名义控制中原的一群小国。春秋时代最早的霸主是齐桓公（前685—前643年），他任用管仲改革，选贤任能，加强武备，发展生产，很快使齐国成为天下最强的国。

齐桓公二十三年（公元前663年），齐桓公帮助燕国打败了侵犯他们的部落山戎，还把山戎方圆几百里的土地全部送给燕国。后来，邢国也遭到另一个部落狄人的侵犯。齐桓公又带着人马赶跑了狄人，还帮助卫国在黄河南岸重建国都。通过这几件事，齐桓公在诸侯间的威望大大地提高了。

只有南方的楚国不但不服齐国，还要跟齐国比个高低。

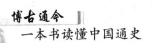
齐桓公三十年（公元前 656 年），齐桓公联合宋、鲁、陈、卫、郑、曹、许七国，进攻楚国。

楚成王得知消息，也集合了人马准备抵抗。他派了使者去见齐桓公。使者说："齐国在北面，楚国在南面，两国素不往来，为什么你们的兵马要跑到这儿来呢？"

管仲责问说："我们两国都是周天子封的。谁要是不服从天子，齐国有权征讨。你们楚国本来每年向天子进贡包茅，为什么现在不进贡了呢？"使者说："这是我们的不是，以后一定进贡。"

使者走后，齐国和诸侯联军又拔营前进，一直到达召陵（今河南郾城县）。

楚成王又派屈完去探问。齐桓公为了显示自己的军威，请屈完去看各路兵马："你瞧瞧，这样强大的兵马，谁能抵挡得了？"

屈完笑了笑，说："我们的国力虽不强，但是用方城作城墙，用汉水作壕沟。您就是再多带些人马来，也未必能打得进去。"

齐桓公见屈完的态度挺强硬，心里估计联军也未必能轻易打败楚国，而且楚国已经答应进贡包茅，自己也算有了面子。就这样，中原八国诸侯和楚国一起在召陵订立了盟约，各自回国去了。

后来，周王室内部发生纠纷，齐桓公帮助太子姬郑巩固了地位，就是周襄王。周襄王为了报答齐桓公，特地派使者把祭祀太庙的祭肉送给齐桓公，算是一份厚礼。

齐桓公趁此机会，又在宋国的葵丘（今河南兰考东）会合各诸侯，招待天子使者，并且订立了一个盟约，这是齐桓公第一次会合诸侯。像这样大的会合，一共有九次，历史上称作"九合诸侯"。从此，齐桓公成为春秋五霸之首。

齐桓公的霸业，一大半要归功于管仲。管仲死后，桓公日渐衰老，齐国的霸主地位渐不能维持。桓公不久也死去，齐国起了争位的内乱，霸主的地位便永远丧失了。

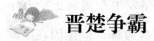

晋楚争霸

齐国衰落后，被中原诸侯视为蛮夷的楚国乘机向北发展，横行中原。但晋文公重耳结束了晋国长年的内乱，阻挡了楚成王称霸的脚步。

晋文公重耳，初为公子，谦而好学，善交贤能智士。后受迫害离开晋国，游历诸侯。漂泊十九年后终复国，杀怀公而立。晋文公对内拔擢贤能，以狐偃为相，先轸为帅，赵衰、胥臣辅其政；晋民各执其业，吏各司其职，晋国由此大治。对外，晋国联秦合齐，保宋制郑，尊王攘楚。晋文公作三军六卿，勤王事于洛邑、败楚师于城濮，盟诸侯于践土，开创晋国长达百年的霸业。因其文治武功，与齐桓公并称"齐桓晋文"，为后世儒家、法家等学派所称道。

晋文公死后，晋襄公仍能继续维持晋国中原盟主的地位。晋襄公死后，局势大变——一国独盛的霸政时期过去，晋楚角逐的争盟时期来临。

春秋中期一百二十年间没有一国能独霸中原。晋国与楚国势均力敌，争为盟主。两国所争的焦点就是郑国。楚国在城濮之战后向东发

展，灭了许多小国，势力南到今云南，北达黄河。楚庄王改革内政，平息暴乱，兴修水利，国力更为强大，竟向周定王的使者询问九鼎之轻重，意在灭周自立，此即"问鼎"一词的来源。

周定王十年（前597年），楚与晋会战于邲（今河南武陟东南），大胜。不久又进兵围宋，晋人不敢去救，于是中原各小国纷纷归向于楚，楚人称霸中原。后来晋楚两国再度爆发两次大规模战争，一是发生在周简王十年（前576年）的鄢陵之战，一是发生在周灵王十五年（前557年）的湛阪之战。这两战虽皆以晋国获胜收场，但楚国在中原地区仍与晋国保持势均力敌的态势。

晋楚争盟，几乎每年动兵。小国不胜其扰，两大国不耐其烦。然而普通也不过南部小国属楚，北部小国属晋，两国都没有独占诸小国的把握。竞争了七八十年，最后宋国左师向戌出来为两国讲和。

周灵王二十六年（前546年）七月，诸侯在宋都蒙门外订立弭兵之约。参与结盟的有晋赵武、楚屈建等各国大夫及小国君主。会前，晋、楚约定除齐、秦外各国都要向晋、楚朝贡。由于当时晋国内部出现了大夫专政，无力与楚进行战争，而楚国受到吴国牵制，也无力同晋争霸中原，所以结盟后，与会国停止战争，暂时维持了九年的和平。

晋楚勉强弭兵八九年之后，就又争盟如故。但两国由于种种的内外因缘，都渐趋衰弱，取而代之的是处于东南一隅的吴国。吴本由晋提携起来，以便抗楚。后来吴王阖闾重用孙武、伍子胥，吴国盛强，于公元前506年大举伐楚，五战楚皆败，楚昭王出逃，郢都失陷。吴国的崛起使国际全局大变，春秋局面也由此告终。

 秦国崛起

秦国是东周时期兴起的一个诸侯国。西周晚期，秦国的祖先曾经为周王朝主管马匹，被封为大夫。西周末年，申侯和犬戎攻打镐京（在今陕西省西安西南），杀死了周幽王，秦襄公率领军队救助周王室，作战很出力，立了大功。平王东迁时，秦襄公又派兵护送，周平王因此封秦襄公为诸侯。当时，周族的发祥地岐山（今陕西省岐山县东北）一带，已被西方的戎族部落占据，周平王把岐山以西赐给秦襄公，让他攻逐戎人，占有这块地区。经过秦襄公、秦文公两代人的努力，秦国终于赶跑了西戎，占有岐山一带。春秋前期，秦国的势力已经扩展到今陕西省渭水流域的大部分地区。

公元前 659 年，秦穆公即位。当时，齐桓公已经成为中原地区的霸主，晋献公正在扩展晋国的疆域。秦国作为与齐、晋、楚并列的大国，并不甘心只在渭水流域发展，也想进入中原地区，争当霸主。为此，秦穆公十分注意招徕和任用贤能，让他们为秦国的强盛图霸服务。

第一个被秦穆公招来的贤才是百里奚。百里奚的一生充满坎坷。他原本是虞国人，青壮年时期曾到齐国和东周国都，希望能凭着自己的才能得到君主的任用，建立一番功业。可是他的机遇不佳，一直没有贤明的君主擢用他，使得他连生活都成问题，竟过起了讨饭的日子。

百里奚晚年回到虞国，虞国国君任用他为大夫。后来，由于国君贪图财宝，允许晋国军队借道去消灭虢国，结果晋国军队在回来的时候也顺便把虞国给灭了，百里奚成了俘虏。晋献公将自己的女儿嫁给秦穆公时，又把百里奚作为陪嫁的奴仆送往秦国。百里奚半路上逃走，结果又被楚人抓去养马。秦穆公得知百里奚是个贤才后，就派人按照当时赎取逃跑的奴隶的通常做法，用五张羊皮把他从楚国赎回来。当时百里奚已经七十多岁，秦穆公热情地接待他，与他交谈了三天，更觉得他有治国之才，就把国家大事交给他管理，称他为"五羖大夫"，即五张羊皮换来的大夫。

百里奚当政后，向秦穆公推荐了贤能的蹇叔，于是秦穆公派人用重礼迎接蹇叔，拜他作上大夫。秦穆公又任用百里奚的儿子孟明视、蹇叔的儿子西乞术和白乙丙为大将，让他们负责训练军队，振兴武备。后来，晋国人邳豹、公孙枝也来到秦国。在这些人才的帮助下，秦国很快富强起来。

秦国的东边与晋国接壤，秦晋两国国君好几代都互通婚嫁，用来比喻两姓联姻的成语"秦晋之好"，就是由此而来。秦穆公在位时，还曾经帮助晋惠公夷吾回国即位。晋国天旱发生饥荒，秦国又用车船运粮食接济晋国。公元前 645 年，秦国也发生旱灾，便向晋国请求救济。不料，晋惠公竟然忘恩负义，不仅不送粮食救济秦国，还趁机偷袭秦国。于是秦穆公亲率大军，任用邳豹为将，在韩原(今陕西省韩城县西南)迎击晋军。战斗中，晋惠公的战车陷入了泥淖，秦穆公纵车赶过去擒获，却被晋军包围起来。这时，曾经偷吃秦穆公的良马却被秦穆公赦免的三百名岐山士兵勇猛地冲杀过来，解救了秦穆公。活捉晋惠公，晋军大败。战后，由于周天子和秦穆公夫人（晋惠公的姐姐）说情，秦穆公又把晋惠公送了回去。

公元前 636 年，秦穆公又帮助重耳回国。重耳做了国君，就是晋文公。晋文公很快成为中原地区的新霸主。晋国的势力很强大，秦国一直没有向东发展的机会。

公元前 627 年，郑国一个掌管城门的人表示自己愿做内应，让秦国派兵去偷袭郑国。这时晋文公刚死不久，秦穆公认为这是一个可乘之机，遂不听百里奚和蹇叔的劝告，派孟明视、西乞术、白乙丙率大军千里迢迢去袭击郑国。路上碰到一个名叫弦高的郑国商人，弦高一面派人回国报告敌情，一面把带着的十二头牛献给秦将，推说是代表郑国国君犒赏秦军的。秦将孟明视等人以为郑国已知秦军到来，无法再偷袭了，便灭掉附近的滑国，班师回国。晋国太子、大臣见秦军乘晋文公丧事期间灭掉与晋国友好的滑国，非常气愤，便在地势险要的崤山（在今河南省洛宁县西北）四周设下埋伏，将秦军全部消灭，俘虏了孟明视、西乞术、由乙丙三名大将，使秦国受到了一次沉重的打击。

晋文公的夫人是秦穆公的女儿，由于她的说情，新即位的晋襄公放走孟明视等三员秦将。他们回国后，秦穆公不仅没有怪罪他们，反而检讨自己不听百里奚、蹇叔劝阻，致使秦军覆没，仍然让孟明视三人负责训练军队。三年之后，孟明视、西乞术、白乙丙率领秦军渡过黄河，大败晋军，报了崤山之仇。随后，秦军来到崤山，埋葬了上次战争中阵亡的将士尸骨，祭祀三天。

时人称赞秦穆公："他尊重贤才，终于让孟明视等人为秦国雪了耻。"

秦国打败晋国，声威大振，但是晋国毕竟是一个实力雄厚的大国，仍然阻挡着秦国东进的道路，使秦国无法向中原地区发展。在这之前，西戎派由余出使秦国。秦穆公发现由余是个贤能的人才，便给西戎王送去歌舞伎女，又留住由余不让他按期回国，最后使西戎王疏远了由余，秦穆公就把由余请到秦国。

公元前623年，秦穆公采用由余的计策攻打西戎，先后灭掉了十二个国家，疆域扩大了方圆一千里。于是周围的许多部族国家纷纷向秦国进贡，尊秦国为霸主。周天子听到这个消息后，派召公到秦国去，送给秦国十二只金鼓，表示祝贺。

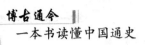 # 吴越之争

吴国偏居东南沿海地区，与越国为邻，有断发文身之俗。严格地说，它不能算是一个国家，只是一个部落群体。在中原列国眼里，吴是一个经济、义化十分落后的蛮夷之国。

公元前584年，晋国联合吴国，企图利用吴国牵制楚国的右翼。于是吴国不断侵伐楚国，使楚国忙于应战，疲于奔命。在晋国的扶植下，吴国的军事力量发展得很快，国土日益扩展，声望日益提高。中原各诸侯国家开始和吴国建立联系。

公元前522年，伍子胥从楚国逃到吴国，做了吴国的相国。他辅佐吴王阖闾，使吴国由极为落后的蛮夷之邦，一跃而成为军事强国。公元前506年，吴王阖闾命孙武、伍子胥率军，联合蔡、唐两国兴师

伐楚。柏举一战，楚军结果一败涂地。吴军乘胜穷追猛打，五战五胜，攻占了楚国的郢都。

公元前482年，吴王夫差会诸侯于黄池（今河南封丘），夺得霸主地位。随着晋楚两国的衰弱，春秋争霸的局面结束。

吴王阖闾攻占郢都后，庆功作乐，流连忘返，国内很空虚。越王允常乘机偷袭吴国。吴王阖闾之弟夫概也悄悄溜回吴国，自立为王。吴王阖闾被迫跟楚国讲和，匆忙回师，赶跑夫概，保住了王位；而楚国也侥幸复活。楚昭王接受了痛苦的教训，开始励精图治。为了解除吴国对楚国的威胁，他采取了联越制吴的策略。

吴王阖闾决心打败越国。公元前496年越王允常死，其子勾践继位，吴国趁机起兵攻越。吴越两军战于檇李（今浙江嘉兴南），阖闾负伤而死，其子夫差继位。过了两年，吴国出动精兵攻越国。夫椒一战，越军大败。越王勾践委曲求和，夫差接受了。战败后的越王勾践卧薪尝胆，采用"十年生聚，十年教训"（伍子胥的话，意指用一代人的时间发展生产、充实人口、训练军队）的策略逐渐强大。当吴王夫差北上争霸，国内空虚，对越国疏于防范之机，越王勾践率军攻入吴都，获其太子，逼吴求和。从此，吴国国力江河日下。公元前473年，越军又攻破吴都，夫差自杀，吴国亡。

吴越争霸的性质与春秋前期的诸侯争霸有所不同，所争的已不是国际均势或中原的霸权，而是对方的土地、人民。吴国还有点春秋精神，越国就充分表现出战国时代才有的土地欲。所以吴越竞争可说是春秋战国过渡期间的大变局。

大儒孔子

　　孔子是中国第一个哲学家与政治社会改革家。他的远祖是宋国贵族，殷王室的后裔。他早年丧父，家道衰落，年轻时做过小吏。虽然生活贫苦，孔子十五岁即"志于学"。"三十而立"时开始授徒讲学。曾点、子路、伯牛、冉有、子贡、颜渊等，是较早的一批孔门弟子。后来，连鲁大夫孟僖子、其子孟懿子和南宫敬叔都来学礼，可见孔子办学已闻名遐迩。私学的创设，打破了"学在官府"的传统，进一步促进了学术文化的下移。

　　后入仕，任大司寇，致力于加强公室，抑制三桓（鲁大夫孟孙氏、叔孙氏、季孙氏三家的合称，分别是鲁桓公的三个儿子庆父、叔牙、季友的后裔），援引古制"家不藏甲，邑无百雉之城"提出"堕三都"的计划，但遭到失败。

　　孔子的政治抱负无法施展，不得不"去父母之邦"，开始了长达十四年之久的周游列国的颠沛生涯。

　　孔子先到了卫国，不仅受到了卫国国君不礼貌的对待，还被当作鲁国的奸细受到监视。孔子只好仓促离开。他自己坐的是车，弟子们大部分是步行，结果，还没走到城东门，一部分弟子就失散了。

　　失散的弟子子贡，因为找不着老师很着急，逢人便问。一个人说他看见孔子了，嘻嘻哈哈地向子贡描述了一番，还嘲讽地说："那样子很狼狈，真像只丧家狗，是你的老师吗？"

子贡知道他说的一定是孔子，便连忙赶到东门，找到孔子，并把刚才听到的话告诉了孔子。

孔子听了，一点也不恼怒，还面带笑容地说："一个人的长相是不足为凭的。说我像一条丧家狗，倒一点不错，一点不错。"

孔子一行风尘仆仆，来到宋国的国都附近。孔子远远看到一棵参天大树，长得挺拔秀美，心里十分喜悦。他走近大树时又见树下有一大片青草地，当即就指挥学生们演习礼仪。目击者把这件事报告给宋廷，宋国的司马桓魋本来就不喜欢孔子的学说，得报大怒道："孔老二太不识趣！让他过境，已经够宽大了，他竟敢在我的眼皮底下装模作样，非杀了他不可！"于是带了一队兵，驾着战车，如飞般出城。赶到大树下，孔子及其弟子已经走了，地上布满了脚印。桓魋像野兽一样大声咆哮："把孔老二的脚印给我铲平！"脚印铲平了，桓魋还不解气，又命人砍倒大树，方才怒气冲冲地回去。宋国的好心人劝告孔子快走，孔子十分平静，不愠不火地说："上天把大德寄托在我的身上，他桓某人一介莽夫能把我怎么样？"

孔子来到陈国，暂时安顿下来。陈国是个小国，介于晋、楚、吴三个大国之间。大国有了纠纷，就借陈国作战场，陈国都城几乎三天两头都戒严。孔子住不下去，便带着学生们来到更小但比较安定的蔡国。蔡国和陈国的大夫们平时与孔子意见不合，怕孔子的到来对自己不利，便联合发兵将孔子及其弟子围困住，使他们绝粮七天。不少弟子饿倒在地上，爬都爬不起来，可孔子却坚持给弟子们讲学、弹琴、唱歌。子路发牢骚说："先生不是君子吗？君子怎么会穷困到这步田地呢?"孔子笑着答道:"君子固穷,小人穷斯滥矣!"意思是说,君子和小人都可能遭受穷困,只是君子穷困不动摇,小人穷困就会变节,什么坏事都干得出来。

后来楚王得到消息,发兵来救,孔子才脱离困厄。到了楚国,楚王听信谗言,只把孔子养着,不给孔子任何施展才能的机会。

鲁哀公十一年(公元前484年),孔子归鲁,鲁人尊孔子为"国老"。初时,鲁哀公与季康子常以政事相询,但孔子终不被重用。孔子晚年致力于整理文献,继续从事教育事业。鲁哀公十六年(公元前479年)孔子卒,葬于鲁城北泗水之上。

孔子的道德思想就是仁学,他一生都在推行仁政理想,试图恢复当时已经式微的贵族精神,在全社会建立一套礼乐文明。

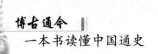

百家争鸣

春秋战国时期是我国古代社会大变革的时期。随着生产力的发展和封建生产关系的出现,地方诸侯、卿、大夫的势力崛起了,周代的宗法等级统治秩序瓦解了,社会下层的庶民等通过生产、读书、经商、游说、经营等途径,有的成为新兴富人,有的进身仕途,有的开门授徒、著书立说,出现文化下移的现象。不同阶级、阶层的代表人物,在这个大动荡、大变革的时代,纷纷发表自己对历史、社会、政治、文化、世界、宇宙的不同的看法和主张，形成了我国古代历史上空前活跃的思想解放的局面，出现了学术思想文化领域内百家争鸣的现象。

首先著书立说的是儒家的创始人孔子。前面已专有一篇文章，此处从略。

在孔子之后约150年的战国中期，出现了儒家的第二位大师孟子。孟子也是鲁国人，是孔子的孙子子思一派的后学。孟子名轲，他毕生崇拜孔子。他主张恢复井田制，目的是使有五口之家、百亩之田的个体农民少受剥削，少受水旱之灾的威胁，过上小康生活。农民生活、生产搞好了，国家就太平，统治者就可以王天下了。这就是孟子仁政、王道的思想。孟子反对专制主义，反对战争和暴君污吏，他说："民为贵，社稷次之，君为轻。""民贵君轻"这种光辉的民主思想的提出，正是战国时期庶民阶层社会地位提高的表现。孟子在封建社会被统治者尊为"亚圣"，地位仅次于孔子，在社会上有重大影响。

战国晚期，儒家又出现了一个大师——荀况。荀子为赵国人，他既受孔子思想的影响，又受战国晚期"天下争于气力"、重农、重战、重法思想的影响，所以他的思想既博又杂。他既主张礼治、法先王，又主张法治、法后王。所以他的学生韩非、李斯成为著名的法家代表不是偶然的。荀子是杰出的唯物主义思想家，他提出"人定胜天"的光辉思想，呼吁人们与其崇拜天，求天的恩赐，不如征服天，向天索取；他提出"青出于蓝而胜于蓝"的著名论点，认为后来人一定会超过前辈，这是历史发展的规律。所以他特别强调学习知识的重要性。荀子的这些思想，反映了新兴地主阶级在其上升时期生气勃勃的进取精神。

在孔子创立儒家学说后不久，出身平民而又有一定文化知识的墨翟，通过著书立说，开门授徒，创立了墨家学说。在《韩非子》一书中，韩非把儒、墨并称为当时的显学，可见墨家当时的学术地位是很高的。墨子的主要学说是兼爱、非攻、尚贤、尚同。兼爱的意思是所有社会阶层的人都要"兼相爱，交相利"，这样就可以避免出现大量杀人、破坏社会生产力的战争，所以他反对战争，主张"非攻"。墨子不仅这么说，还这么做。他曾千里迢迢赴楚国，说服楚王停止攻宋，并派弟子赴宋国参与防卫工作。墨子很有侠义精神，为了道义甘愿牺牲，所以后代把墨子尊为侠的先驱。

要实现兼爱和非攻，就要尚贤，选拔贤人来治政；其中推举一位最贤能的人来管理国家，国家就能实现统一，就是尚同。墨子还主张节用，反对丧葬浪费，反对娱乐生活，认为这些是浪费。墨子认为天有意志，鬼神是存在的，如果贵族们为非作歹，杀人作恶，天和鬼就会出来惩罚他们。

墨子批判孔子的学说。当然，儒家也批判墨家，孟子说墨家主张"兼爱"是"无父"。儒墨之争开创了百家争鸣的风气。

墨家有严密的组织，他们讲科学，重军事，虽说主张非攻，但很能打仗。这是儒家不具备的。墨家的侠义精神对后世影响深远，但秦汉以后，中国形成了大一统格局，统治阶级不喜欢墨家，因为墨家思想不利于统治，所以墨子的书遭到禁毁。到了汉代末年，道教兴起，便把墨子的书收到《道藏》里。人们不了解墨家，以为墨家坏极了。直到清乾隆年间，《墨子》才被重新校订出来。

战国中期涌现了几位探求社会治乱与天地万物起源关系的思想家，其中最著名的一位是因著述了《道德经》而著名的老子。老子是谁，什么时代人，学者至今有争议，但从《道德经》来看，其作者应生活在战国中晚期，其学说也被后人定为道家。《道德经》创造了一个客观唯心主义的哲学体系，它认为宇宙万物起源于道，道生一，一生二，二生三，三生万物，而道也可称大，就是无，是一个空虚缥缈、恍恍惚惚、看不见摸不着嗅不到的精神体，而正是这种精神体的演变，产生了世界的万事万物。这一哲学体系认为，矛盾的对立面是可以互相转化的，如高下、大小、祸福等矛盾在一定条件下是可以互相转化的。这一思想有利于人们在不利的环境下总结经验去争取胜利。

与老子同时的道家代表人物是庄周（庄子）。庄子创造了一套完全消极颓废的主观唯心主义理论。他认为世界上的一切事物都是相对的，没有本质的区别，无所谓好恶、高下、大小、祸福、是非、生死之别。有人为生老病死而担忧，庄子却认为人生的一切吉凶祸福都不必放在心上，有了祸就是福，人死了就变成其他生物，活得可能更自由自在。他曾经做梦变成一只蝴蝶，在花丛中自由自在地飞翔，醒来后自己分不清是蝴蝶变成了庄子，还是庄子变成了蝴蝶。庄子的唯心主义理论抹杀了事物的本质区别，使人对人生和世界产生极端悲观和颓废的态度，反映了没落奴隶主阶级的消极情绪。

战国时的重要学派还包括法家。法家的前期代表人物是商鞅、李悝、吴起、申不害、慎到等人。他们主要是政治改革家，在各国的变法改革中起了主要作用，尤以商鞅变法成就最大。他们在改革中建立了自己的学说，主要强调以法治国，奖励垦荒，反对世官制，奖励农战，重视战争的作用等。法家的后期代表人物是韩非。韩非为理论家、法家学说的集大成者。

韩非本为韩国的公子，他因口吃而不善于政治活动，但思想敏锐，著述丰富。当他写的《五蠹》、《显学》等篇被秦王嬴政看到后，后

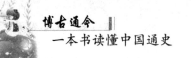
者高兴地说："我如果能见到此人，用他的理论来治国，就是死了也没有遗憾了。"公元前233年，韩非到了秦国，和秦王日夜讨论政治，秦王完全采纳了韩非的法家学说。韩非的学说主要是宣扬在发展农业、加强军队、改革吏治的基础上，建立极端的君主专制主义，以实现国家的统一。他认为商鞅提出以法治国，申不害提出国君要用权术治国，慎到提出国君治国必须建立起威势，三者都有道理，但都偏于一端，应把法、术、势结合起来。如果国君既能以法治国，又有一定的权术和威望，能使臣下接受其统治，那么国君的专制统治就会巩固。韩非强调勤劳生产，加强军队，以法治国，反对懒惰、游民和宗派、血统观念，反对复古，主张以今王为师。这些思想一定程度上适应了当时封建专制主义中央集权统一国家建立的需要，在历史上有一定的进步意义；但他把人民看成为国君奴役的对象，主张依靠严刑酷法来加强统治，势必会激化社会矛盾，影响生产力的发展。秦王用韩非的理论统一了中国，也因用韩非的理论而导致了秦末农民起义的发生，摧毁了秦王朝的统治。秦朝的兴亡，对韩非的学说作出了客观的评价。

除了以上几位最著名的人物，诸子百家还包括以下这些：

子思子：孔子学生，与墨子同时代人。

杨子：名杨朱。对其生卒年月，诸家记载不一，极难确定，但应与墨子同时或稍后，而在孟子之前。杨朱主张"为我"，拔一毛利天下而不为。冯友兰《中国哲学简史》认为杨朱所代表的一些隐者是道家的第一阶段，而老子无考，《老子》一书应在其后，故《老子》学说仅能称之为道家的第二阶段。

陈仲：墨翟之徒，齐人。

孙子（孙膑）：与孟子同时代人。

禽滑厘：鲁人，与孟子同时代人。

惠施：约生于公元前370年，卒于公元前318年，宋人，曾做过魏国的宰相，是合纵的实际组织者。与庄子同时代人，先庄子死。经常与庄子进行辩论，最著名的是"濠梁之辩"。

魏牟：魏公子，后于庄子，与公孙龙同时代人（钱穆《先秦诸子系年》）。

公孙龙：约生于公元前325年，卒于315年，较惠施略迟，约与邹衍同时。字子秉，据说是赵国人，曾做过平原君的门客。《汉志》着录其书十四篇，六篇保存至今，其中五篇基本可信。"公孙龙析辩抗辞，别同异，离坚白。"（《淮南子·齐俗训》）

稷下学者淳于髡、慎到、环渊、接子、田骈、邹衍大部继承道家学说和儒墨两家思想，但又不同于各家，有自己的特点。

在这一时代，重要思想均被提出，为后世开出先河，因此春秋战国被称为中国文化的"轴心时代"。

战国七雄

传说周武王灭商时，有800个商的附庸国参与征伐。在春秋时代，有记录的国家有170多个。到孟子生活的战国，就只有7个国家了。可见诸侯间的兼并战是非常激烈的。

先说三家分晋。

整个春秋时期，晋国公室内部都在为君权而不断争夺。晋献公为巩固君位，诛灭了桓叔、庄伯之庶族群公子，公族势力受到打击。时隔不久，公室内部再次喋血：献公宠骊姬，欲立其子奚齐为太子，逼杀太子申生，逐重耳、夷吾等公子，这场内乱使晋国公族丧亡殆尽，"自是晋无公族"。晋文公继位后，鉴于数世之乱的历史教训，不再分封公室宗族子弟，政治上亦不重用公族，而是起用一批异姓贵族。这些贵族大都是随他流亡的有功人员，如狐毛、狐偃、先轸、赵衰等。这就等于废除了公室贵族世袭政权的传统旧制，为后来晋国的灭亡埋下伏笔。

晋文公死后，赵盾专权。晋灵公对赵盾不满，曾两次谋刺赵盾，后被赵盾昆弟赵穿杀死。晋悼公以后，公室彻底衰败，已无力反抗卿族的专权。晋卿均出自范氏、中行氏、知氏、韩氏、赵氏、魏氏，晋君形成虚设。公元前 376 年，韩康子、魏桓子、赵襄子灭智伯，三分其地，晋分为魏、韩、赵国，史称"三家分晋"。

再说田氏代齐。

齐国本是周初吕氏的封地。春秋末，吕氏政权被田氏所取代，从此，齐国的主人由姜姓吕氏演化成妫姓田氏。过程是：

公元前 671 年，陈国公族内乱，陈公子完为避祸奔逃至齐国，至齐国后为齐国田氏之祖（"陈""田"本为一字）。

公元前 545 年，田完四世孙田无宇与鲍氏、栾氏、高氏合力消灭当国的庆氏，取得公族与国人的支持。

公元前 489 年，田恒自立为相田氏掌握齐国国政。

公元前 481 年，田恒杀齐简公与诸多公族，另立齐平公，进一步把持政权，又以"修公行赏"争取民心。

公元前 391 年，田和废齐康公。

公元前 386 年，田和自立为国君，同年为周安王册命为齐侯。

公元前 379 年，齐康公死，田氏仍以"齐"作为国号，史称"田齐"。

秦、楚也都经过内乱，不过未被异姓所篡。

先说秦国。自穆公之后，秦国多次发生争夺王位的内乱，国力日衰，渐渐从中原诸侯的目光中消失。当韩、赵、魏三家分晋之后，秦国甚至不敌魏国，被夺去了河西之地。这一局面一直延续到秦孝公嬴渠即位。直到中国历史上影响深远的商鞅变法开始后，秦国才走上强国之路。

再说楚国。楚惠王（公元前 488—前 432 年）在位时，楚国内部发生了一场大的叛乱，太子建的儿子白公胜兴兵作乱，自立为王，后来兵败被杀，惠王复位，内乱才平息。此时正是吴越争霸的时期，楚国遭到吴国的侵略，一度险些灭国。越国灭吴后，楚国才得有喘息的机会。楚悼王在位时，吴起自魏国至楚，被任为相。他严明法令，裁撤冗吏，废除了较疏远的公族，把节省下的钱粮用以供养战士。于是楚国在南面平定了百越，在北面兼并了陈国和蔡国，并击退了韩、赵、魏的扩张；向西征伐了秦国。楚国遂又强盛。

在春秋战国之际的大混乱里，小国失去霸政或争盟时代的保障，大多灭亡。公元前 375 年，郑为韩所灭。战国时，卫国的领土不断被强邻蚕食，国君封号也由公降为侯，再降为君，领土几乎全为魏国所占，仅剩濮阳。公元前 487 年，曹为宋灭。陈、蔡都为楚所并。小不足计而自称夏后的杞国也并于楚，时在公元前 445 年。春秋时代比较

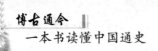
重要的小国只余下宋、鲁，为七雄间的缓冲国。鲁悼公时，三桓强大，公室衰弱，鲁君如同小侯。

周室虽微，也同样经过内乱。土地大半丧于邻国，所余的领土又分裂为东周和西周。西周仍都于王城洛邑，东周都于巩。东西周各有君，天子即周赧王完全成为傀儡。东、西周时常争水灌稻，此外并常起无谓的纠纷。再有，周已完全失去春秋时代的重要地位。列国称王之后，周更无足挂齿，至多也不过是一个与宋、鲁相等的缓冲国。只有那若有若无的九鼎还教人记得周曾做过天下的共主。

随着周王室的衰落，各诸侯开始觊觎九鼎。周定王时，楚庄王首次"问鼎之轻重"，被周大夫王孙满驳回。后楚灵王一度也动心问鼎，但因国内发生叛乱，未果。

秦惠王时，张仪制定策略，希望能夺得九鼎以号令诸侯，楚顷襄王、齐宣王亦希望争夺宝鼎。周赧王周旋于列国之间，令其相互制约，才保九鼎不失。

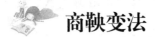

商鞅变法

战国初期，各国都极力整顿内部，以便向外发展。在这方面最早成功的是魏国。魏文侯重用李悝、吴起、西门豹等人，致力于富国强兵，开疆拓土，一时称霸中原。

秦国在孝公即位以后，决心图强改革，便下令招贤。卫鞅自魏国入秦，得到秦孝公的信任，出任左庶长，开始变法。新法的主要内容包括：

一是制定严刑峻法，如什伍连坐制度。就是五家为伍，十家为什，互相告发，同罪连坐，不告发的腰斩。一家藏"奸"，什伍同罪连坐。客舍收留无官府凭证的旅客住宿，主人与"奸人"同罪。

二是奖励军功。爵位越高，相应的政治、经济特权越大。宗室、贵戚凡是没有军功的，不得列入宗室的属籍，不能享受贵族特权。

三是重农抑商，奖励耕织，特别奖励垦荒。

四是强调"以法治国"，要求国家官吏学法、明法，百姓学习法律者"以吏为师"。

五是强化中央对地方的全面控制，剥夺旧贵族对地方政权的垄断。推行县制，把秦国划为 41 个县，在未设县的地方，把许多乡、邑合并成县，共新建 31 县。设县令、县丞，由国君任免。

六是"开阡陌封疆"。国家承认地主和自耕农的土地私有权，在法律上公开允许土地买卖。

七是统一度量衡。

经过商鞅变法，秦国的经济得到发展，军队战斗力不断加强，秦国逐渐发展成为战国后期最富强的封建国家。

秦变法富强后，魏受影响最大。魏曾经是最强的国家，现在由于秦约列国夹击，被降为二等国。此外秦又极力向蜀进展，最后将这块人口稀少的沃土完全吞并。当时张仪力主伐韩，而司马错主张伐蜀。司马错认为伐韩必将引起列国纷争，使秦陷于不利境地；而蜀国地处偏僻，实力弱小，以秦攻之，如豺狼逐羊群，且不会引发山东各国的

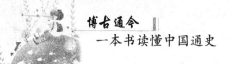
矛盾。于是秦代蜀。

魏国衰弱之后，天下的强国为秦、齐、楚，但在三国中秦的实力日愈增厚。秦惠文王在位期间任用贤能、推行法制，并不断地向外拓展领土。公元前330年，秦国大良造公孙衍在雕阴（今陕西甘泉县南）打败魏军，不久，魏尽献河西之地于秦。从此秦以黄河、函谷关为界抵御关东诸侯，进可攻，退可守，在战略上处于十分有利的地位。公元前318年，韩、赵、燕、楚、魏五国合纵攻秦，被秦军打败。其后，张仪又通过游说，拆散了齐、楚联盟，秦乘机打败楚军，占领汉中。

齐国想要乘燕有内乱吞并燕国，但结果却失败了。具体缘由是：公元前312年，燕王哙将王位禅让给相国子之，但没想到子之当国三年，政治败坏，民怨很大。齐国和中山国趁火打劫，攻入燕国，百姓由于痛恨子之，竟然对侵略者表示欢迎。燕王哙和子之都死于非命。后来齐军在燕国大肆屠杀抢掠，十分残暴，于是燕国人民又纷纷起来反对齐军，齐军不得不退出燕国。对燕一战，齐的国际威势虽然获得提高，但实力损耗很大。同时秦楚战争，楚国大败，将国防要地的汉中割与秦国。秦当初由魏所得的河西之地是秦向东发展的大道，现在汉中又成为秦向南进攻的路线，所以到公元前311年左右，在三强之中秦的实力最为雄厚。

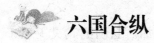

六国合纵

秦国在惠文王与昭襄王之时，尤其在昭襄王在位之时，不断地对魏、韩、赵、楚出兵，意图削弱这四国的实力。四国也试图联合抵抗，联合反攻。其中三次燕国都参加了，有一次获得了齐国出面领导。

这些国家分据了中国东边的南方与北方，而秦国分据了中国的西边。它们的自行联合，是南北方的纵的联合，因此这种联合在历史上被称为"合纵"。

合纵的行动前后有过四次。第一次合纵发生于公元前318年。策动人为魏国人公孙衍，主盟人是楚怀王，有楚、魏、韩、赵、燕五国参加。

当五国联军开到了函谷关，秦军开关迎敌。联军战败向东撤退，不久，齐国出兵攻魏，因为齐宣王以秦惠文王的好友自居。秦军于次年向东进军，大胜韩赵之军于修鱼（今河南修武）。

第二次合纵攻秦发生在秦昭襄王九年，即公元前298年，距离公元前318年第一次合纵攻秦已经有了二十个年头。

策划这第二次攻秦行动的是齐国的孟尝君，主盟人是齐宣王的儿子齐湣王。参加的仅有齐、韩、魏三国。

楚国这时候无力参加。怀王已经上了秦昭襄王的当，亲自到秦国

与昭襄王见面谈和，被昭襄王扣留在咸阳。楚国的大臣扶立了怀王的儿子顷襄王，对秦国表示"楚国失君有君"，不在乎怀王能否被释放回国。这些大臣虽则做到了使楚国不致因为"失君"而大乱，但也绝无力量来参加孟尝君所领导的合纵攻秦行动。

这一次的合纵攻秦，赵燕两国也都没有参加。赵国的武灵王已于上一年退位，传位给小儿子惠文，自称"主父"，在专心准备吞并中山国。中山国原为胡人的一大部落，叫做"鲜虞"，它逐渐扩展，成了一个占有河北省定县至石家庄一带的大国。两年以后，公元前296年，"主父"果然灭掉中山国。

燕国在位的国君是燕昭王，他是燕王哙的儿子。他无意攻秦，而志在对齐报仇。因为齐国曾经在公元前314年乘燕国内乱而入侵，一度占了燕的国都（今日的北京）。燕昭王后来果然报了此仇。

第二次合纵攻秦，虽然参加者仅有齐、韩、魏三国，但由于孟尝君领导有方，打到了函谷关，获胜。次年，再打。第三年，又打，打进了函谷关，占领盐氏城。秦国求和，将山西临汾之西南的武遂还给韩国，将今日风陵渡所在之地还给了魏国。

第三次合纵攻秦发生在公元前247年，距离第二次合纵攻秦竟有五十一个年头之久，可见反秦之难。

策动第三次合纵攻秦的是魏国的公子信陵君（魏无忌），主持第三次合纵攻秦的也是他。他原本因事滞留在赵国，但由于秦军围攻魏国的国都大梁（今开封），他率领亲信好友与宾客奔回大梁，接受了哥哥魏安釐王的任命，做了魏军的统帅，迎战秦军。赵国、楚国、韩国、燕国也都派了兵来帮他。

他率领五国之军与秦军决战于大梁一带，获得大胜，秦军的主将蒙骜落荒而逃。

第四次合纵攻秦发生在公元前 241 年，距离第三次合纵攻秦仅有六年。策动人是赵国的将军庞暖，参加的有四国：赵、楚、魏、燕。这一次四国联军没有获胜。

至此，六国再也没有力量联合起来阻止秦人的兼并步伐，只能任秦各个击破。

秦灭六国

秦国在秦王嬴政的领导之下，在十年之间相继并灭六国。其中军功最高的就是名将王翦。六国灭亡的次序是韩、赵、燕、魏、楚、齐。

公元前 231 年，韩国南阳郡守腾献地与秦，秦封之为内史。第二年秦国派腾攻击韩国，俘虏了韩王安。秦国在所得韩国土地上建立颍川郡，韩亡。

公元前 229 年秦派王翦、杨端和再次从西、南两面攻击赵国，赵国派李牧、司马尚率兵抵御。秦国深知李牧用兵之精湛，再次使用离间计。秦国收买赵王宠臣郭开，令其在国内散布李牧、司马尚欲合股造反之流言，赵王迁被流言所惑，杀害李牧。第二年，王翦大破赵军，俘虏赵王迁。秦国在邯郸一代设置邯郸郡，赵亡。

秦王在灭赵国之后，欲乘胜攻击燕国。燕太子丹大恐，派遣刺客

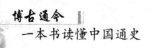
荆轲行刺秦王，被秦射杀。公元前227年，秦王派王翦、王贲、辛胜攻击燕国，燕国联合北戎代族军队联合抵抗，最终秦夺取燕都蓟（今北京西南）。燕王喜逃亡到辽东，亲杀太子丹向秦求和。燕王欲在辽东偏安偷生，但没能长久。秦在灭亡燕国之后，将燕都以南地区设置为广阳郡，同时接收了燕国原来兼并的上谷、渔阳、右北平、辽西、辽东等郡，燕亡。

公元前225年，秦派王贲攻魏，魏王退守在魏都大梁不出，于是秦军引黄河水灌淹大梁。三个月以后城池毁坏，魏王假出降。秦在魏国东部地区（今河南开封、商丘一带）建立砀郡，在被魏国兼并的原宋国地区设立泗水郡。至此，魏亡。

公元前225年，秦使李信、蒙武南进攻楚，但为楚国所败。翌年，秦王改派骁将王翦率领60万大军攻楚，大破楚军于蕲。楚将项燕自杀。公元前223年，秦将王翦、蒙武攻入楚国都城寿春，俘获楚王负刍。秦获楚国之地，建立九江、衡山、长沙三郡，楚国灭亡。翌年，王翦引兵东进，平定了楚国兼并的古越国之地，降服了那一带的越人君长，建置会稽郡。

公元前221年，秦国将王贲在灭燕国之后，率军南下，一举拿下了不修攻占之备，只图与秦国相安无事的齐国。齐王建出降。秦国在齐国的土地上建立了齐郡、琅琊郡，齐亡。

六国虽已无复合群互助的能力，但秦并天下也非易事。除齐不抵抗而亡外，各国都拼命抗战到底，往往只余一隅的地方仍作困兽之斗，全不顾及能否成功。

秦国已并天下称帝，似乎把隐处野王的卫国忘记，直至秦二世的时候卫才正式绝祀。

中国早在两千多年前就建立了大一统的帝国，这在世界上创造了一个惊人的纪录。看看同时代的欧洲，地中海地区的罗马共和国偏于一隅，远未成气候，而欧洲腹地还生活着未开化的日耳曼人、凯尔特人。中国政治是如此早熟，为此后两千多年树立了一个中央集权的传统。

第二章
秦汉卷

　　秦朝虽然短暂，但是在我国历史上仍是一个十分重要的朝代。秦始皇统一了中国，实行中央集权的专制统治，实行郡县制；设立三公九卿等封建官僚群，辅佐皇帝治理国家；使全国的文化和意识形态也高度统一。

　　秦朝的统治是短暂的。秦始皇死后不久，爆发了农民大起义，秦朝被推翻。在秦末战争中崛起了项羽和刘邦两大势力。他们为了争夺天下，进行了长达四年之久的楚汉战争。最后，刘邦击败了项羽，正式建立汉朝，定都长安，史称西汉。

　　在中国历史上，汉朝是一个重要的朝代。西汉统治了中国二百余年，使在中国持续了近两千年的专制政治制度得以确立。而"汉族"这一称谓也与西汉政权对天下政治形势的基本确定有关。

　　汉武帝是汉朝最有作为的君主，他把儒家思想确立为主流意识形态，这一传统被后代的王朝继承下来；他发展生产，富国强兵，使汉朝空前强大起来；他开疆拓土，极大地扩展了汉帝国的版图。但由于其一生与匈奴作战，并由此引发了朝廷内部持不同意见的政治派别的争斗，终使西汉政权由极盛转向衰败。虽然后来出现了"宣帝中兴"，但汉朝毕竟元气大伤，无法恢复到武帝之前的盛势。从昭帝、宣帝时代出现的外戚专权的风气，最终发展为王莽独掌朝政，建立"新朝"。至此，西汉统治结束。

　　王莽托古改制不合时宜，带来更大灾难，结果导致大规模农民起义爆发。公元25年夏，刘氏宗室刘秀正式称帝，重新建立起汉朝的统治。他建都洛阳，史称东汉（25—220年）。

　　东汉的科学技术、文化也有很大进步，比如改进了造纸术等。为加强思想统治，东汉王朝大力提倡儒学。另外，道教发展起来，佛教也开始传入我国，并得到统治者的提倡。

　　从汉和帝开始，东汉基本上都是幼年皇帝即位，外戚和宦官交替把持政权。正是这两股势力的斗争，使东汉王朝日益衰败。184年，黄巾起义爆发，给垂死的王朝以致命的一击。继而发生董卓之乱，汉献帝成为名副其实的傀儡，东汉名存实亡。220年，曹操之子曹丕废汉献帝，建立魏朝。

焚书坑儒

公元前 213 年的一天，咸阳宫里大摆宴席，美酒飘香，丝竹悦耳，一派热闹景象。原来，秦始皇在宫里庆贺头一年打败匈奴的大喜事。文武官员全都出席了。一些在学术思想上有名望有地位的博士也参加了这次宴会。

宴会进行当中，博士的领袖周青臣举酒颂扬秦始皇的功德，他说："早先秦国的疆域不到一千里，依赖陛下的英明，消灭了六国，统一了中原，赶走了蛮人和夷人。如今凡是太阳月亮照得到的地方，全都服从陛下的统治了。陛下废除了分封，设立了郡县制度，从此免除了战争的祸患，使得天下人人都能过着安乐的日子。这样的太平时世，必定能代代相传，直到千秋万世。陛下的威德，真是上古的那些三皇五帝也望尘莫及的啊！"

秦始皇听了周青臣的颂扬，心里甜滋滋的，他连连点头夸奖周青臣："说得好！说得好！"可是这一番颂扬却触怒了一些满脑子旧思想的博士。有个叫淳于越的博士听到周青臣说分封制不好，郡县制好，心里十分难过。他赶快往前走几步，急急忙忙地对秦始皇说："陛下！我听别人说，殷周两代的国王传了一千多年，他们分封子弟功臣做诸侯，像众星拱月那样拱卫中央朝廷，那个制度本来就好得很。如今陛下统一了中原，子弟却毫无地位和实权。将来万一出个像当年齐国田常那样谋篡王位的乱臣贼子，又有谁能挽救得了那种局面呢?我听老一辈的人说过：事情不照老规矩办而想要长久，根本就不可能。现在周青臣又当面奉承陛下，加重陛下的过错，我看他不是忠臣。陛下还是应当重新谋虑关于分封子弟的事情才好!"

淳于越又一次重提分封的事情，秦始皇听了心里有些厌烦。他叫大家再议论议论，看看究竟是分封制好，还是郡县制好。这时候已经升任丞相的李斯反对淳于越的谬论，他对秦始皇说："古今时代不同，情况已经随着时代改变了，我们决不能将古代的制度拿到今天来实行。如今天下已经安定，法令已经统一，老百姓应当努力种田做工，读书人应当努力学习现行的法令制度。可是如今还有那么一些读书人，总是死抱住老一套的东西不肯放弃，老是根据过去古书上的记载来攻击当前的政治制度，这对于陛下的统治是很不利的，必须予以严厉禁止。我建议：史官所收藏的图书，凡属不是秦国的历史，全都拿来烧了，不是政府任命的博士官所收藏的《诗经》《尚书》，而是私家收藏的这一类书籍，一律焚烧掉，杜绝混乱思想产生的根源。"

秦始皇觉得事情确实是这样，如果听任那些有旧思想的人到处宣扬旧制度，的确会妨碍他的统治。于是他决定接受李斯的建议，下令焚书。焚书的具体办法是：除了讲医药、占卜、种树一类的书，凡不是秦国史官所记的历史书，不是官家收藏而是民间所藏的《诗经》《尚书》和诸子百家的书籍，在命令下达的三十天之内，都要被缴到地方官那里去烧毁。以后还有偷偷谈论古书内容的，处死刑；借古时候的道理攻击当前政治的，全家都要处死。官吏知情而不告发的，判处同样的罪。命令到达后三十天不烧毁书籍的，在脸上刺字后罚去做

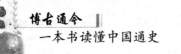

四年筑长城的苦工。凡有愿意学习法令的人，只许跟着官吏学，不许偷偷地照着旧时代的古书去学。

焚书的命令发布以后，各郡各县的官吏不敢怠慢，立即严格地遵照命令执行。他们派出许多士兵和办事的差役，挨家挨户收缴书籍。在很短的时间内，到处都是焚书的熊熊烈火。焚烧那些刻写在竹木简上的古代书籍，使得中国的文化事业遭受了一次浩劫。秦国以外的历史书和记载着诸子百家学术思想的书籍，凡是收缴上来的，差不多全都给烧光了。秦朝以前的许多历史事实和学术思想从此失传。这是秦始皇摧残中国文化的一大暴行。

秦始皇下令焚书，使得许多读书人都非常反感，不仅那些有旧思想的人反对秦始皇的暴行，连一些在朝廷里享受着高官厚禄的博士，也都在暗地里议论，说秦始皇这样压制舆论，摧残文化，做得太过分了。

焚书的第二年，即公元前212年，有两个替秦始皇求不死药的方士侯生和卢生偷偷地议论："秦始皇这个人十分残暴，自信心太强。他在灭亡六国、统一中原以后，自认为是从古以来最了不起的君主。他专靠残酷的刑罚来统治天下，大臣们谁也不敢对他说真话，他对谁也不信任，大大小小的事情都得由他自己亲自来决定。像他这样贪图权势的人，我们还是不要为他求仙药的好。"他们两个人商量好以后，就偷偷地带着从秦始皇那里领来的钱财逃走了。

秦始皇听说读书人在背后说他的坏话，侯生、卢生还居然逃走了，十分生气，决定要狠狠地惩治他们。

于是秦始皇下了一道命令，叫御史大夫去查办那些在背后诽谤他的读书人。被抓去审问的人受不了残酷的刑罚，为了给自己开脱，就一个一个的攀连其他的人，攀来攀去，一下子查出来有四百六十多个

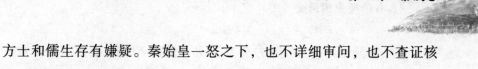

方士和儒生存有嫌疑。秦始皇一怒之下，也不详细审问，也不查证核实，就叫人在咸阳城外挖个大坑，把他们全都给活埋了。

秦始皇的焚书坑儒钳制了人们的自由思想，对文化传承造成难以估量的损失。

但也有人研究诸史籍，认为"焚书"有之，"坑儒"则无，实是"坑方士"之讹。因为事端由方士引起，那么就只能是"坑方士"。当然不能说被杀的四百六十余人中没有儒生，而全是方士，但是由其代表人物可推知，被杀的主体应该是方士，而被杀的原因更与儒家的政治主张和学派观点无关。所以即使被杀者有儒生，也并非因其为儒生而得罪，总是与方士们有某种牵连之故。因此绝无理由说秦始皇"坑儒"。尽管秦始皇早因"坑儒"之举背上千古骂名，然而，直到今天，秦始皇究竟有没有"坑儒"还是没有定论。

布衣天子

西汉的开国皇帝汉高祖姓刘，名邦，字季，沛县丰邑中阳里人。刘邦胸怀开朗，仁厚爱人，喜欢施舍，表现得宽宏大度，不拘小节。

刘邦曾经到咸阳(今属陕西)服徭役，空闲时随意游览市容，恰好碰上秦始皇出行。看着秦始皇那盛大的排场，刘邦深有感触地说："啊，大丈夫在世就应该像这样！"

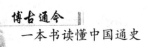

秦二世元年（公元前209年）秋天，陈胜等人在蕲县（今安徽宿州境内）起兵反秦的消息传开后，许多郡县都出现了杀死郡守县令以响应陈胜起义的事。沛县县令十分害怕，想率领沛县响应陈胜起义，于是会同手下官吏派樊哙去请刘邦。此时刘邦已有一支数十上百人的队伍，加上敢领头，大家便拥立刘邦为沛公。

秦二世三年(207年)，楚怀王任命沛公为砀郡（今河南永城东北）长，又封他为武安侯。沛公领兵西进，经过高阳城（在今河南杞县西）时，高阳城守门小吏郦食其，看到刘邦和他的队伍后，认为经过高阳的将领虽然很多，但都不如沛公。加上沛公德行好，为人厚道，郦食其便去求见沛公，献上自己的计策。当时刘邦正坐在床边，两个侍女在给他洗脚。但郦食其并不跪拜，只是抱拳拱手为礼，说："您如果确实想推翻暴君的统治，就不应该这样随便地接见我这年长的人。"刘邦一听，连忙下床，整衣赔罪，请郦食其到上首坐下。郦食其这才建议刘邦袭击陈留，夺取秦的存粮。刘邦一听，连声叫好，当时就封郦食其为广野君。

汉元年（公元前140年）十月，刘邦率领大军抢在其他诸侯之前进攻霸上，接着便向西进入咸阳。刘邦本想住进秦宫，经樊哙和张良劝说，便率军退驻霸上。随后他召集附近年长的人和那些在民众中有影响的人说："我与你们大家约定一个简明的法律，只有三条：杀人者偿命，伤人和为盗者按轻重判罪。至于秦的那些法律，一概废除。"秦国民众大喜过望，争先恐后地送来牛、羊、酒和食物犒劳士兵。刘邦婉言谢绝，坚持不受礼，并说："仓里粮食很充实，不想麻烦大家，耗费你们的钱粮。"秦国民众一听，更加高兴，内心希望他能在秦地为王。

刘邦打败项羽，统一天下后，在洛阳南宫举行酒宴庆功。他说："大家知道项羽失去天下的原因是什么？我得天下的原因又是什么？请各位王侯、将领畅所欲言，大胆说出自己的看法，不要隐瞒我。"高起和王陵回答说："项羽傲慢，有时也欺侮人；陛下宽仁，也能爱护人，陛下派人攻城夺地，凡是他们打下来的地方，都赏赐给他们了，您的这种做法是与天下人同利；而项羽却嫉妒贤能，迫害功臣，怀疑忠良，打了胜仗的将领得不到奖励，攻下城池的将领也得不到好处，这就是项羽失去天下的原因。"

刘邦说："你们只知其一，不知其二。朝堂上定好计谋，就能指挥千里之外的军队打胜仗。在这方面我不如张良；镇守后方，安抚百姓，保证前方军队的粮食供养，在这方面我不如萧何；指挥百万大军，战无不胜，攻无不克，在这方面我不如韩信。他们三个人都是出类拔萃的英雄豪杰，我能信任他们，放手让他们施展自己的才能，这就是我夺取天下的原因。项羽只有一个谋士范增，又不能放手使用他，这就是他被我打败的原因。"

匈奴崛起

在秦末汉初，北方的匈奴族中有一位名叫冒顿的太子。他非常聪明，也很勇敢。冒顿十分喜欢射箭，曾独自研究并制造了一种响箭。

这种箭射出时会发出巨大的声音，从而对敌人产生震慑。

冒顿让他的骑兵学习射箭时，下令说："我用响箭射击的目标就是我们要攻击的目标，当目标确定后，你们就都要瞄准这个目标射击。要是我发现谁不尽力去射，就砍掉他的头！"有一次，冒顿带着他的骑兵去打猎，发觉有人真的没有射击自己确定好了的目标，顿时非常恼火，立刻下令把那些人的脑袋砍了下来。过了些日子，冒顿命令大家用响箭射击自己的好马，他手下有几个胆小的人不敢跟着一起射——那可是太子的马呀！冒顿一看那几个不服从命令的骑兵抖抖缩缩的样子，更加生气了，马上下令将这些人全部处死。

俗话说：吃一堑，长一智。冒顿手下的骑兵在经过好几次的实战训练后，都很听从他的命令。只要冒顿将响箭放出去，他手下的士兵便会跟着一起将箭射向同一目标。在战场上，这种可贵的团队合作精神就是最厉害的武器。

没过几年，冒顿凭着机智勇敢和手下忠心耿耿的骑兵，当上了匈奴的首领——单于。

冒顿刚当上匈奴的首领时，邻近有一个叫东胡的国家实力非常强大。有一次，东胡派人来见冒顿，说他们的国土想要匈奴的千里马。冒顿召集了他的大臣，一起商量如何应付东胡国的要求。大臣们一致认为，千里马是匈奴的宝马，更是单于的坐骑，不能轻易给人。冒顿思考了一会儿，说："我国和东胡靠得很近，该说是老邻居了。考虑到两国百姓的平安，我们还是忍痛割爱吧！"于是匈奴人把冒顿的千里马送给了东胡国王。

俗话说：人心不足蛇吞象。东胡国王一得到千里马，心里非常得意，心想你冒顿肯定是个胆小鬼，既然连自己心爱的千里马都肯白白地送给我，我为什么不再多要几样好东西呢？没过多久，东胡又派人告诉冒顿，说他们的国王想要冒顿送一位美女给他。冒顿又召集他的大臣，一起商量如何应付这件事。大臣们非常气愤，都说："东胡人得寸进尺，太不像话了，竟然想要我们国王的美女。大王，我们和他们开战吧！"冒顿沉思了一会儿，说："大家还是再忍一忍吧。为了全国上下的百姓着想，我们满足他的愿望就是了！"冒顿于是将自己最喜欢的一位美女送给了东胡国王，表示匈奴对东胡的友好。

可万万没想到的是，东胡国王因此更加看不起匈奴，屡次公开向匈奴发起挑战，说要攻占匈奴的地盘，甚至扬言要彻底灭了匈奴。这下可把冒顿惹火了。

他向全国发布了宣战公告。公告里说：土地是一个国家的根本，怎么可以随便给别人侵占呢？我们全国上下要同心协力，与东胡斗争到底，让东胡人知道，我们匈奴人并不是怕他们！

东胡和匈奴两国之间终于爆发了一场大战。匈奴骑兵在冒顿响箭战术的训练之下，作战时目标明确，行动统一，而且团结一致，十分勇猛威武。而东胡却因为先前冒顿的忍让而误认为匈奴十分软弱，因此在作战时掉以轻心，结果东胡根本不堪一击，很快就让匈奴给消灭了。从此匈奴实力大增，声名远播。冒顿的雄心也越来越大，他率兵四处征讨，先后吞并了浑庾、屈射、丁零、鬲昆、薪犁等国家，其他的北方小国也纷纷向匈奴称臣。

秦朝灭亡之后，中原发生了楚汉相争，无暇北顾，匈奴就乘机一步一步向南打过来。

汉高祖在位时，冒顿带领了四十万人马包围了韩王信（原韩国贵族，和韩信不是同一个人）的封地马邑（今山西朔县）。韩王信抵挡不了，向冒顿求和。汉高祖得到这个消息，派使者责备韩王信。韩王信害怕汉高祖降罪于他，向匈奴投降了。

冒顿占领了马邑，又继续向南进攻，围住了晋阳。汉高祖遂亲自赶到晋阳，和匈奴对敌。

公元前200年冬天，天下着大雪，天气特别冷。来自中原的士兵没碰到过这样冷的天气，不少人冻坏了，有的人竟冻掉了手指。但是，汉朝的军队和匈奴兵一接触，匈奴兵就败走。汉军一连打赢了几仗。后来，他们听说冒顿逃到代谷（今山西代县西北）。

汉高祖进了晋阳，派出兵士去侦察，回来的人都说冒顿的部下全是一些老弱残兵，连他们的马都是挺瘦的。如果趁势打过去，准能打胜仗。

汉高祖还怕这些兵士的消息不可靠，又派刘敬到匈奴营地去刺探情报。

刘敬回来说："我看到的匈奴人马的确都是些老弱残兵，但我认为冒顿一定是把精兵埋伏起来，陛下千万不能上这个当。"

汉高祖大怒，说："你胆敢胡说八道，想阻拦我进军。"说着，就把刘敬关押起来。

汉高祖率领一队人马刚到平城（今山西大同市东北），突然四下里涌出无数匈奴兵，而且人强马壮，原来的老弱残兵全不见了。汉高祖拼命杀出一条血路，退到平城东面的白登山。

冒顿派出四十万精兵，把汉高祖围困在白登山。周围的汉军没法救援，汉高祖整整被围了七天，没法脱身。

高祖身边的谋士陈平打发了一个使者带着黄金、珠宝去见冒顿的阏氏，请她在冒顿面前说些好话。阏氏一见这么多的礼物，心里挺高兴。

当天晚上，阏氏对冒顿说："我们即使占领了汉朝地方，也没法长期住下来；再说，汉朝皇帝也有人会来救。咱们不如早点撤兵回去吧！"

冒顿听了阏氏的话，第二天一清早，就下令将包围网撤开一角，放汉兵出去。

第二天清早，天正下着浓雾，汉高祖悄悄地撤离了白登。陈平还不放心，叫弓箭手朝着左右两旁拉满了弓，保护汉高祖下山。

汉高祖提心吊胆走出了匈奴的包围圈后，立即快马加鞭，一口气逃到广武。随后他定了定神，首先把刘敬放出来，并对刘敬说："我没听你的话，弄得在白登山被匈奴围了起来，差点儿不能和你见面了。"

汉高祖逃出了虎口，知道自己没有力量再去征服匈奴，只好回到长安。以后，匈奴一直侵犯北方，叫汉高祖大伤脑筋。他问刘敬该怎么办？刘敬说："最好采用和亲的办法。如果大家结为亲戚，彼此就可以和和平平地过日子。"

汉高祖同意刘敬的意见，派刘敬到匈奴去说亲，冒顿同意了。汉高祖挑了一个宫女生的女儿，称作大公主，将她送到匈奴去，冒顿就把她立为阏氏。

从那时候起，汉朝开始采取和亲政策，跟匈奴的关系暂时缓和了下来。

 **平定诸吕**

中国封建历史竟如此巧合，女子的专权执政，由汉初吕后始而以清末慈禧终。尽管前者帮助刘邦平定四海，治理天下，加强汉王朝中央集权不无微功，而后者淫威肆虐，祸国殃民，为害极深，功过是非不可同日而语，但这两个女人为摘取皇冠而施展的阴谋权诈，凶残歹毒，则如出一辙。慈禧的所作所为，已是家喻户晓，而她的祖师——吕后的庐山面目却是一般人不甚了了的。

吕后名雉，字娥姁。因父命下嫁刘邦，与刘邦是患难夫妻。楚汉争霸中，她一度被项羽抓获，被扣为人质，吃过不少苦头。史载"吕后为人刚毅，佐高祖定天下，所诛大臣多吕后力"。就是说，在刘邦夺取政权和巩固政权的斗争中，直接策划诛杀功臣、铲除异己，多是吕后插手干的。

汉六年（前201年），有人上书诬告楚王韩信谋反。刘邦用陈平计，以巡游云梦、朝会诸侯为名，诱捕了韩信。回到洛阳后，因查无实证，刘邦赦免韩信罪，但将他降为淮阴侯。韩信意识到刘邦忌恨自己的才能，从此常称病不朝。但他日夜怨恨刘邦，终于和陈豨合谋反汉。汉高祖十年（前197年），陈豨举兵叛乱，刘邦率兵亲征，韩信暗地与陈豨联络，准备在京城举事，里应外合。部署已定，只等陈豨的消息。不料此事被舍人告发，吕后与萧何当即设谋，一面派人诈称从刘邦处归来报捷，扬言陈豨已死，诸侯群臣速入朝贺，一面让萧何出面骗韩信入朝。当年韩信背楚归汉，是萧何力荐当了大将，萧何对韩信有知遇之恩，韩信自然不会怀疑。结果一进长乐宫，就被吕后杀了。

再说梁王彭越。刘邦讨伐陈豨，征调彭越前往，彭越称病不行。部下劝他发兵谋反，他又首施两端，犹豫不决。后来由于他的太仆告密，刘邦把他抓起来，本欲治罪，虑其反形未具，只将其废为庶人，迁往蜀郡。彭越途遇吕后从长安来，他自言无罪，哀求吕后让他迁回昌邑故乡。吕后假装应允，待到洛阳，却劝刘邦不要放虎贻患。于是刘邦设计教人诬告彭越再次谋反，随即杀了彭越，并将其尸体剁成肉酱，遍赐诸侯，以儆效尤。这种残忍的手法终于激起淮南王黥布起兵反汉，但黥布最后也被诛灭。

吕后用权诈谋杀异姓三王，对于免除内乱、巩固汉初中央政权无疑是有益的。不过她也借此达到了消灭异己、树植私党、威服群臣的目的，为日后篡权夺位铺平了道路。

果然刘邦死后，后党与刘氏宗室的斗争日益加剧。在这场政争中，吕后首先拿来开刀的就是刘邦的宠姬戚夫人及其子赵王如意。刘邦生前，围绕着皇太子的人选，戚夫人与吕后明争暗斗，势同水火。吕后用张良计，最终保住了惠帝的太子之位，也保全了自己的势力，但对戚夫人母子则视其如眼中钉、肉中刺，必欲除之而后快。

刘邦死后，戚夫人失去靠山，吕后立即把她囚进掖庭。戚夫人被砍掉手脚，挖去双眼，烧聋耳朵，药哑嗓子，成为"人彘"；接着吕后又毒杀了赵王如意。然而，权欲熏心的吕后并未满足于这场庶嫡之争的小小胜利，要想摘取皇冠，君临天下，还必须断绝帝嗣，剪灭宗室。吕后先将鲁元公主之女，即惠帝的外甥女立为皇后。但因近亲联姻，

惠帝无子，只好将后宫美人之子立为太子。接着从精神上折磨惠帝，让他前去观看"人彘"。惠帝因痛恶吕后的惨无人道，知其歹毒无比，从此不理朝政，忧病而死。因皇帝幼小，只好由吕后垂帘听政。这是她位登九五之尊的第二步。

但是吕后深知刘姓宗室力量强大，人心向汉，大臣不服，所以用诸吕之女为刘氏诸王的妃妾，作为耳目，监视和控制宗室的一举一动。用这种方法，吕后先后巧立罪名，饿杀赵王刘友，逼死梁王刘恢，诛灭燕王刘建之子，使之无后国除。同时她又立诸吕四人为王，六人为侯，坚固后党权位。最后她造谣说幼帝不是惠帝的骨血，幽杀聪明过人的幼帝，而立常山王刘义为帝。这样，生杀予夺，随心所欲，号令一出，吕后完成了篡权夺政的终极目的。至此，刘邦八个儿子中只剩下远离京城的齐王刘肥、代王刘恒和淮南王刘长三人。刘氏宗室，岌岌可危。

吕后谋诛异姓三王时，刘邦在位，群臣慑服。刘邦死后，吕后虐杀宗室诸王而封诸吕，违背了刘邦开国时君臣盟约——"非刘氏不得王，非有功不得侯"，为此大臣不平，群情激愤。右丞相王陵面折廷争，坚决反对立诸吕为王，虽被免官而不悔。左丞相陈平、太尉周勃虽当面拥护，而内心不服。所以吕后死后不到两个月，曾经炙手可热、显赫一时的吕氏王朝就被太尉周勃、丞相陈平、朱虚侯刘章、颍阴侯灌婴与齐楚之兵里应外合，一举歼灭。

吕后当政时，创自刘邦的休养生息的黄老政治得到进一步推行，在经济上继续实行轻赋税政策，对工商实行自由政策。在吕后统治时期，政治、法制、经济和思想文化各个领域，均全面为"文景之治"奠定了坚实的基础。

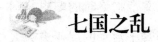

七国之乱

汉景帝即位后，也采用休养生息的政策治理国家。景帝当太子的时候，有个官员叫晁错，挺有才能，大家都称他"智囊"。后来，汉景帝把他提升为御史大夫。

秦朝实行的是郡县制，但是汉高祖打下天下后，分封了二十二个诸侯王。到了汉景帝时，诸侯的势力变得强大起来，土地又多，像齐国就有七十多座城。有些诸侯不受朝廷的约束，简直成了独立王国。

晁错见各诸侯国的发展态势很有可能造成国家分裂的危险，就对汉景帝说："吴王私自开铜山铸钱，煮海水取盐，招兵买马，动机不纯。不如趁早削减诸侯国的封地。"

汉景帝有点犹豫，说："削地只怕会引起他们造反。"晁错说："诸侯想造反的话，削地会反，不削地将来也会反。现在造反，祸患小；将来他们势力大了，再反起来，祸患就大了。"

汉景帝觉得晁错的话很有道理，便下定决心削减诸侯的封地。过了不久，朝廷找了些理由，削减了诸侯的封地。有的被削去一个郡，有的被削掉几个县。

正当晁错与汉景帝商议要削吴王刘濞的封地时，吴王刘濞先造起反来了。他打着"惩办奸臣晁错，救护刘氏天下"的旗号，煽动其他诸侯一同起兵造反。

公元前154年，吴、楚、赵、胶西、胶东、甾、川、济南七个诸侯王发动叛乱。历史上称为"七国之乱"。

叛军声势很大，汉景帝惊恐之余，想起汉文帝临终时的嘱咐：国家有变乱，就让周亚夫带兵出征。于是，他拜善于治军的周亚夫为太尉，让其统率三十六名将军去讨伐叛军。

那时候，朝廷中有人妒忌晁错，说七国发兵完全是晁错的过错，如果杀了他，七国就会退兵。接着，有一批大臣上奏章弹劾晁错，说他大逆不道，应该杀头。汉景帝看了这个奏章，竟昧着良心，批准了。这样，一心想维护汉家天下的晁错，竟莫名其妙地被杀了。

汉景帝杀了晁错，下诏书要七国退兵。这时候，吴王刘濞已经打了几个胜仗，夺得了几座城池。他听说要他拜受汉景帝的诏书，冷笑说："现在我也是个皇帝，为什么要拜受别人的诏书？"

这时，汉军营里有个叫邓公的官员，到长安向景帝报告军情。汉景帝问他："你从军营里来，知不知道晁错已经死了？吴楚答应退兵了吗？"

邓公说："吴王一直有造反的野心。这次借削地的借口发兵，哪里是为了晁错呢？陛下把晁错杀了，恐怕以后没人敢替朝廷出主意了。"

汉景帝这才知道自己错杀了晁错，但后悔已来不及。幸好此时还有周亚夫。

太尉周亚夫是周勃的儿子，很善于用兵。他接受平乱的任务以后，对汉景帝说："楚国的军队很剽悍，跟他们正面作战很难取胜，只有断绝他们的粮道，才能制伏他们。"汉景帝批准了周亚夫的作战计划，周亚夫领兵出发了。

军队来到霸上，有个叫赵涉的人拦住周亚夫的马车献计说："吴王刘濞占据的地方很富饶，他招兵买马，想要造反已经很久了，这次您出兵去征讨，他一定会在半路上山势险峻的地方设下埋伏，袭击您的队伍，所以您千万不要从老路行军，应当走蓝田，出武关，直奔洛阳。走这条路虽说远一些，路上要多花一两天时间，但是走这条路出乎吴王他们的意料，他们一定没有防备，等到您突然出现在他们面前，他们一定会大吃一惊，以为您是从天而降。"周亚夫接受了赵涉的意见，大队人马从右路直奔洛阳。

赵涉的建议果然起到了出奇制胜的作用。周亚夫率领的大军很快截断了吴楚联军的粮道，使得联军的粮食供应发生很大困难。当时正值天寒地冻，叛军粮尽援绝，斗志锐减，终于自行溃退。周亚夫乘机发动猛烈进攻，把联军打得大败。楚王刘戊自杀，吴王刘濞带了几千人冲出重围，逃到长江南岸的丹徒（今江苏省丹徒县）。他想去联合东越兵卷土重来，可是周亚夫早已悬赏一千斤金子购买他的脑袋，所以东越人不但不帮助他，反而乘机杀了他，把他的脑袋献给了周亚夫。随后其他各路叛军也相继被击败，纷纷投降。至此，历时约三个月的吴楚七国之乱终于被平定下去。

吴楚七国之乱表明，中央集权与地方割据势力之间的较量是针锋相对、你死我活的，二者之间的矛盾是不可调和的。因此，叛乱被平息后，景帝下决心进一步削弱诸侯王的权力以加强中央集权。首先，他继续推行"众建诸侯而少其力"的计划，先后分封了13个皇子为诸侯王，大国十余城，小国数城而已。其次，下令取消诸侯王任命封国官吏的权力，并不准他们干预封国内的军政事务，王国军政由中央任

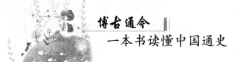
命的内史、相负责，诸侯王仅得享用封国之租税而已。最后，削减王国官属，降低王国官吏的级别。这就从制度上杜绝了地方势力坐大割据的可能性。自此以后，诸侯王国虽仍存在，但和一般郡一样，成为中央直接统辖的一级地方行政机构，再也无力与中央集权政府抗衡了。到了汉武帝时期，中央政府又采用"推恩令"，诸侯王国势力进一步被削弱，中央集权的封建统治大大巩固和加强了。

 卫青与霍去病

西汉武帝时的大将军卫青，年轻的时候生活贫寒。他是平阳人，父亲本姓郑，在平阳侯家里做侍吏时，与侯家的侍女卫氏私通，生下了卫青。卫青小时候，也在平阳侯家当佣人，后来长大了，回到亲生父亲家，父亲让他放羊，家里其他的异母兄弟都把他当佣人使唤，不拿他当兄弟。

一次，卫青碰到一个囚徒，那人道："你的面相真好啊，以后一定能当大官！"

卫青苦笑道："给人家当奴才，不挨打不挨骂就够不错的了，还当大官呢！"

后来，卫青同母异父的姐姐受到汉武帝的宠幸，还做了皇后。正所谓"一人得道，鸡犬升天"，卫青从此便飞黄腾达起来，真的当

了大官！

公元前 129 年，汉武帝封卫青为将军，让他带领军队抗击匈奴。他数次与匈奴交战，立功不少。

一次，大军浩浩荡荡，出击匈奴的右贤王。谁知道右贤王没把卫青放在眼里，以为汉兵还离他很远，无法攻到他，便在军营中喝得大醉。正在这时，卫青率骑兵赶到，一下子将右贤王的军队包围了。右贤王酒醒，大惊失色，自知无法抵抗，便乘着黑夜，只带一位爱妾和数百骑兵，拼命突出重围，向北逃走了。这一仗，卫青大获全胜，俘获大量兵马、牲畜，凯旋而归。

经此一仗，卫青威名远振，汉武帝拜他为大将军，统领各军，相当于最高总司令。汉武帝不仅给他很多赏赐，还大肆分封其家人，连尚在襁褓中的婴儿也被封了侯。

在汉初，匈奴一直是汉朝边境上的大敌，双方交战多年，损失都很惨重。到了汉武帝时代，汉朝国力强盛，于是汉武帝决定以重兵主动出击匈奴，消灭匈奴的有生力量，一举击溃这个大敌人。

这一年，大将军卫青、骠骑将军霍去病各率五万骑兵，数十万步兵，兵分两路出击匈奴。而霍去病所率领的尽是精锐部队，意在擒获匈奴单于。

匈奴探得消息，却故布迷阵，将重兵布在卫青出击的兵力较弱的一路，企图给予卫青迎头痛击。

卫青率大军行出塞外一千余里，忽见远处单于的大军军容整齐，严阵以待。但卫青毫不惊惶，命部下扎好营盘，派出五千骑兵，驰往匈奴阵中求战。匈奴也派出近万骑兵迎战。

正当两军即将短兵相接之际，忽然大风骤起，无数沙尘和石砾击

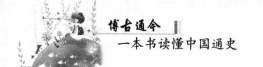

在人脸上，导致两军都无法看清对方，但两军仍在风沙中展开了激战。

卫青派兵分左右两翼，向单于包围过去！

汉军兵又强，马又壮，战斗力远远超过匈奴兵。双方战到将近傍晚的时候，单于见大势已去，率数百人冲出重围而去。

在此时汉兵和匈奴兵伤亡都很惨重。后来汉军从匈奴俘虏的口中得知，单于已突围逃走，便派兵追赶，但没有追上。匈奴兵失了主帅，四下溃逃。卫青的大军获得了决定性的胜利。

霍去病是卫青另一个姐姐的儿子，是卫青的亲外甥。他十八岁时便受到汉武帝的宠爱，被封了高官。他善于骑马射箭，跟着舅舅卫青与匈奴交战多次，也立过不少功，被封为冠军侯，取"勇冠三军"之意。这就是今天把比赛中的第一名称为"冠军"的来历。后来，他又被封为骠骑将军。

霍去病因为受汉武帝的宠爱，所以经常能挑选最精锐的部队和他一起出征。论实力，其他将领谁也比不上他。加上他往往敢于深入匈奴腹地，寻找匈奴军队主力作战，而且他运气也非常好，每次出征都没有遇到过困境，全都是凯旋而归。因此，他受到的器重甚至可以和卫青相比。

霍去病多次大破匈奴浑邪王的兵马，总共消灭了数万人，单于非常恼怒，便想杀掉浑邪王。

浑邪王不甘坐以待毙、束手就擒，便暗地里谋求投降汉朝。他先派使臣向汉武帝通报。汉武帝接到了消息，但却疑心他是假装归降，借以偷袭边境，为安全起见，便派霍去病率大军去接应。

霍去病率军来见浑邪王，和浑邪王的兵马遥遥相望。浑邪王的兵将见汉军人多，也唯恐有变，所以不愿投降而逃跑的人很多。

　　霍去病见匈奴兵马混乱，便当机立断，亲自率兵奔入浑邪王大营，和浑邪王相见，使他安心。霍去病还派兵镇压斩杀了那些逃跑的匈奴兵将，多达八千人。事后，他统领着降卒近十万人，安全回到长安。浑邪王受到汉武帝的封赏，霍去病也因招降有功而受到嘉奖。

　　霍去病少年老成，沉默寡言，但勇气十足、敢作敢为。汉武帝曾让他学习兵法，他却道："只要胸中有韬略，古时候的兵法又有什么可学的呢？"汉武帝还曾经给他建造官邸，让他去看一看，他却说："匈奴未灭，无以家为也（哪还顾得上家）！"汉武帝因此更宠爱他。

　　霍去病在少年时就战功赫赫，令人敬佩，但是他也有很多短处。他年纪轻轻就做了高官，所以比较孤傲，不大爱惜士卒。他率军出征的时候，汉武帝往往派数十辆装满各类美味食品的大车跟着他，到回师的时候，那些吃剩下来的食物就被倒掉了。霍去病吃喝不愁，他的士兵却往往在打仗的时候挨饿。另外，在出征塞外的时候，军中缺乏粮食，或者士气不高，而霍去病却在那里圈地修场子踢球玩，这种事情举不胜举。

　　霍去病二十三岁就去世了，但他短暂的一生却立下了丰功伟业。

　　卫青与霍去病，虽然是因为皇亲国戚的身份才得以封为高官，但他们英勇善战，抗击匈奴侵略，从而建功立业，也算得上是应当肯定的历史人物。其中霍去病更是中国历史上著名的少年英雄。

三朝重臣霍光

汉武帝七十一岁那年，身体多病，知道将不久于人世，就指定八岁的小儿子刘弗陵在自己死后接替皇位，并且任命霍光为大司马大将军，把辅佐幼帝的重任托付给了他。

霍光字子孟，是骠骑将军霍去病的异母弟弟。霍光十多岁的时候，霍去病把他从家乡接出来，让他做了汉武帝的侍从官。汉武帝喜欢霍光诚实忠厚，很快提拔他做了侍从官的首领。霍去病去世以后，汉武帝又把霍光提拔为奉车都尉、光禄大夫。霍光办事小心谨慎，二十多年没有出过什么差错。

霍光辅政以后，工作更加勤恳谨慎。他公正无私、赏罚分明，把国家人事管理得井井有条，因此他的威信越来越高，只要一提起大司马大将军霍光，老百姓没有不佩服的。

可是，朝廷里那些想跟霍光争权的人认为霍光碍了他们的手脚，使他们不能为所欲为，恨透了霍光。

左将军上官桀是第一个想跟霍光争权的人。他和霍光是儿女亲家，他的儿子上官安娶了霍光的女儿做妻子。上官桀为了跟霍光争权，通过汉昭帝的大姐盖长公主的帮助，把自己的孙女、上官安六岁的女儿嫁给了汉昭帝。过了几个月，这个六岁女孩子就被立为皇后。因为这个关系，上官桀被封为安阳侯，上官安被封为桑乐侯。上官桀成了皇亲国戚，不仅地位更加显贵，而且有了更多的机会接近汉昭帝。

盖长公主帮助了上官桀，上官桀就想找个机会报答盖长公主。他听说盖长公主有个情人叫丁外人，就跑到霍光那里去给丁外人求封。霍光不徇私情，直截了当地告诉上官桀："高祖在世的时候，立下规矩，无功不得封侯。丁外人没有功劳，你没有理由替他求封。"上官桀又恳求说："不能封他为侯，拜他做光禄大夫总可以吧！"霍光说："那也不行，丁外人的名声很不好，什么官职也不能给他。"上官桀碰了一鼻子灰，很不高兴，他跑到盖长公主那里加油添醋地诉说一番，使得盖长公主也恨透了霍光。

为了反对霍光，上官桀、上官安和盖长公主又去联络御史大夫桑弘羊。桑弘羊以前替汉武帝搞盐铁专卖，又是个会理财的专家，有过功劳。他以这些功劳作为本钱，想替自己的子弟在朝廷里谋个官做，可是霍光不同意。霍光说："你桑弘羊有功劳，皇上赏赐你是应该的，但你的子弟不能靠着你的功劳做官，应当凭他们自己的本领吃饭。"因为这个缘故，桑弘羊也恨透了霍光。桑弘羊看到上官桀集团里的人都是皇亲国戚，又有皇帝的姐姐盖长公主做靠山，认为他们准能斗得过霍光，于是他就参加了这个集团。

由于霍光平日办事小心谨慎，上官桀他们挖空心思也找不出霍光的差错。他们这些人都和燕王刘旦有联系，于是就想利用燕王刘旦来反对霍光。有一次，霍光到长安附近的广明去检阅军队，并且调了一个校尉到大将军府里去。上官桀等人就用燕王刘旦的名义，伪造了一封书信，送到汉昭帝那里。信上说："霍光出去检阅军队，盗用了皇上的仪仗队，耀武扬威，十分骄横；他又自作主张，调了一个校尉到

大将军府里去，看起来霍光这个人野心很大，恐怕想要谋反。我愿意交还燕王的大印，回到长安，到皇宫里来担任皇上的警卫，镇压奸臣的叛乱。"

汉昭帝把这封告发霍光的信仔细看了几遍，就收了起来。上官桀急于把霍光赶下台，急忙进宫追问汉昭帝这事如何处理。汉昭帝回答说："等霍光阅兵回来再说吧。"

第二天，霍光阅兵回来，听到有人告发他，就躲在偏殿里不敢去见汉昭帝。汉昭帝一上朝，看到文武官员当中没有霍光，就问道："听说大将军阅兵完毕，已经回朝，他在哪儿？"上官桀赶快回答说："大将军因为被燕王告发，所以不敢进来。"汉昭帝说："叫他进来，我有话对他说。"

霍光听说汉昭帝叫他，赶快来到殿上。他自己摘下帽子，跪下叩了一个头，说："臣罪该万死，听候皇上发落！"汉昭帝抬一抬手说："大将军请起来，戴上帽子。我知道这封告发你的书信是假造的，你没有罪。"霍光说："陛下怎么知道这封书信是假造的呢？"汉昭帝说："大将军到广明去阅兵，是在京城附近的地方；调校尉去大将军府，也还不到十天，燕王在遥远的北方，他怎么能够知道这些事？就算他能知道，马上派人送信来，今天也还送不到京城。再说，大将军如果真想造反，也用不着调用一个校尉。因此，我认为这一定是有人想要陷害大将军，才假造了这样一封书信。我虽然年轻，却看出了它的破绽，决不会上当。"这时候，汉昭帝才十四岁，他就能把问题分析得这样清楚，使得朝廷上的文武百官没有一个不佩服的。

汉昭帝不但没有治霍光的罪，而且还当场下令，要追查假造书信的人。上官桀怕追查下去查出他们这个阴谋集团，就劝汉昭帝："这是小事情，陛下不必追究了。"汉昭帝却没有听信他的话，还是一个劲儿地追查。

上官桀见汉昭帝继续追查，怕阴谋败露，就采取以攻为守的策略——屡次在汉昭帝面前说霍光的坏话，但汉昭帝每次听了都大发脾气。他说："大将军是忠臣，先帝临终前嘱咐他辅佐我治理天下。他帮我办了许多好事，这是有目共睹的。今后再有人诽谤他，我一定要重重责罚。"从此以后，上官桀他们才不敢再说霍光的坏话了。可是他们还不死心，又设置了另一个阴谋。由盖长公主出面请霍光喝酒，在厅堂四周埋伏下武士，准备乘公主劝酒的时候，命武士们冲出来，把霍光杀死，然后再废掉汉昭帝，迎立燕王做皇帝。

可是纸里包不住火，上官桀他们的这一阴谋还没有来得及实行就败露了。霍光奏明汉昭帝以后，杀了上官桀、上官安、桑弘羊、丁外人等一伙。燕王刘旦和盖长公主见事情不妙，都自杀了。一场叛乱很快被平定了。

霍光辅佐汉昭帝十三年，年轻的汉昭帝在二十一岁那年就去世了。昭帝没有儿子，霍光和皇太后商量，决定迎立汉武帝的孙子昌邑王刘贺做皇帝。没想到昌邑王刘贺是个荒淫无道的家伙，据说即位才二十七天，就做了一千一百二十七件不应当做的事情，像这样的人实在没有办法叫他做皇帝。因此，霍光跟文武大臣商量，决定奏请皇太后批准，废了昌邑王刘贺，另立汉武帝的曾孙刘询为皇帝，就是汉宣帝。

汉宣帝即位的时候只有十八岁，霍光又辅佐了他六七年，教他怎样做一个好皇帝。汉宣帝地节二年（公元前68年），霍光患病逝世。汉宣帝和皇太后亲自为霍光主持丧礼，将其十分隆重地安葬在茂陵汉武帝的陵墓旁边。

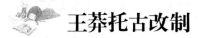

王莽托古改制

西汉王朝的国力在汉武帝时期达到了巅峰，到了元、成、哀、平四帝统治时期，开始日益走向衰亡的深渊。在这一时期，封建政治极端腐朽，豪强地主、官僚贵族疯狂兼并土地，社会矛盾空前激化，农民起义此起彼伏。在当时各种各样的社会弊病中，最为突出的是土地兼并和奴婢买卖问题。为了挽救穷途末路的汉政权，哀帝时，大臣师丹、孔光、何武即曾先后提出"限田"、"限奴婢"的建议，并制定了较为详尽的措施。可惜这些建议和措施触犯了豪强地主、官僚贵族阶级的利益，实际上根本未曾得到施行。

伴随着社会危机的加剧，各种各样的谶纬迷信也日益盛行。当时社会上到处传布着汉家历运衰竭，应当改朝换代的流言。这表明腐朽的西汉王朝已日益失去人心。居摄二年（公元8年），出身于外戚世家的王莽经过一番筹划，终于篡夺汉政权，建立了大"新"王朝。

关于王莽的身世，《汉书·王莽传》有相当详细的记载。初元四年(公元前45年)王莽出生在一个显赫的家庭，他的姑母王政君被元帝立为皇后。成帝（王政君之子）继位后，王家先后有九人封侯，五人担任大司马，是西汉一代中最显贵的家族。但王莽父亲早死，没有轮到封侯；而他的哥哥也年纪轻轻就死了，留下了孤儿寡母。虽然家道中落，但却使王莽从小养成了与富贵的堂兄弟们不同的习惯。他谦恭好学，生活俭朴，打扮与普通儒生无异；平时侍奉母亲和寡嫂，抚养侄儿，都规规矩矩；对待社会上的名流学者、家中的各位叔伯格外彬彬有礼。永始元年（公元前 16 年），王莽被封为新都侯，升任骑都尉光禄大夫侍中。王莽在宫中值勤时总是小心谨慎，官越升，越是谦虚。他广泛结交中高级官员，赡养救济名士，家里不留余财，连自己的军马衣服都拿来分发给宾客。于是在位的官员不断举荐他，在野人士纷纷传播他的佳话，王莽的名声逐渐超过了他的叔伯们。

王莽很快收罗、组织起一个得心应手的班底：王舜、王邑为心腹谋士，甄丰、甄邯负责决策，平晏掌管机密，刘歆撰写文告、制造舆论，孙建当"爪牙"（上通下达兼打杂），甄丰之子甄寻、涿郡崔发、南阳陈崇等也因有各种本领而受到王莽的信用。通过大肆收买人心，全国上下无不感谢王莽，但他认为做得还不够，又向太后进言："由于丁、傅两家外戚的奢侈挥霍，导致很多百姓吃不饱饭，太后应该穿粗衣，降低饮食标准，作天下的榜样。"而他自己也上书，愿捐钱 100万、田 30 顷，交给大司农救济贫民。此举一出，百官积极响应，纷纷仿效，连太后也省下自己的"汤沐邑"（供太后私人开支的封邑）10个县交给大司农管理。一到发生自然灾害，王莽就吃素。元始二年（公元 2 年）全国大旱，并发蝗灾，受灾最严重的青州百姓到处流亡。在王莽带头下，230 名官民献出土地、住宅救济灾民，并在灾区普遍减收租税，灾民这才得到充分抚恤。皇家在安定郡的呼池苑被撤销，改为安民县，用以安置灾民。连长安城中也为灾民建了 1000 套住房。

为了复兴儒家传统制度，王莽奏请建立明堂、辟雍、灵台等礼仪建筑和市（市场）、常满仓（国家仓库），为学者建造 1 万套住宅，网罗天下学者和有特殊本领的人至长安。太学生与百姓积极性很高，纷纷

投入义务劳动。经过 10 万人突击，这些住宅只用了 20 天就全部建成。

元始五年（公元 5 年）正月，公卿大夫、博士、列侯共 902 人联名上书，请求给王莽"加九锡"。当年秋，派往各地了解民情的 8 位风俗使者回到长安，带回了各地歌颂王莽的民歌 3 万字。王莽奏请进一步制定条例，以便做到"市无二贾（市场上不讨价还价）、官无狱讼（衙门里没有打官司的）、邑无盗贼（城里没有盗贼）、野无饥民（农村中没有饥民）、道不拾遗、男女异路（男人女人分别走在路的两边），"犯者像刑"（犯法的人以画像示众，不必真的用刑），希望以此回到上古的太平盛世。很快，王莽就获得了皇帝的宝座。

王莽当政后，社会危机依然十分严重。王莽为了缓和阶级矛盾，维持"新"朝的统治，即位伊始便打出《周礼》的旗号，宣布实行改制：第一，把全国土地改为"王田"，不准买卖；第二，把奴婢称为"私属"，不准买卖；第三，平定物价，改革币制。这些改革的结果是把大量的财富抢到了皇家手里，土地也被大贵族们占去了，使老百姓更加穷苦。

此外，王莽还征发全国各地精兵，对匈奴作战。可战争还没开始，征讨匈奴的军队就把沿边郡县搞得破败荒凉。王莽又下令改王为侯，引起了边境地区的混乱，继而又发兵征讨，滥施淫威，引起了社会政治局势动荡。加上沉重的赋税徭役使得人民破产丧命，全国上下民怨沸腾，最后终于导致了全国此起彼伏的暴动和起义，将新生的新莽王朝连同王莽复古改制的事业一并埋葬。

王莽试图按照儒家经学重建一个"大同"世界，一劳永逸地解决社会问题。其初衷似乎无可厚非，关键在于向前看还是向后看？要解决社会问题，倒退是没有出路的。倒行逆施不但无助于社会问题的解决，反而使社会濒临崩溃的边缘。王莽的新朝仅仅存在了十几年就寿终正寝，根本原因就在于此。

光武中兴

公元 25 年，当赤眉军逼近西汉首都长安时，打着"复高祖旧业"的汉朝皇室后裔刘秀，在鄗县（今河北柏乡北）南面的千秋亭登上皇帝的宝座，宣告光复汉朝。不久，刘秀攻下洛阳，在此定都。史家把以长安为首都的汉朝称为西汉，把以洛阳为首都的汉朝称为东汉。刘秀就是东汉的第一个皇帝——光武帝。对于汉朝而言，这就是"光武中兴"。

刘秀是汉高祖刘邦的八世孙，他的六世祖长沙王刘发是汉景帝之子，刘发之子刘买还被封为春陵侯。到父亲刘钦时，家道中落，刘秀只身闯荡社会，进入太学，专心攻读《尚书》。他不像刘邦那样粗鲁，而是有文化修养，也不像刘邦那样有宏大志愿。他的愿望就是："仕宦当作执金吾，娶妻当得阴丽华。"执金吾不过是负责京都治安的小官，而阴丽华则是出身南阳富家的绝色美女。后来他不仅娶到了阴丽华，而且当上了东汉的开国皇帝，这些都出乎他自己的预料。由于他的皇室后裔背景，以及文化修养，在那个群雄纷争时代，素质明显高于农家出身的草莽英雄之上。当刘秀的车队进入洛阳时，他的随员仪表堂堂，这使在两旁迎候的父老们不禁喜极而泣：没有想到今日还能

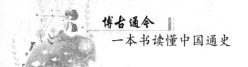

重见"汉官威仪"！

刘秀要再现"汉官威仪"，必须对王莽的倒行逆施进行拨乱反正，重建汉高祖、汉武帝所确立的大汉体制，于是他"解王莽之繁密，还汉世之轻法"，也就是废除王莽新设立的繁苛细密的法令，恢复汉初的法简刑轻、务用安静的局面。这一举措使得东汉光武一朝刑法宽松，社会稳定。

其次是必须清除王莽恢复的西周官制，继承和发展被汉武帝强化了的中央集权的帝国体制。西汉末年，丞相、太尉、御史大夫所谓"三公"，被改称大司徒、大司马、大司空，但由于外戚专权，他们总是占据大司马大将军之位，大司徒形同虚设。刘秀为了削夺大司马大将军的权力，恢复大司马的原来名称——太尉，把大司徒、大司空的"大"字去掉，削弱三公的权力。但是矫枉过正，使得"三公"成了一个摆设，三公的职责都转移到本来替皇帝掌管文书的尚书台的身上。皇帝通过尚书台控制中央政府，使得三公成为没有实权的虚位，日常政府事务由尚书台处理，直接对皇帝负责。于是形成了这样的奇特局面："三公"高高在上，享受一万石的俸禄，却没有权力，叫做"有位无权"；尚书台的长官尚书令掌管朝廷大权，却没有三公的地位，俸禄只有一千石，叫做"有权无位"。中央的最高官僚不是"有位无权"就是"有权无位"，皇帝"集权"的目的自然达到了。

与此同时，代表中央控制地方的刺史制度得到强化。西汉末年，把刺史改称州牧，俸禄从六百石增至二千石，但职权没有变化，仍无固定治所。刘秀定制，把州牧恢复为刺史，扩大它的权力，并让刺史有固定的治所。随后刘秀向十二个州派遣十二名刺史，使得刺史成为州一级行政区的最高长官。刺史每年年底回京述职，朝廷据此对地方官作出升降任免的决定。这毫无疑问是加强了中央对地方的控制，但是刺史权力的扩大，州成为管辖若干郡县的大行政区，为日后的地方割据埋下祸根，是刘秀当初始料不及的。

刘秀推翻了王莽的政权，依然面临王莽企图解决的社会问题——限田限奴婢，也就是限制土地兼并以及农民沦为奴婢的问题。王莽作了尝试没有成功，刘秀力图以另一种形式来解决它。在东汉初建的十几年中，刘秀六次颁布诏书，解放奴婢；三次颁布诏书，禁止虐杀奴婢，收到了明显的效果。但是在解决土地问题时，刘秀遇到了强大的阻力。他下令"度田"——检核耕田面积，遭到豪强地主的百般阻挠，而地方长官慑于豪强的压力，也并不认真"度田"。更为严重的问题在于，刘秀的近亲、近臣都是豪强地主，又是最有权势的特权阶层，尽管田宅逾制，却无法检核。事情终于不了了之。原因很简单，掌握政权的特权阶层不可能推行一种剥夺自身权益的政策。

刘秀的太学生出身，以及精深的经学修养，使得他在推行汉武帝的"独尊儒术"这点上尤为得心应手。东汉建立之初，他就下令恢复汉武帝的五经博士：《易》立四博士，《尚书》立三博士，《诗》立三博士，《礼》《春秋》各立二博士，共五经十四博士，在太学教授学生。东汉的太学规模大于西汉。

刘秀精通经学，也爱好谶纬。阴阳谶纬是一种神秘哲学，此学有两个大题目。一个就是附会扩大《洪范》而产生的五行灾异说，一切非常甚至平常的事都用这个万能的学说解释。《洪范》原是商代贵族政权总结出来的统治经验。"洪"的意思是"大"，"范"的意思是"法"。"洪范"即统治大法。它的中心思想是，倡导一种基于上帝意志的神权政治论，强调按照神的旨意建立最高统治准则——皇极，以

保障"天子作民父母，以为天下王"。它认为龟筮可以决疑，政情可使天象变化，这一说法后来成为汉代"天人感应"思想的理论基础。董仲舒、刘向等人均鼓吹阴阳五行、天人感应之说。

二是五德终始说。"五德终始说"是战国时的阴阳家邹衍所主张的历史观念。"五德"是指五行——木、火、土、金、水所代表的五种德性。"终始"指"五德"的周而复始的循环运转。邹衍常以这个学说来为历史变迁、皇朝兴衰作解释。后来，皇朝的最高统治者常常自称"奉天承运皇帝"，当中所谓"承运"就是意味着五德终始说的"德"运。

秦自认为水德，汉犹豫不定，直到西汉将亡时自己仍不知以往二百年到底由何德支配。直至汉室中兴，刘秀才最后决定汉为火德。五德终始的学说在王莽与东汉之际最为盛行。王莽耍假借这种《推背图式》的预言学为他篡汉的工具。汉朝是火德，他制造各种预言和祥瑞，使世人相信，火德销尽，土德当代。光武帝又用它为汉室复兴的根据，告天祭神，以确定自己政权的合法性。

"光武中兴"成功之后，光武帝对谶纬更加崇信，导致平常极大方的皇帝对于怀疑谶纬的人也可很不大方。当时的经学家桓谭上书反对谶纬，认其为荒诞不经，光武帝很不高兴，说："桓谭非圣无法，将下斩之！"谭叩头流血，才得以保命，后被贬官外放，病死于途中。

当时的国教无所不包，任何的信仰，任何的神祇，皇帝都代表国家对它们表示出相当的敬意，因为皇帝现在于名实两方都是天下的君主。这种包罗万象的宗教是陆续建设起来的，到西汉末东汉初可算达到最完备的程度。社稷山川都有神灵，且有一套完备的谱系，都要由皇帝主持祭拜。

在这个国教中，最隆重的典礼就是封禅。其中封为"祭天"，禅为"祭地"，是古代帝王在太平盛世或天降祥瑞之时的祭祀天地的大型典礼。战国时齐鲁有些儒士认为五岳中泰山为最高，帝王应到泰山祭祀。秦始皇、汉武帝等都曾举行过封禅大典。封禅活动实质上是强调君权神授的手段。

班超投笔从戎

光武帝建立东汉王朝以后，请了一个大学问家班彪整理西汉的历史。班彪有两个儿子名叫班固、班超，一个女儿叫班昭，三人从小就都跟着父亲学习文学和历史。

班彪死了以后，汉明帝叫班固做兰台令史，继续完成他父亲所编写的历史书籍，就是《汉书》。班超跟着他哥哥做抄写工作。哥儿俩都很有学问，可是性情不一样。班固喜欢研究百家学说，专心致志地写他的《汉书》，而班超不愿意老伏在案头写东西。他听到匈奴不断地侵扰边疆，掠夺居民和牲口，就扔了笔，气愤地说："大丈夫应当像张骞那样到塞外去立功，怎么能老死在书房里呢。"就这样，他决心抛弃他的案头工作去从军。

公元73年，大将军窦固出兵打匈奴，班超在他手下担任代理司马，立了战功。

窦固为了抵抗匈奴，想采用汉武帝的办法，派人联络西域各国，

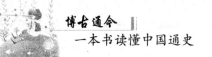
共同对付匈奴。他赏识班超的才干，便派班超担任使者到西域去。

班超带着随从人员三十六人先到了鄯善。鄯善原来是归附匈奴的，因为匈奴逼他们纳税进贡，勒索财物，鄯善王很不满意。但是这几十年来，汉朝顾不到西域那一边，他只好勉强听匈奴的命令。这次看到汉朝派了使者来，他就挺殷勤地招待着他们。

过了几天，班超发现鄯善王对他们忽然冷淡起来，便起了疑心。他对随从人员说："你们看得出来吗？鄯善王对待咱们跟前几天不一样了。我猜想一定是匈奴的使者到了这儿。"

话虽这样说，毕竟只是一种猜想。刚巧鄯善王的仆人送酒食来。班超便装得早就知道的样子说："匈奴的使者已经来了几天？住在什么地方？"

鄯善王和匈奴使者打交道，本来是瞒着班超的。那个仆人给班超一吓，以为班超已知道这件事，只好老实回答："来了三天了，他们住的地方离这儿有三十里地。"班超把那个仆人扣留下来，立刻召集三十六个随从人员，对他们说："大家跟我一起来到西域，无非是想立功报国。现在匈奴使者才到几天，鄯善王的态度就变了。要是他把我们抓起来送给匈奴人，我们的尸骨不能回乡了。你们看怎么办？"

大家都说："现在情况危急，死活全凭你啦！"

班超说："不入虎穴，焉得虎子？现在只有一个办法，趁着黑夜，到匈奴的帐篷周围，一面放火，一面进攻。他们不知道咱们有多少人马，一定着慌。只要杀了匈奴的使者，事情就好办了。"

大家说："好，就这样拼一拼吧！"

到了半夜，班超率领着三十六个壮士偷袭了匈奴的帐篷。那天晚上正赶上刮大风。班超吩咐十个壮士拿着鼓躲在匈奴的帐篷后面，二十个壮士埋伏在帐篷前面，自己跟其余六个人顺风放火。火一烧起来，十个人同时擂鼓、呐喊，其余二十个人大喊大叫地杀进帐篷。

匈奴人从梦里惊醒，到处乱窜。班超打头冲进帐篷，其余的壮士跟着班超杀进去，杀了匈奴使者和他的三十多个随从，并把所有帐篷都烧了。

班超回到自己的营房里，天色刚发白。随后班超请鄯善王过来。鄯善王一听匈奴的使者已被班超杀了，就对班超表示愿意服从汉朝的命令。

班超回到汉朝后，汉明帝提拔他做军司马，又派他到于阗去。明帝叫他多带点人马，班超说："于阗国家大，路程又远，就是带几百人去也不顶事。如果遇到什么意外，人多反而添麻烦。"

结果，班超还是带了原来的三十六个人到于阗去。

于阗王见班超带的人少，所以接见的时候并不怎么热情。班超劝他脱离匈奴，跟汉朝交好。他决定不下，找巫师向神请示。

那个巫师本来反对于阗王跟汉朝友好，于是装神弄鬼，对于阗王说："你为什么要结交汉朝？汉朝使者那匹浅黑色的马还不错，可以拿来给我。"

于阗王派国相向班超讨马。班超说："可以，叫巫师自己来拿吧。"

那巫师得意扬扬地到班超那儿取马。班超也不跟他多说，立刻拔出刀把他斩了。接着，他提了巫师的头去见于阗王。

于阗王早就听说班超的威名，看到这个场面，吓得腿都软了，只好说："愿意跟汉朝和好。"

鄯善、于阗是西域的主要国家，他们结交了汉朝，别的西域国像龟兹、疏勒等也都跟着跟汉朝和好了。

西域各国从王莽执政时期起，跟汉朝不相往来已经有六十五年。到了这时候，才恢复张骞通西域时期的那个局面，双方又经常有使者和商人交往了。

党锢之祸

东汉末年，汉桓帝借助宦官集团消灭了大将军梁冀，马上封单超、徐璜、具瑗、左倌、唐衡等人为列侯，号称"宦官五侯"。桓帝还让赵忠、刘普等七个宦官负责传达诏令和各种公文，处理朝廷的日常事务。这样一来，外戚的势力刚被压下去，宦官干政的局面又开始了。

白马县（今河南滑县）的县令李云对宦官专权极为不满，他给汉桓帝上书说："梁冀专横跋扈，陛下判了他死罪。可是，陛下却把单超他们都封做万户侯。假如高祖地下有知，难道就不怪罪您吗？西北边塞上将士听说了，难道不会离散吗？孔子说过，帝王所以称作'帝'，是因为能谛听别人的意见。如今官位错乱，吏治腐败，贿赂公行，小人得宠，难道皇上就不能听别人的意见吗？"

汉桓帝看了李云的书信，气得说不出话来，马上下令把李云抓来，关进廷尉府的监狱。有个叫杜众的小官，这会儿也给汉桓帝上书，情愿跟白马令李云一块儿死。汉桓帝毫不客气，把杜众也关进了监狱。陈蕃、杨秉等大臣听说这件事后联名上书，要求释放李云、杜众。汉桓帝不但不听，还当场把他们大骂了一顿。没过多久，李云、杜众就被活活地拷打死了。

单超等宦官见桓帝给他们撑腰，就更加无法无天了。他们以梁冀、孙寿为"榜样"，动用国库的钱财为自己兴建豪华的住宅，搜罗天下美女，把她们打扮得像皇宫里的嫔妃一样，让她们日日夜夜在自己身边伺候。他们没有儿子，就收养义子，让他们继承爵位。为了扩大势力，他们还利用手中的权力，安插兄弟姻亲到各地去做官。这些人既无才又无德，只知道搜刮和欺压老百姓，简直跟强盗没有什么区别。

兖州刺史第五种派卫羽去调查贪污案，发现单超的侄子、济阴太守单匡贪污了五六千万钱。他非常气愤，就上书弹劾单匡。单匡不但不低头认罪，反而收买了一个叫任方的刺客去暗杀卫羽。卫羽逮捕了任方，把他关进洛阳的监狱。可是单匡随即通过单超买通门路，把任方释放了。后来，单超捏造别的罪名，撤掉了第五种的官职，把他充军到了朔方。第五种知道朔方太守董援是单超的外甥，去朔方肯定没有自己的活路，只好在半路上找机会逃跑了。

徐璜的侄子、下邳令徐宣也是一个无恶不作的家伙。当地有个叫李暠的人，生前曾经做过汝南太守。徐宣看中了李家的女儿，便派人去说亲。李家不同意，徐宣就带着一帮打手闯进李家，把人家的女儿抢到县衙。李家的女儿说什么也不依，徐宣就命人把她捆绑起来用乱箭射死。李家的人到处去告状，最后告到了东海（今山东枣庄、东苏邳县以东和江苏宿迁、灌南以北地区）相黄浮那儿。当时下邳正属东海管辖。黄浮是一个耿直的官员，马上派人把徐宣捉来问罪。他手下的官吏惧怕徐璜的势力，纷纷出来劝阻他。黄浮对手下的人说："今天我把徐宣这个奸贼杀了，即便是明天去死，也可以瞑目了。"说完，黄浮就派人把徐宣拉到大街上砍了头。徐璜听说他侄子被黄浮杀了，急忙跑到汉桓帝那儿去哭诉。汉桓帝不问青红皂白，竟然罢免了黄浮的官职，罚他去做苦役。

宦官集团横行不法，激起了士大夫和读书人的强烈不满。特别是洛阳城里的太学，简直成了抨击宦官、指点朝政、品评人物的场所。那里有三万多名太学生，多数都是忧国忧民的热血青年。他们以郭泰、贾彪为领袖，跟反对宦官集团的外戚、宗室、士大夫联合起来，互相标榜、赞誉，逐渐形成了一个有统一斗争目标的党派。当时，他们还给三十五个最有名的大官僚、大名士加了称号，窦武、陈蕃、刘淑三人称为"三君"（天下的楷模），李膺，杜密等八人称"八俊"（俊杰），郭泰、范滂等八人称"八顾"（有德行），张俭、刘表等八人称"八及"（能引导后进），度尚、张邈等八人称"八厨"（能以财救人）。他们还编了许多像"天下楷模李元礼（李膺），不畏强御陈忠举（陈蕃）"这样的歌谣，号召人们跟宦官集团作斗争。

汉桓帝延熹八年（165年），李膺做了司隶校尉（负责纠察京师百官及所辖附近各郡），陈蕃升任太尉，窦武也因为他女儿被立为皇后做了城门校尉。这么一来，朝廷出现了一些新气象。

宦官张让的弟弟张朔在野王县（今河南沁阳）做县令，干过许多坏事。如今听说李膺做了司隶校尉，吓得连夜逃到张让家里。张让也知道李膺严厉，只好把张朔藏在夹壁墙里面。李膺派人探听到这一情况，便亲自带领卫兵闯进张家，打开夹壁墙，把张朔捉拿归案。李膺审完案子，马上把张朔杀了。张让没有办法，只好去向汉桓帝告状。但是，因为张朔在被处刑前已经招了供，汉桓帝也不便对李膺处罚。从此以后，宦官更加痛恨李膺了。

时隔不久，又发生了一起杀人案。原来，有个叫张成的卜者跟宦官来往很密切。他从宦官那儿获悉汉桓帝要实行大赦，就让他儿子杀了一个仇人。李膺刚派人捉住凶手，汉桓帝果然颁发了大赦令。李膺听说张成故意让儿子杀人，不顾朝廷赦令，依然处死了张成的儿子。张成十分气愤，便去皇帝那里状告李膺等人收买太学生和进京游学的人，并串通各地的学生互相标榜，树立私党，到处诽谤朝廷、败坏风俗，请求对李膺和他的同党严加制裁。汉桓帝看了张成、牢修的奏章，跟那些宦官一商量，便让太尉陈蕃签发命令，逮捕李膺和所有的"党人"。

陈蕃接到逮捕党人的公文，却不肯在上面签字。他连忙去见汉桓帝，劝解说："陛下要逮捕的这些党人，都是天下有名的人才，他们忧国忧民，并没有犯什么过失，怎么能随便逮捕呢？"汉桓帝见陈蕃站在党人一边，索性罢免了他的官职，改任光禄勋周景为太尉。事后，汉桓帝亲自签发命令，把李膺，杜密、陈塞、范滂等二百余名党人全都关进了监狱。

自从陈蕃被撤了职，大臣们都吓得心惊肉跳，谁也不敢替党人说话。正在新息县（今河南息县）做县令的贾彪听说了，忙赶到洛阳去找窦皇后的父亲窦武，请他设法搭救李膺等人。当时窦武还没有什么势力，所以他想到利用党人把宦官压下去，便亲自去向汉桓帝上书，请求赦免党人。他还交还了印绶，向汉桓帝表示，如果不释放党人，他自己就不再做官。汉桓帝听了他岳父的话，才改变了态度。偏巧李膺等人在监狱里故意供出许多宦官子弟，说他们也是党人。那些宦官害怕受牵连，也纷纷去劝说汉桓帝。这样，汉桓帝才颁发了诏书，释放了李膺等二百多名党人。但是，他把这二百多个党人的名单通报给

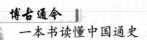

了各地官府，明确宣布对他们"禁锢终身"，一辈子不允许再做官。这就是第一次"党锢之祸"。

在这一年的冬天，汉桓帝突然害病死了。他活了三十六岁，前后立过三个皇后，但没有生一个儿子。窦皇后急忙请她父亲窦武入宫，跟他商量妥当，让汉章的玄孙、河间王刘开的曾孙刘宏做了皇帝，就是汉灵帝。汉灵帝只有十二岁，又是一个小皇帝。于是，大臣们便尊窦皇后为太后，请她临朝摄政。窦太后马上拜窦武为大将军、陈蕃为太傅，让他们辅助朝政。那时候，"宦官五侯"虽然差不多都死光了，可中常侍曹节、王甫、侯霸、苏康等宦官仍然在朝廷中拥有庞大的势力。窦武、陈蕃上台后，决心除掉宦官集团把朝政大权全部夺回来。

有一天上朝的时候，陈蕃把窦武拉到一边，悄悄地对他说："从前先帝在位的时候，曹节、王甫他们就把持朝政，把国家弄得乱七八糟。老百姓纷纷起来闹事，都是他们的罪过。现在若不趁早把他们除掉，将来必留后患。"于是，他们不顾汉桓帝早先颁发的禁令，重新起用被废黜的李膺、刘猛、杜密等党人做大臣，跟他们商议对策，共同为诛灭宦官做准备。

汉灵帝即位的这一年（168年）的五月间，发生了一次日食。陈蕃又去找窦武，对他说："我陈蕃已经快八十岁了，除了愿意帮助将军除害，还贪图什么呢？趁现在发生了日食，将军正可以归罪于宦官，把他们都除掉！"窦武听了陈蕃的话，马上去见窦太后，对她说："从前的宦官，不过是为皇宫里看守门户、听从使唤的奴才罢了。可是现在却启用宦官执掌朝政，让他们的子弟布列朝廷、出任州郡，这真是是非颠倒。老百姓纷纷起来闹事，都是宦官专政的罪过。最近的日食，正是上天发出的警告。因此，只有诛灭所有宦官，才能振兴朝廷，安定人心。"

窦太后却说："汉朝自建立以来历代都有宦官，要诛杀也只能诛杀有罪的，怎么能全杀了呢？"窦武只好听从窦太后的意见，先把罪恶昭著的管霸、苏康杀了。后来，窦武和陈蕃还想杀死曹节、王甫等人，但因为窦太后犹豫不决，这件事就拖下来。

一直到八月里，窦武、陈蕃才开始行动。他们先找借口罢免了看守宫门的宦官魏彪，让一个叫山冰的宦官代替他。然后，他们又让山冰告发尚书郑飒，把他关进监狱。郑飒忍受不了严刑拷打，供出了曹节、王甫等宦官的许多罪行。于是，窦武、陈蕃便给窦太后上书，准备把宦官一网打尽。

转眼到了九月。一天，有个宦官趁窦武、陈蕃没有上朝，偷盗了窦武、陈蕃的奏章。他看到窦武、陈蕃开列的名单里面有自己的名字，不由得破口大骂道："那些横行不法的宦官自然可杀，但像我们这样的人并没有什么过失，难道也该灭门吗？"于是，他马上召集张亮等宦官商议对策。曹节、王甫听说了，急忙先把窦太后和汉灵帝抢过来，然后再以汉灵帝的名义下诏书，带领人马去捉拿陈蕃、窦武。

陈蕃见事情紧急，连忙召集手下的几十名官员和门生，手执兵器闯进皇宫。他振臂高呼道："窦大将军忠心卫国，并没有造反，真正造反的是宦官！"王甫带领人马冲杀过来，捉住了陈蕃，把他关进了监狱。那些宦官看见被捆绑起来的陈蕃，一边用脚踢，一边破口大骂道："老东西！你现在还能裁减我们的名额，削夺我们的俸禄吗？"还没过一天，陈蕃就被他们活活地折磨死了。

与此同时，曹节、王甫还派人杀了山冰，救出郑飒。郑飒带着皇帝的符节去逮捕窦武，窦武急忙跑到北军的军营里，集合了几千人马，

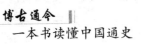

向宦官发起反击。那时候，中郎将张奂刚从西北边塞回来，还不知道其中的底细。曹节、王甫他们知道自己没有把握，便假传诏书，调集张奂的人马攻打窦武。双方的军队在洛阳城里混战了一场。

结果，窦武兵败自杀。曹节等人就把他的首级割下来，挂在大街上示众。窦太后被迫交出玉玺，搬出了皇宫。窦家的宗族、宾客、姻亲全部被杀了头。李膺、杜密等人再一次被革了职。而曹节、王甫等十几个宦官却全被封为了侯。从此以后，他们拿汉灵帝做傀儡，就更加为所欲为了。

第二年，宦官侯览又指使他的心腹朱显诬告山阳（今山东金乡西北）的秀才张俭，说他跟同郡的二十四个人结党谋反。趁这个机会，曹节又给汉灵帝上书，要求把李膺、杜密、范滂这些"党人"一律逮捕入狱。当时汉灵帝只有十四岁，忙问："党人犯了什么罪？为什么要杀他们？"曹节说："因为他们互相标榜，图谋不轨。"汉灵帝仍然不明白，又问："图谋不轨是什么意思？"曹节没好气地说："图谋不轨就是要篡夺朝政，危害国家。"于是，汉灵帝只好按照曹节的吩咐，命令全国各地的官员逮捕党人。

这一次，各地像李膺、杜密、范滂这样著名的党人，被杀、自杀的有一百多人。宦官乘机把跟党人不沾边的读书人也算作党人。这样，前后被监禁，杀害的竟多达六七百人。在太学生里面，跟党人有牵连的，也被关押了一千多人。当时，曹节、王甫等宦官还让汉灵帝下诏书，宣布凡是党人和党人的父子、兄弟、门生以及他们以前推荐的官吏，一律"禁锢终身"，永远不能做官。这就是第二次"党锢之祸"。

第三章
魏晋南北朝卷

　　魏晋南北朝是一个征伐不断的乱世，也是一个民族融合的时代。

　　220年，曹丕建立魏朝。第二年，自称为汉室后裔的刘备也在成都登上帝位，表示恢复汉朝，史称蜀汉。孙权则于229年正式称帝，建立吴国，史称孙吴或东吴。三国鼎立的局面至此形成。

　　三国鼎立的政治分裂局面维持了六七十年。263年，魏军两路攻蜀，一举消灭蜀汉。只是当时的魏国政权已经掌握在司马氏集团手中，两年后司马炎以曹丕为榜样，自立为皇帝，建立晋朝，史称西晋。在稳定了政权后，晋军于280年大举南下，顺利渡过长江，灭掉东吴，统一了全国。

　　自291至306年，司马氏宗室演出了一幕接一幕的骨肉相残、争控朝政的悲剧，史称"八王之乱"。结果引起大规模的流民起义与频繁的少数民族的反晋活动。风雨飘摇中的晋政权再也经不起永嘉之乱的打击，316年晋愍帝向匈奴将领刘曜投降，西晋灭亡。

　　永嘉之乱后，洛阳陷落，中原人纷纷南迁。318年，司马睿在建业（今南京）正式称帝，建立东晋。

　　东晋没能统一中国，致南北对峙形成。南朝刘裕建宋以后，又历齐、梁、陈三朝。而北方则由鲜卑拓跋氏灭前秦，建立北魏。

　　这一时期，佛教得到发扬，丰富了中国的思想文化。另一个特点是，北方出现了民族大融合。

 曹操与三国

　　自董卓以下，中央成为大军阀的傀儡。地方则由大小的军阀割据。董卓没有远大的计划，失败之后，曹操取代他的地位。

　　曹操（公元155—220年），字孟德，沛国谯县（今安徽亳州）人。其父曹嵩是大宦官曹腾的养子，官至太尉。曹操少机警，有权术，二十岁时举孝廉为郎。灵帝中平五年（公元188年）组建西园新军，他任典军校尉。董卓专权后，曹操到陈留聚兵五千人，参加讨董联军。初平三年（公元192年），青州黄巾军攻杀兖州刺史，曹操入据兖州，击败黄巾军，收降卒三十余万，男女百余万口。他改编其中精锐者，号称"青州兵"，从此势力大振。后曹操迎汉献帝入许昌，取得了"挟天子以令诸侯"的政治优势。当曹操大体上平定黄河以南时，袁绍也平定了黄河以北。建安五年（公元200年），双方决战于官渡（今河南中平境内）。曹军在官渡以少胜多，歼灭袁军主力，取得了统一北方的决定性胜利。官渡战后，袁绍病死，其子袁谭、袁尚自相攻击，曹操乘机挥师北上，消灭了袁氏残余势力。此后，曹操集团成为了当时势力最大、军事实力最强同时拥有着很大政治号召力的割据势力。

　　割据的局面渐渐分明，形成鼎足之势，赤壁之战可说是决定三国局势的战争。曹操平定北方后，欲借胜利之余威扫荡南方，攻灭荆州、江东以统一天下。不过志满意得的曹操由于轻敌，加上出兵过于迅速而没有考虑到其他的复杂因素，终于在赤壁被一心抗曹的孙权和刘备击败。曹操退回北方后，刘备以荆州地区为根据地，又占领了益州、汉中等地，巩固了自己的势力。三国鼎立局面实际形成。后来曹丕篡汉，吴、蜀称尊，不过是正式宣布一件早已成立的事实。

当曹操于公元 220 年去世时，他的儿子曹丕也不再耽搁，立即贯彻父志宣布魏朝的成立，强迫汉朝的最后一个皇帝行禅让礼，于是天命有了正式的接收交代。

曹操在北方屯田，兴修水利，解决了军粮缺乏的问题，对农业生产恢复有一定作用；他用人唯才，打破士族门第观念，罗织地主阶级中的下层人物；他还抑制豪强，加强中央集权，使统治地区的社会经济得到恢复和发展。他精于兵法，著《孙子略解》《兵书接要》等书。他善诗歌，所写《蒿里行》《观沧海》等诗歌，不仅抒发了自己的政治抱负，也反映了汉末人民苦难生活。

曹操没有高贵的出身，其父曹嵩是宦官曹腾的养子。东汉世家大族的代表人物袁绍，实力和影响远胜曹操，在讨曹檄文中曾辱骂操是"赘阉遗丑"。官渡之战时，由于曹操的文武官员多与袁绍通谋，他不得不度外用人，发布"唯才是举"的教令，拔用那些不齿于名教但有治国用兵之术的人。他口中所说、手下所做都像马基雅弗利，怪不得他要承受千古的唾骂了。在中国的戏曲里，曹操的面谱全部涂白，状如墙壁，以显示其谲诈，只有眼角稍沾墨笔，表现着他机警应变的能力。

古代的史书，总以道德论人，将人物脸谱化。曹操在戏曲中成为白脸奸臣，正是这一史学传统的反映。

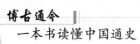
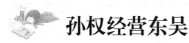

孙权经营东吴

　　孙坚曾任长沙太守，为东吴政权打下了一些根基。他死后，他的地盘也被吞并了。那时，他的儿子孙策才十七岁。父亲死后，孙策决心继承父亲的事业，但自己年纪小，经验少又势单力薄，只好委曲求全暂时投靠在袁术手下。由于他打仗勇敢，好像当年的楚霸王项羽，所以私下里大家都称他为小霸王孙策。因此袁术心里总是防备着他，怕他羽毛丰满，就不听从自己的调遣了。

　　袁术总是不愿意拨给孙策太多的兵马，孙策无奈，只好拿出他父亲在洛阳得到的玉玺，说可以将玉玺作为抵押。袁术做梦都想当皇帝，见了玉玺乐得心花怒放，马上借给孙策几千军队。孙策有了自己的军队，一路招兵买马，跟从他的人越来越多。他小时候有个朋友叫周瑜，善于用兵打仗，此时也率领着一支军队来投奔他。孙策的军队纪律严明，不侵害百姓，所以很得人心。他打败了刘繇，并且攻下了吴郡和会稽郡。转眼间，长江下游的江东地区就成了孙策的天下。这时袁术拿他也没有了办法。

　　孙策巩固了自己在江东的地位，但后来被人刺伤了。孙策伤得很重，请了很多医生都不管用。孙策知道自己不行了，就把自己的弟弟孙权叫到病床前，悲伤地说："我快要死了，以后江东的事业就要靠你了。我们有长江天险，又有这么多的文臣武将，一定能干出一番轰轰烈烈的大事业。要论阵前杀敌、舞刀弄枪你不如我；可要论治理国家、笼络人才我不如你，希望你能把父亲和哥哥辛辛苦苦创造的事业发扬光大，如果遇到困难，就请教张昭和周瑜，他们会帮助你的。"

孙权平常就很会和人交往，手下人喜欢他的宽容温和，听说他成为江东新的领袖，大家心里都很高兴。孙策的死讯传到岳阳，周瑜快马加鞭，奔回了吴郡。孙权见周瑜来了，心中更踏实了。他对周瑜说："我哥哥让我经常向您请教，您来了，我就放心了。"周瑜忙回答："我只会上阵打仗，怕辜负了您的期望。我向您推荐一人，此人叫做鲁肃，善于谋划大事。"不几日，鲁肃来拜见孙权，两人谈论天下大事，鲁肃说得深刻而精彩，正合孙权的心意。孙权问鲁肃："现在皇帝被曹操胁持着，我该怎样做才能为皇帝分忧呢？"鲁肃回答说："汉朝的江山就要完了，我们应该巩固自己的势力，依靠长江，静观天下的变化，时机一旦成熟，您可以自己当皇帝。"孙权听后大喜，重赏了鲁肃。

后来，孙权占据了长江中下游的大部分地区。四面八方的好汉都纷纷前来投奔他。他正积蓄着力量，准备迎接来自北方的挑战。经过赤壁之战，他终于奠定了东吴基业。

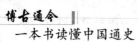

彝陵之战

孙权杀了关羽，夺取荆州后，吴蜀的边境西移至巫山附近。刘备不顾大臣们的反对，将诸葛亮抛在一边，派吴班、冯习为先锋，率领4万大军向东攻去，自己则领兵紧随其后。蜀军大兵压境，孙权不得不起兵应战。那时候，吕蒙已经病逝，孙权起用了年轻将领陆逊为大都督，命他统率5万人马抵御蜀军。

冯习、张南领兵长驱直入，大有一举荡平东吴之势。等蜀军到了彝陵(今湖北宜昌东南)，吴军不再后撤。两军扎下大营，遥遥相对。蜀兵兵营相连，建有数十座营垒，号称联营七百里。蜀军以冯习为大都督，以张南为先锋，随时准备与吴军一决雌雄。吴军虽然停止了退却，但只是深沟高垒，避免与蜀军决战。

双方对峙了七八个月，蜀军一直找不到机会与吴军决战，时间一长，蜀军的锐气渐消。天气一天天热起来，长江边暑气难当，蜀军官兵叫苦不迭，希望能到凉爽的地方扎营。

刘备欲战不能，撤退又于心不甘。他命令驻扎在山谷中的大军来到谷外，命水面上的军队移驻陆地，大军在深山密林中休整，准备秋后再向吴军大举进攻。这种布置，极易被对方用火攻攻击，但刘备当时没有想到。

原先陆逊顾忌的是蜀军士气盛，江面、山谷中都有蜀兵，现在战局发生了变化，这正是与敌人决战的好机会。

于是陆逊传下命令：准备向蜀军发起攻击。众将无不诧异，纷纷说道："要是攻击蜀军，应在敌军刚进入困境时发起。现在敌人深入国境已有五六百里，在险要之处都做好了防备，现在发动攻击，这怎么行！"

陆逊向众人解释道："刘备饱经沧桑，对付他必须小心。他刚发动进攻时思虑周详，我们无法进行反击。刘备长时间找不到我军漏洞，已经无计可施，内心焦躁，难免有所疏忽；再说蜀军官兵驻扎时间已久，士气已衰，我们应该抓住这一大好时机，击溃蜀军。"

一天傍晚，东南风刮得正急。陆逊命令每个士兵携带一束干草，向蜀军大营发起冲击。吴军官兵憋了半年多的恶气一下子迸发出来，奋不顾身地向前冲去。官兵们点燃干草，顺风放起火来，不消片刻，连在一起的40多座蜀军营寨便陷入一片火海之中。蜀军官兵被烧得焦头烂额，像发了疯一样向没火的地方逃窜。吴军大发神威，猛虎般地向吓破了胆的敌人扑去。蜀兵只顾逃命，哪里还能抵挡吴军的攻击。

彝陵一战，蜀军损失极为惨重，伤亡、逃散了几十万人马，车、船、器仗、军需物资全部丢弃。

刘备既痛心又惭愧，无颜返回成都。到了第二年，他郁闷地病死在白帝城。

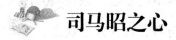

司马昭之心

　　司马昭（公元 211—265 年），三国河内温县（今河南温县西）人。出身于豪门士族。其父司马懿足智多谋，善于权变，因而为曹操所忌，直到魏文帝曹丕时，方才逐渐被信任敬重；明帝时更被任为大将军，多次率军对抗诸葛亮。曹芳即位时，他和皇族曹爽同受遗诏辅政，后来索性杀掉曹爽，大权独揽，为司马氏最终代魏建晋打下了基础。

　　司马昭的哥哥司马师也是嗜杀之徒。代其父专国政后，嫌魏帝曹芳看着不顺眼，于是在 254 年废掉他，拥立曹髦。可惜他时运不济，没享上几天"摄政王"的福，第二年就呜呼哀哉了。

　　靠着父兄创下的基业，司马昭不费吹灰之力就当上了大将军，而且他比父兄想得更长远，说白了他就是想当皇帝。

　　当时朝中大多数人或已投靠司马昭，或者缄口不言以明哲保身，只有曾任征东大将军的诸葛诞不买他的账，常常和他唱对台戏。司马昭欲除掉他而后快，又忌惮他手握重兵，不敢轻易造次，于是派心腹贾充前去探他的口风。贾充假说朝中的人一致同意皇上让位于司马昭，问诸葛诞的看法。

　　诸葛诞果然恨得咬牙切齿，嚷嚷道："只要我诸葛诞活着一天，他司马昭的阴谋就别想得逞！让位？我看是逼着退位吧！"

贾充把探听来的消息告诉了司马昭。司马昭生怕夜长梦多，决定尽快铲除诸葛诞这个眼中钉，于是假传圣旨，召诸葛诞进京，声称要封他做司空。这条计策实在很妙！如果诸葛诞同意进京，那就进入了司马昭的势力范围，杀他易如反掌；如果他不进京受封，那就是抗旨不遵，等同于谋反，司马昭可以名正言顺地发兵讨伐他。反正诸葛诞怎么做都只有一个结果：死。

诸葛诞自然不是傻子。既然进退两难，他索性一横心，真的扯旗造反了。这下司马昭用堂堂正正之师，把他剿灭了。

诸葛诞一死，朝中再无人敢在司马昭面前大声说话，朝廷俨然成了司马昭家的，皇帝曹髦成了不折不扣的傀儡。他本是年轻气盛之人，哪能受得了这种窝囊气，他想如此下去终归免不了被废或被杀，于是秘密联络偏向曹氏的尚书王经等人，预备瞅准时机，放手一搏。他义愤填膺地对王经等人说："你们看看现在的朝廷成什么样子了。司马昭的谋权篡位之心，全天下的人都知道！我不能坐以待毙。"曹髦越说越激动，下定决心说道"干脆咱们今天就动手，迟恐生变。"

王经忙不迭地劝阻："陛下，司马昭手下党羽众多，而您却无一兵一卒，这样做太危险了。"

曹髦已经丧失了理智，多年压抑的情感喷涌而出，烧得他眼睛发红。他歇斯底里地说："不！我就是要和他们拼命，再说，究竟谁死还不一定呢？"

可惜，激情根本解决不了问题，早有人把曹髦找人密议的消息汇报给了司马昭，司马昭先下手为强，当曹髦带领少得可怜的几个亲信刚刚杀出宫门，就被他的大队人马迎头截住。不消说，曹髦的一条小命就这样报销了。

曹髦死后，司马昭立曹奂为帝，并以太后的名义下了一道诏书，罗织了曹髦一大堆罪状，声明要把他废作平民。既已成为平民，曹髦的死就变得无足轻重了。后来，有好事的人议论纷纷，穷追不舍，司马昭只得找了个"替罪羊"杀掉，他自己则依旧安安稳稳地独揽朝政。

后来，"司马昭之心，路人皆知"就演变成了一句成语，意思是阴谋或野心完全暴露，连普通人都知道了。

公元 263 年，司马昭派大将邓艾攻灭蜀国。公元 265 年，司马昭去世，长子司马炎继位任晋王。仅过了几个月，司马炎就逼曹奂退位，由他称帝，建立晋朝。

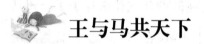

王与马共天下

西晋末年，匈奴人侵入中原。公元 316 年，刘曜率领匈奴军队攻破长安，俘虏了晋愍帝，灭亡了晋朝。

西晋灭亡后的第二年（公元 317 年），晋朝的皇族司马睿依靠权臣王导的支持，在建康（今江苏南京）做了皇帝，重新建立晋朝。历史上把这重建的晋朝称为东晋，司马睿就是晋元帝。

司马睿刚到南方的时候，由于势力单薄，当地士族并不怎么拥护他。王导为了自己的利益，就想把司马睿扶植起来，于是他决定替司马睿拉拢士族。王导和堂兄王敦商议了一番，终于想出了一个好办法。

在一个人们四出郊游消灾求福的传统节日里，司马睿依照王导的安排，坐着金碧辉煌的轿子出游。前面有威武整齐的仪仗队开道，吹吹打打，好不威风；后面有王导、王敦兄弟，以及从北方避乱南来的名士，他们骑着高头大马紧紧跟随，更为司马睿增添了几分光彩。这长长的皇帝出巡的行列立刻惊动了许多人。南方士族首领顾荣、纪瞻听说司马睿出游，偷偷地从门缝里张望。他们看到司马睿的这副派头和排场，吃了一惊，不禁脱口叫道："江东有主了！江东有主了！"随后他们赶紧带了一些人，争先恐后地来到路旁拜见司马睿。

王导的头一招奏了效，司马睿的威望突然提高了。接着，王导又对司马睿说："顾荣、贺循是南方士族的首领，如果把他们招来做官，就会有更多的人跟着来报效您。"司马睿觉得这话有道理，就派王导去登门拜访。顾荣、贺循正想靠拢皇室，经王导一拉，就应命来了。他们两个人做了官，江南的士族就像风吹墙头草一样，全都倒向了司马睿。东晋政权有了这批南方士族的支持，很快就在江南站稳了脚跟。

司马睿很感激王导的帮助，尊称王导为"仲父"。后来，在举行皇帝正式登基典礼的时候，他三番五次地请王导和自己一起坐在御床上接受文武百官的拜贺。王导当然不敢这样做，推辞了。但这件事足以说明，在士族权力的扩张之下，皇权是如何的衰微。难怪当时老百姓当中纷纷传说："王与马，共天下。"意思是说：天下是王导和司马睿共同掌握的，不是司马氏一家的。

实际上，那时候司马氏的势力远比不上王氏的势力。王导做宰相，控制了政治大权，他的哥哥王敦都督江、扬、荆、湘、交、广六州的军事，握有重兵，控制了军事大权。其他重要的官职大多数也被王家人占有。司马睿仅仅因为姓司马，是西晋皇帝的本家，才被推为皇帝，

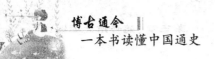

其实他是没有实权的。

司马睿在威望还没有建立起来的时候，需要依靠王导，可是当他的皇位坐稳当了以后，他对于"王与马共天下"这样的局面就不满意了。他想削弱王氏的势力，由他自己来掌握大权。于是他培植了善于逢迎拍马的刘隗、惯会酗酒放肆的刁协作为心腹，暗中进行军事部署，逐渐疏远王导。王马之间的裂痕渐渐显露出来。

王导是个老谋深算的人，他看准了晋元帝司马睿这么做是奈何不了他的，所以他不动声色。但是王敦按捺不住了，心想：这不是过河拆桥吗？于是王敦借口有人挑拨晋元帝和王导的关系，要来"清君侧"，就从武昌起兵，打败了刘隗，进入建康，对司马睿进行武力威胁。王导反对王敦这样公开篡权，劝告王敦退回武昌，一场争夺才平息下去。晋元帝见动摇不了王氏的势力，从此忧愤得病，不久就一命呜呼了。他的儿子司马绍继承了皇位，就是晋明帝。第二年，王敦病重，晋明帝乘机发兵打败了王敦的军队，王敦被气死了。但是晋明帝还是不敢触动王导，对王导还是很恭敬，为的是怕得罪了士族。

东晋的统治者把心思全用在争权夺利上，忘掉了国家的耻辱，根本不做恢复中原的准备。"王与马共天下"的东晋王朝，继续一天天地腐败下去。

 魏晋风度

汉朝衰落后，儒家思想丧失了过去的权威，时代思潮开始发生转变——儒家、道家思想经过重新分化组合，开始形成魏晋玄学。与此同时，汉末名士针对时弊的清议开始转变为魏晋务虚的清谈。玄学和清谈的兴起，标志着思想界出现了新局面。这样，魏晋风流——代表这一时期特殊风格和思想的字眼出现了。其中，最能体现这一风格的当然要数竹林七贤和风流宰相谢安。

竹林七贤是阮籍、嵇康、山涛、刘伶、向秀、阮咸、王戎七个人，他们生活在司马氏集团与曹魏集团激烈斗争的时候，于是采取了消极反抗的办法。他们常常聚在一起，到有竹林山水的地方饮酒。这七贤当中，为首的是阮籍和嵇康。

阮籍性情豪放，脾气古怪。他对现实不满，就用酒来麻醉自己。每当他喝得醉醺醺的，就跑到山野荒林去长啸，发泄胸中的闷气。嵇康是一个脾气更古怪的人。他长得一表人才，学识极其渊博，不但善于弹琴作诗，还有一身好力气，擅长打铁，算得上是个文武全才。

竹林七贤虽然都是些聪明能干、才华出众的人，但他们只是在司马氏的高压政策下暂时聚集在一起的，他们并没有共同的理想和奋斗目标。很快，在司马氏集团的威胁利诱下，竹林七贤开始分化，各奔

前程去了。山涛、王戎相继被收买，做了司马氏政权的大官。只有嵇康和阮籍能够同对强权，坚持不合作立场。

阮籍虽然也做了司马氏集团的官员，却整天借酒来装糊涂，逃避为司马氏做事。有一次，司马昭替儿子司马员向阮籍家求婚，阮籍不愿意，就故意喝得烂醉，装聋作哑，一直醉了60多天，终于躲了过去。

嵇康坚持不合作到底，并且针对司马氏统治下的虚伪、残酷的政治现状作了无情的揭露和批判。山涛叛变后，也想让嵇康同流合污，替司马氏集团效劳。嵇康坚决拒绝，还特地写了一封与山涛绝交的公开信（《与山巨源绝交书》）。在信中，嵇康痛骂山涛，责怪他不该违背当初的志愿，做了司马氏的官，更不该想把别人也拖下水。

嵇康的无情揭露对司马氏集团是一个沉重的打击。很快，嵇康被捕了。被关了些日子后，嵇康被押到刑场。就义之前，嵇康要了一把琴，从容不迫地弹了一曲《广陵散》。该曲曲调悠扬雄壮，听者无不落泪。这样的情景，这样的气氛，正好为烈士送行。刽子手手起刀落，嵇康的鲜血直喷上天。就这样，嵇康被杀了。

嵇康被杀后不久，阮籍也病死了，"竹林七贤"的时代就此结束了。但"竹林七贤"的精神，特别是嵇康和阮籍不出卖知识分子的良心，坚持跟虚伪、残酷的统治者不合作的精神，是值得后代的人学习和赞颂的。

"江山代有才人出，各领风骚数百年。"竹林七贤的风流过去了，东晋宰相谢安的风流又来了。

谢安不仅是东晋的一位杰出的政治家，而且博学多才，风度优雅，是当时名士的领袖。

谢安精于清谈，当时的名士都佩服他。谢安的文学修养也很高。在闲居时，他常与子侄们论文作诗，成了当时的文坛佳话。谢安喜爱音乐，还工书善画。总之，谢安是当时最有风度的人物。

谢安的风流神采对当时的社会风尚产生了潜在的影响。谢安有鼻炎，读书的时候，声音浑浊浓厚。当时的士人们听了他的读书声，都羡慕得不得了，甚至有人捏着鼻子模仿他的浊音。

谢安是当时东晋的风流领袖，他的一举一动甚至达到了左右当时社会风气的程度。谢安有一位同乡，在地方上做官回来后，捎带了 5 万把蒲扇回京城。他想把这些蒲扇卖个好价钱，于是给谢安送了一把蒲扇。大家一见谢安使用这种蒲扇，纷纷模仿。京城里不论当官的，还是平民百姓，都纷纷去抢购这种蒲扇。结果，不到一个月，5 万把蒲扇就销售一空。

谢安的风流气度确实让人佩服，因为那是他个人的修养自然而然地外在流露。可是，这种风流一旦成为人们竞相追逐的目标，就会失真、变味。当人们只注重外在的风流表现，而忽视从自己的内心加强修养，必然画虎不成反类犬，使风流成为故作矜持的表现。这就是魏晋风流只能在特定人物身上体现的原因。

门阀政治

东晋时期，门阀士族凌驾于皇权之上，是国家真正的主人。不属于他们营垒的一切人，皆被士人视作寒门或庶族。

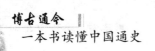

当时著名的世家大族，有琅琊王氏、颍川庾氏、谯国桓氏、陈郡谢氏、太原王氏，他们在当时起着举足轻重的作用，形成门阀政治。

所谓门阀，有门与阀两层意思，门即门第、门户，阀即阀阅、功劳。门阀即门第等级。门阀讲究地望，即宗族的籍贯。以地望别姓氏，以地望别贵族，是当时社会等级结构的一个外部特征。例如：西晋士族高门王氏，有太原王氏与琅琊王氏之分，当时太原王氏累世身居高官，成为首屈一指的高门；到了东晋，琅琊王氏有开国之功，历任宰辅，一跃而为侨姓士族之首领，第一流的高门。这两个王氏的区别就在于地望。

门阀政治的腐朽性在于，士族高门的子弟只要凭借显贵的家世，不必凭借自己的才能，就可以稳稳地做上高官。琅琊王氏、太原王氏、陈郡谢氏等莫不如此。王遐出身于太原王氏家族，仅仅因为他的"华族"出身，他年纪轻轻就当上了光禄寺的高官。庾冰出身于颍川庾氏家族，他自己不无得意地说"因恃家宠，冠冕当世"，仅仅凭借门第，就当上了宰相。至于琅琊王氏中王导这一支，从东晋到南齐，一直官运亨通，身居高位，所谓"六世名德，海内冠冕"，当宰相的接二连三。

这就是说，只要出身士族高门，即使是白痴也可以出任高官。因此带来了严重的弊端：一方面，高级士族凭门第而不必凭才能就可以坐至公卿，他们于是不思进取，终日沉湎于清闲、放荡的生活，不关心政治，拒绝担任繁杂而辛苦的工作；另一方面，只要门第不垮，荣华富贵唾手可得，使高级士族在王朝更迭的斗争中养成了畏葸退缩、明哲保身的习惯，甚至见风使舵、随声附和。

士族高门为了维护自己的社会地位和特权，不仅把持官场，不让寒门庶族插足，而且在婚姻上也有严格限制。士族高门只能和士族高门通婚，如果和圈外人士通婚，就被看作婚姻失类——门不当户不对。因此士族高门非常重视家谱，讲究郡望，谱学成了一门新兴学问。

然而，门阀政治在南朝逐渐显露颓势。士族腐朽不堪，不能担任武职，庶人出身的人便以武职为升官的阶梯。南朝的四个开国皇帝——宋武帝刘裕、齐高帝萧道成、梁武帝萧衍、陈武帝陈霸先，都是庶族出身，也都是先掌握军权，而后夺取政权。庶族出身的皇帝自然要提拔庶族官员作为自己的辅佐，而士族由于没有处理实际事务的能力，只能担任清闲之职享受高官厚禄。

进入南朝以后，庶族出身的皇帝不断起用具有真才实学的寒士和庶人，通过各种方式削夺名门士族的力量，努力强化和延伸皇权。高门士族集团日益感到威胁的严重存在，遂以强化士庶界限来保护自己。他们本来就具有排他性，这时几乎成了一个对外封闭的社会集团。

《宋书》记载，当时社会士庶杂居，"虽比屋邻居，至于士庶之际，实自天隔"。那时候，一般庶人若想取得士人同意加入士流，可以说是绝对无望的，连皇帝也毫无办法。《宋书·蔡兴宗传》记载了这样一件事：中书舍人王弘受到宋文帝的喜爱。王弘很羡慕士人的地位，要求皇帝帮忙。文帝出主意说："你想当士人，就得硬着头皮拜访王球一次。如果他答应了。问题就没有了。你去他家，可以说是奉圣旨而来的。"王弘把来意刚向王球说完，王球扇子一挥，回答十分干脆："你不能入士流！"王弘据实汇报，文帝说："我对此事也没办法了！"

南朝齐时，出身寒微的纪僧真当上了中书舍人，齐武帝力排众议为之辩护说："人生何必计门户？纪僧真堂堂，贵人所不及也。"纪僧真却有点心虚，向皇帝吐露真心：自己是出身于低下的武官，今日升任高官，乞求成为士族。齐武帝回答说，做士族的事，皇帝也不能决定，必须自己去找士族商量。纪僧真去拜访姓江的士族，遭到蔑视，丧气而归。

梁武帝时，侯景从北齐归降梁朝，向梁武帝提出，要同南朝的名门望族王、谢两家联姻，梁武帝劝诫说："王、谢两家的门第太高了，你还是同门第低一些的家族联姻吧。"

士族的排他性、封闭性和他们在社会中享有的特权关系极大。他们害怕别人染指、瓜分正在日益缩小的既得利益，故而把圈子划得很小，界限弄得十分严格。高筑壁垒，深掘鸿沟，目的是自卫。

士族的排他性、封闭性，不但表现在对庶族上，而且在其内部也有体现。弘农杨氏在汉代四世三公，西晋时期仍是士族领袖。杨氏后人杨栓期认为他家的门第最高，不管是北方南渡的士族，还是南方土著的士族，都无法与之相比。可是士族集团因他家过江较晚，便否认了他的士人资格。

 ## 桓温北伐

荆州刺史一职，因地处要冲，东晋朝廷一直委派朝廷显要担任。公元345年，荆州刺史庾翼去世，朝廷几经争论，调徐州刺史桓温担任荆州刺史。

桓温本有野心，被任为荆州刺史后更是踌躇满志。他想以军事上

的胜利进一步提高自己的威望，以达到利于自己篡权的目的。

那时候，蜀地的成汉政权多变故，国势衰颓。公元 346 年，桓温率军攻打成汉。朝中许多大臣认为蜀地道路艰险，恒温兵力不足且又深入敌后，这一仗凶多吉少，哪知桓温仅用了 5 个月就荡平了蜀地，攻陷成都，成汉主李势被迫投降。

这一辉煌胜利使桓温的威名震动朝内外。他想进一步树威，几次上书要求北伐。朝廷怕他北伐成功兵权更重，对他的要求不予理睬。由于朝廷先后派褚裒、殷浩领兵北伐，都以失败告终，桓温便乘机上表弹劾殷浩，结果殷浩被罢免。桓温将朝中障碍除去后，再也没有人能阻止他领兵北伐。

公元 354 年春，桓温率领 4 万人马，水陆并进，讨伐前秦苻健。苻健闻讯后忙派太子苻苌、丞相苻洪、淮南王苻生领兵 5 万前去抵御。

且说淮南王苻生，自幼瞎了一只眼，却异常勇悍狂悖。他的祖父苻洪不喜欢他，有次指着他的瞎眼向左右开玩笑："听说瞎儿只有一只眼流泪，不知是否如此？"苻生听了这话，立即拔出佩刀刺向瞎目，指着淌下来的滴滴鲜血对祖父说："这不是瞎眼流下的眼泪么！"众人见了，无不惊骇。苻生成年后力大无穷，能与猛兽格斗，击刺骑射，无一不精。

两军相遇，苻生一马当先向晋军冲去。两名晋将截住他厮杀，都被他劈于马下。他左冲右突，如入无人之境。晋军前队人马抵挡不住，纷纷溃退。桓温见来将勇猛，忙将弓弩手调上前，只听一声令下，箭如飞蝗飞入敌阵。苻生毫不畏惧，用刀拨箭依然猛冲，但他忽然听到身后一声惨叫，回头一看，发现太子苻苌身中两箭落马。苻生立刻回马救起太子，且战且退。晋军乘胜追击，直抵霸上。

苻健见大军败回，吃惊不小，连忙紧闭城门，坚守不出。关中百姓深受鼓舞，纷纷前来劳军，长安附近的郡县全都归附了东晋。

晋军驻扎在霸上，日子一久军粮不继。桓温本打算等麦子成熟时派兵抢收，以补充军粮。苻生早已料及桓温的这一心思，派兵将没有成熟的麦子全部割光。桓温的军粮越来越少，只得下令退兵。

公元356年，晋廷命桓温讨伐反叛的羌人首领姚襄。姚襄反叛晋廷后，他的部将一齐劝他北还。姚襄依从了部下的意见，攻占了许昌，随后又攻打洛阳。

洛阳守将周成本是魏国降将，后来又背叛了东晋。周成见羌人来势凶猛，坚守不出。姚襄闻报桓温领兵来攻打他，连忙撤除对洛阳的包围，驻扎在伊水北岸，与晋军隔河相对。

姚襄知道晋军勇猛，觉得只有使诈才能击退晋军。他派使者过河对桓温说："我家主公闻得大将军亲自领兵前来，自知不敌，愿意归降。望大将军渡过伊水，接受我军投降。"

桓温怎会上当，只是冷冷地对使者说："姚襄准备投降，只管领兵过河来见我，我要是领兵过河，那便是征讨。要是他不来投降，过几天我就渡河扫除叛逆！"姚襄听了使者回报，知道桓温已识破他半渡而击的计谋，只好命令全军做好戒备，准备迎击晋军。

渡河作战那天，桓温亲自披挂上阵。晋军兵多将广，一下子就击溃了姚襄军。姚襄急忙率领残军向平阳逃窜。晋军一直挺进到洛阳城下。叛将周成见晋军声势浩大，不敢抵抗，打开城门向桓温投降。

收复了洛阳，桓温志得意满。他带着大批随从祭拜了先帝陵墓，派人修葺故宫，然后留下部分官兵驻守，自己率领大军班师。这年十月，桓温上书朝廷，请求还都洛阳。但朝中臣子大多认为目前局势不稳，不宜迁回故都，等到时机成熟之后，再迁回洛阳也不迟。由于众多官员的反对，迁都之事未成。

公元365年，前燕攻克洛阳，洛阳终于得而复失。

经过两次北伐后，桓温的野心越来越大。他为了在朝廷进一步树威，于公元369年夏初统率5万大军从姑孰（今安徽当涂县）出发，向北讨伐前燕。

六月间，大军到达金乡（今山东金乡）。这年夏季气候干旱，水位低，航道涩滞，运输给养十分困难，大军无法北进。参军郗超建议先在黄河、济水一带驻军，囤积粮草，等到来年再进攻。桓温想速战速决，连连摇头。郗超道："若想速战速决，不如直攻邺城，一决胜负。"桓温又认为此举过于冒险，没有采纳。

桓温思考再三，派毛虎领兵在巨野开凿了一条300里长的河道，引汶水入清水。桓温领兵从清水乘船到黄河，连败前燕军，士气大振。

前燕主慕容玮闻报大惊，忙命慕容厉领兵两万前去抵御。晋军士气正盛，杀得前燕军大败而逃。慕容厉差点儿丢了性命，匹马奔还。

告急文书不断飞向邺城，吓得慕容玮六魂无主。朝中大臣见晋军来势凶猛，大多主张迁都。车骑大将军慕容垂热血沸腾，痛斥了主张逃跑的臣子，自愿领兵抵御晋军。慕容玮本来心慌意乱，听了慕容垂的话顿时定下心来，命他领兵5万前去御敌。慕容垂又派使者到前秦，请求发兵援救。前秦为了共同的利益，派兵两万前去救援。

桓温领兵驻扎在枋头（今河南浚县淇门渡），由于水位降低，河道接近干涸，军粮告急。慕容垂领兵到了枋头附近，扎下营寨按兵不动。他对部下说："晋军运粮困难，希望速战速决。我们先不出战，待他粮草耗尽再出击。"

晋军粮草日益减少，军心开始动摇，接着又听说前秦军前来援燕，

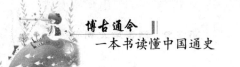

官兵难免恐惧。桓温知道取胜无望，下令烧掉所有舰船，丢下器仗，改由陆路撤回江东。

桓温久经沙场，知道撤军时最易遭受袭击，所以他留下一支部队埋伏好，准备伏击敌人的追兵。埋伏的部队守候了两天两夜，不见有敌人来追，此时大队人马已经远离，便急忙赶上大部队向南撤退。

谁知到了第五天夜里，慕容垂率领8000精兵杀入晋军大营。晋军多日劳累，疲乏不堪，又因离开战场已远，放松了警惕，顿时被燕军击溃。桓温带着残军且战且退。冷不防援燕的前秦军斜刺里杀到，把晋军杀得七零八落，溃不成军。

晋军回到姑孰，5万人马只剩下1万多，桓温的第三次北伐最后以惨败告终。

北伐兵败后，桓温决定废立晋帝重树威信。公元371年，桓温废去晋帝司马奕，另立司马昱为帝，他就是晋简文帝。

第二年，简文帝病重，临死前留下遗诏，让太子司马曜继位。桓温本以为简文帝会将帝位让给自己，听到这个消息十分失望，一怒之下领兵进入建康。

桓温进京后发觉士族大臣对自己不服，一时倒也不敢轻举妄动，经过再三思虑，决定将称帝之事循序进行。

他上表朝廷，要求加"九锡"。这事非同小可，是禅让的前奏。吏部尚书谢安见桓温年老多病，便故意拖延办理，九个月以后，不可一世的桓温终于去世。

桓温死后，谢安广施仁政，发展生产，安定人心。他又整顿朝纲，使得上下同心。经过一段时间的努力，东晋朝廷渐渐强大起来，局势又趋稳定。

雄主苻坚

十六国时的前秦皇帝苻坚是一个风流儒雅的人。他的功绩就是与汉武帝、唐玄宗比较起来，也毫不逊色。

然而，这样一个风云人物却在淝水之战中战败了，后来，这个英雄一世的圣明皇帝竟被自己当年最宠爱的人四处追杀，只好东奔西逃。最后勒死他的，也是当年他最信任的部下。

苻坚小时候非常乖巧可爱。他聪明慷慨，举止合宜，最得祖父苻洪的喜爱，苻洪给他起了小名，叫作"坚头"。因为长期与汉人接触，苻坚羡慕汉人的儒雅好学，而不喜欢氐人的粗鲁浅薄。八岁时，他要求苻洪给他请先生教书，苻洪心里非常高兴，对他说："咱们胡人，祖祖辈辈只知道喝酒，想不到出了你这个小子，还想念书干大事业呢！有出息！"随后他马上派人请来教书先生，教苻坚和其他孩子念书，学习汉人的礼仪制度。结果，苻坚的兄弟们、族兄弟们都很好学，谦恭识礼，具备汉人的士君子的气质，完全没有氐人那种剽悍凶蛮的作风。

苻坚长大后，与哥哥苻法成为苻家最有作为的两个年轻人。他们的父亲早死，由于母亲教育有方，他们从小就通晓世事、通情达理，很得族人的爱戴。由于苻生昏虐无道，众人帮助苻氏兄弟废了苻生，一致推奉苻坚为主。

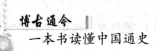
苻坚即位后，立即施展自己的政治抱负。他学习历史上贤明的帝王，招纳贤才，整顿纲纪，把前秦治理成为一个文化鼎盛、经济繁荣、军事力量强大的国家。

苻坚是个讲究用人的君主。他任用了当时最有才能的汉人政治家、军事家王猛为宰相。在王猛的辅佐下，苻坚灭了前燕、前凉、代国，俘虏了他们的君主，统一了整个北方。苻坚对这些亡国的君主采取了史无前例的宽容态度。他不但不杀掉他们，反而给他们盖了漂亮的府第，封他们做大官；把没有文化的送入太学学习，当作贵宾招待；出征时，还让他们带领原部人马，担当重要任务。

在历史上，对亡国君主如此优待信任、给予实职实权并且是重职重权的，可能除了苻坚没有第二个人了。但苻坚又是个极天真的君主，他认为自己行的是王道，可以感化世上一切人，甚至敌国君主。他觉得，敌国的君主能为自己所用，更显出自己的伟大与仁慈，于是把这些亡国之君安排在都城作朝廷大官，而把一些本族的官员派到各地去戍守。对这种安排，当时许多有识之士都认为后患无穷。

苻坚年轻时，母亲苟氏给他娶了苟家的女子做妻子，苻坚即位时，该女子被封为皇后。苟皇后很贤惠，只知道当个温顺的妻了，对其他事不大过问。苻坚志在富国强兵，对女色还未留意。统一北方后，他讲究起后宫生活来，见到美丽的女子，就收进后宫，纳为自己的姬妾。

灭掉前燕时，苻坚派苻姓族人和亲戚去镇守燕地，把前燕宗室贵族全部迁到长安及其附近居住，并亲自接见了燕宗室。前燕是鲜卑慕容部建立的国家。慕容部人身材颀长，皮肤白皙，称为白部鲜卑，接近白色人种，生得秀美。早在西晋时，汉人士族就经常买慕容部的青年妇女作婢妾。苻坚看到前燕降君的身后站着一对少男少女，亭亭玉立，一团秀气，虽然满脸戚容，越发使人醉心。原来那是前燕降君的妹妹清河公主和弟弟慕容冲，一个十四岁，一个十二岁。苻坚从来没有见过这么令人爱怜的孩子。他对清河公主一见钟情，就对前燕降君说，自己后宫缺人，非常想留下清河公主做伴儿，如果清河公主害怕寂寞，可以让慕容冲陪伴姐姐入宫。前燕降君已经亡国了，听到苻坚喜欢自己的妹妹，一方面不敢不从，另一方面想到妹妹入宫，将来对自己也有好处，就同意了。

清河公主举止娴雅、性情温和，加上容貌美丽，不久就得到苻坚的专宠。慕容冲虽然年纪尚轻，但长得颇具魅力。苻坚天天和他见面，看着他一天比一天漂亮起来，动了爱慕之心，慢慢地也把他据为己有，同起同卧，如同夫妻一般。从此，苻坚心里只有清河公主和慕容冲，对其他宫人嫔妃再也不屑一顾了，每日上朝也渐渐懈怠起来。

尽管宫禁森严，但没有不透风的墙。不久，长安城里传出歌谣："一雌复一雄，双飞入紫宫。"一时传得尽人皆知。帝王专宠妃子，已经不是好名声，再宠爱男妃，名声就更坏。当时王猛还没死，听说后，马上要求接见。他苦苦劝说，陈述利害，苻坚不得已，把慕容冲迁出宫外。他又在阿房城种了几万株梧桐、修竹，安顿慕容冲居住，自己则常常偷偷地前往。

时光流转，慕容冲长大成人了。如果说，原来只是他年幼不懂事，现在知道了国仇家恨，萌生了一个男子汉应有的自尊心。他对苻坚的柔情蜜意及送来的珍宝玩物开始厌恶起来，时刻望着有朝一日燕国光复，重新作他的燕国亲王。

建元十九年（383 年），苻坚不顾群臣及亲属的反对，出兵淝水，结果大败而归。不久，前燕降将慕容垂、慕容泓各自起兵叛秦，重新打起

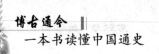

大燕旗号。当时，前燕降君在长安，苻坚把他叫来狠狠地训斥了一顿，责备慕容氏背信弃义，没有良心。前燕降君只是听着，不发一言，继而流出眼泪，最后终于放声大哭，伏地不起。苻坚是个心软的人，看见他大哭，不觉怒气全消，他以为这位降君确实不知情，就没有杀他。

其实，对慕容垂、慕容泓的叛秦，前燕降君心里非常高兴，自从亡国入秦以来，他时刻盼望着这一天的到来。他痛恨自己断送了祖宗江山，常常在深夜时痛哭失声，不能入寐。现在，终于有人重整大燕旗鼓了！他不顾长安城中慕容宗室子弟被杀的危险，秘密派人通知弟弟慕容泓："我没有保住宗庙，是慕容家的罪人。你们不要考虑我的安危，要竭尽全力去恢复大燕旧业。哪天我的死讯传到，你就马上登基称帝！"慕容泓看到哥哥的信，万分激动，立刻派人联系在各地任职的慕容宗室子弟，对前秦发起进攻。

当时，慕容冲任平阳太守，在河东起兵响应。不久，慕容泓因过于严苛，被部下杀死，慕容冲被众人拥立为主，号称皇太子，兵锋直指关中。慕容冲英勇善战，所向披靡，不久，就占据了阿房城，进逼长安城下。

苻坚听说慕容冲进逼长安，开始时还不相信，及至登城一望，才发现黑森森全是鲜卑军士，而为首华盖之下，一个美男子戎装而立。苻坚认得此人便是当年与自己朝夕相处的爱卿，不觉叹道："这奴才是从哪里钻出来的，竟然如此兵强马壮了？"他想起从前与慕容冲的种种柔情蜜意，不觉又悔又恨，大声呵斥："你们这群奴才只配放牛羊，何苦到这儿来送死！"慕容冲冷笑道："以前确实是奴才，正因为现在不想再当奴才了，才来要和你换一下！"

苻坚忍住气，还想化干戈为玉帛，他派人捧着一领锦袍送到慕容冲阵前，转达他的意思："古来交兵，不断使节。你远来辛苦，行装仓促，送上锦袍一领，表明我的心意。想当初我待你恩分不薄，怎么今天翻脸不认人了？"慕容冲也派人到城下回答："皇太子有令：孤如今心怀天下之志，哪能顾及你一领袍子的小意思，如果你懂得好歹，就赶紧自己绑来见我，我会宽大你们，像你当初宽大我们一样，凭什么单单让你有宽容的好名声，而不让我们也享受一下呢！"苻坚听了大怒，后悔当年没听从王猛的劝告，以致养成大患。

不久，慕容冲称帝于阿房城。因为记恨苻坚，他越战越狠，并迁怒于长安百姓，最后，他攻下长安，纵兵大掠，发泄了十几年积郁的恶气。

苻坚兵败后出逃，被以往他最信任的叛将姚苌所执。因为不同意让天下给姚苌，苻坚被缢死于新平佛寺中，死时四十八岁。这个英雄一世的氐人君主、风流千古的贤明皇帝，就这样败亡了。

梁武帝之死

南朝梁太清三年（549 年）夏，建康城内台城的净居殿里，曾经统治江南近半个世纪，创二百年来文物之盛的萧梁第一代君主、八十六岁的梁武帝萧衍，在囚禁中饥渴而死。一个昔日闻名遐迩的开国皇帝怎么竟然落得如此悲惨的下场呢？他的儿孙都到哪里去了？为什么不

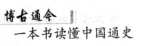

前来侍奉他呢？

　　其实，萧衍的几个儿孙就在附近：太子萧纲就在台城宫内，但已经失去了行动自由，当他知道父亲的死讯后，也只能呜咽流涕，不敢放声痛哭。第七子萧绎、孙子萧督此时离建康不远，手握足够救驾的重兵，却互相观望不救。当初开门揖盗、现在正盼着他早日死去的正是他的过继儿子萧正德，当然更不会去救他。台城被攻占时，萧衍曾叹息说："江山是我打下的，又是我丢失的，怨不着别人！"确实，萧梁的江山是萧衍自己断送的。断送的原因很多，其中，纵容包庇子弟为非作歹是导致国家乱亡的重要原因之一。

　　萧衍是个讲究仁爱的人，最喜欢标榜自己的感化政策。他对亲属从不使用法律，这些人犯了罪，可以得到宽容，甚至反叛之罪也不被追究。他的纵容包庇养出一批贪婪无耻、凶残荒悖的子弟，最后他只能自食其果。

　　萧衍有一个弟弟叫萧宏，排行第六。萧衍攻魏时，曾派萧宏为都督，督领诸军。萧宏是一个庸才，根本没有指挥才能，但因为是皇帝的爱弟，领取的器械都很精良。萧宏不会指挥，而且懦弱不前，曾被魏军耻笑，送给他妇人衣服，并称他为"萧娘"。两军交锋时，萧宏一战而溃。当天夜里，袭来了暴风雨，军中混乱，萧宏吓得丢下军队不管，只带数骑逃了回去。对这样一个贻误军机的败军之将，萧衍不但不惩治，反而将其拜升为司徒；两年后，萧宏被拜升为司空；三年后，他又被拜升为太尉，成为萧梁第一号重臣。

　　就是这样一位庸才，曾两次谋杀萧衍，自己当皇帝。第一次，在确凿的证据面前，萧衍只把他叫来，哭着对他说："我的才能胜过你百倍，还天天担心不能镇抚天下。你就更不行了。我不是不能杀你，只是可怜你太傻了!"第二次,萧宏和自己的侄女、萧衍的女儿永兴公主勾搭上了。两人约好,杀掉萧衍后,由萧宏做皇帝,永兴公主做皇后。这次谋弑也没有成功,萧衍只处死了两名刺客,用漆车把公主送出宫去,对萧宏却问也未问,希望他自己感悟改过。就这样,萧宏的两次谋弑都没有受到任何惩罚。

萧衍不只宽纵谋弑的亲属,对叛国叛父的亲属也不过问。

萧宏的第三个儿子叫萧正德,是个无赖之徒,少年时就打家劫舍,掘坟盗墓,无恶不作。萧衍快近中年时,还没有儿子,曾向萧宏要来萧正德作嗣子。后来,萧衍将近四十岁时生了儿子萧统,便把萧正德又送还给了萧宏。不久,萧衍当了皇帝,立萧统做太子。对此,萧正德非常不满,他到处宣扬说自己应该当太子。萧衍听到这些话并不追究。后来,萧正德终于决定叛梁,投奔了梁的敌国北魏,自称梁废太子。

对于萧正德的处置问题,魏主曾召集群臣讨论。当时萧齐灭亡后逃到北魏的齐宗室萧宝寅正在洛阳任职,他与梁宗室有不共戴天之仇。他上表说:"哪有伯父作天子、父亲作扬州刺史,反而抛弃亲人远投敌国的?这种人无国无父,应该杀掉!"魏国为了招降纳叛,虽然没有杀掉萧正德,但对他很不客气。萧正德很失望,又逃回了梁国。

对这样一个连敌国都不理睬的叛国叛父之人,萧衍不但没有惩处他,还流着眼泪教诲了半天,又让他官复原职。由于萧衍的宽纵,萧正德不但不痛改前非,反而变本加厉。他公然带人杀戮无辜,抢劫财物,夺人妻妾,掠人子女,还把自己的亲妹妹接到家中,作了夫妻。后来,萧正德因临阵先逃及为官无道被废黜,于是越发滋长了对国家、对萧衍的仇恨。他阴养死士,聚集米粟,只等国家有事,就乘机为帝。

　　萧衍还有一个儿子，也是萧正德一类的逆子，就是他第二个儿子萧综。

　　萧综的母亲吴淑媛原是齐东昏侯萧宝卷的妃嫔。萧衍平建康、废掉东昏侯后，把吴氏据为己有，很是宠爱。吴氏跟了萧衍后七个月便生下萧综。因此宫中的人都怀疑萧综不是萧衍的儿子。只有萧衍自己深信不疑，非常喜欢萧综。后来，吴氏渐渐失宠，心里充满了怨恨。萧综长到十四五岁时，多次梦见一个肥肥胖胖的人拿着头来找他。萧综很害怕，告诉了母亲。吴氏听他描述后，觉得此人很像东昏侯，就偷偷对他说："你是七个月生下来的，谁把你当萧家的儿子看待？但你现在位置仅次于太子，千万不可泄露梦中情景。"这些话对萧综震动很大，他自己认定是东昏侯萧宝卷的儿子，从此每夜哭泣，决心重兴齐国。

　　他学越王勾践卧薪尝胆的办法，每天披散了头发在凉地上睡，有了钱财就接纳士人，还在后房地上铺满沙子，终日光着脚在沙上走。最后，萧综练到脚下生成的茧子有牛皮那样厚，每天能光脚走三百里路。这些事诸王、公主渐渐都知道了，只有萧衍一人毫不生疑。

　　萧综长大后出镇徐州，后来又要求调到边镇西州，最后终于投奔了魏国。

　　萧综叛逃的事情传到萧衍耳中，有关方面奏请削去萧综的爵土，除去他的属籍，把他的儿子改姓悖，以惩其大逆不道。萧衍开始时没有反对，但几天后，便下诏恢复了萧综的属籍，并封他儿子萧直为永新侯。后来，萧综在北魏不得志，又要求回国，萧衍答应了他的要求。但未等回国，萧综就死了。梁人把他的棺枢偷偷运回江南。萧衍痛哭了一场，把他按皇子的礼节埋葬在自己的寿陵边。

萧衍就是这样一个是非不明的人。在他的纵容下，叛国弑君都如同儿戏。

在对待立嗣问题上，萧衍也处理得很不妥。有人诬告太子萧统叛乱，萧衍不查明真相，也不追究诬告之人，致使贤明的太子忧惧而死。太子死了，按封建宗法制，应该立太孙继承大统，但萧衍却舍太孙而立了第三子萧纲。虽然萧纲是个很仁厚贤明的人，但这一做法违反了惯例，引起了太子长子萧督和萧纲其他弟弟的不满。大家都认为自己与萧纲一样有资格继承大统，所以不仅对萧纲充满了仇恨，这些人之间也充满了仇恨。在这种矛盾交织的情况下，只要有一根导火索被点燃，就足以爆发各派力量间的争斗。

终于，侯景之乱成了引起这场争斗的导火索。

侯景是一个奸诈狡猾、凶狠残暴的人，本是东魏的一名将领。他先降西魏，不久又叛西魏降梁。对这样一个反复小人，梁朝诸臣都认为不能收纳，但萧衍贪图河南土地，梦想不动干戈就统一宇内，竟排除众议，收纳了侯景。

侯景入梁后不久，就企图灭梁。他与萧正德暗中联系，请他作内应，许愿事成后尊萧正德为帝。侯景起事后，昏庸的萧衍认为萧正德可靠，命他防守长江，结果萧正德反让侯景渡江，直逼都城建康。太子萧纲不明真相，又命萧正德守宣阳门，萧正德干脆开城门迎侯景入城。就这样，萧衍自己养子为贼、开门揖盗，酿成大祸，断送了自己的江山。

侯景攻入建康后，包围了台城。当时四方并非无兵来救，萧衍的儿子萧纶、萧绎，孙子萧餐，都握有重兵，位居上游，但他们彼此观望，谁也不肯向前。他们都盼望侯景杀掉萧衍、萧纲，最好把其他竞争者也统统杀掉，自己好乘势夺皇位。萧正德更丧尽天良，他和侯景约定的条件是：攻破台城，杀掉萧衍和萧纲，立自己为帝。萧绎、萧纶、萧督，包括萧正德，都是萧衍极为宠爱、一再纵容的人，对萧衍的宠爱，他们并不领情，心里都在盼望萧衍早日归天。萧衍的宽容、仁爱，反而促成了这批不义之徒的贪婪。

萧衍被困在台城净居殿时，还痴心地盼望这些爱子爱孙们前来救驾。直到最后他明白不会有人来救他时，已经为时过晚。

后来，这一群贪婪之徒都没有得到好下场，不久，萧梁王朝就灭亡了。

第四章

隋唐五代卷

隋唐是中国整个封建制度的高峰，千里大运河虽然冲垮了隋朝的统治，却运来了大唐的文明。杨坚从外孙手中夺过皇位，于私德上有亏，但他是实实在在的好皇帝。历史上，人们多批评炀帝的残虐荒淫，却很少有人提起在个人才智上炀帝绝非秦二世可比。人们多认为隋末农民起义动摇了隋的根基，但据史学家考证，隋末的农民起义并没有直接亡隋，相反，像窦建德等人还很忠于隋朝。

李渊个性庸懦，坐享儿子之成，开辟唐朝，做了高祖。其后，李世民开创"贞观之治"，李隆基创下"开元盛世"，把中国的社会经济、政治文化推向了史无前例的高度，使中国一度成为世界上最发达的国家。然而好景不长，一声渔阳鼙鼓，惊破了升平世界的《霓裳舞衣》之曲，唐王朝从极盛的巅峰上跌落下来，在藩镇割据、宦官专权、农民起义的围攻下，终于，唐王朝在拼命挣扎中无望地躺下，躺在了一个黄巢叛将的脚下。

隋唐时代，许多有关皇帝的故事波澜迭起，炀帝弑父杀兄的真真假假，玄武门之变的惊心动魄，武后建周的千古独一，韦氏乱唐的半遮半掩，甘露之变的令人扼腕，为我们揭示了皇族的钩心斗角和皇权的丑恶卑劣。对隋唐，我们有太多的思索与疑问，武则天真的值得称颂吗？唐朝为什么对藩镇、宦官无能为力？黄巢农民起义真的没有诟病吗？这些，都有待我们解答。

隋朝一统

公元 579 年，北周宣帝病死，宇文阐继位为帝，是为周静帝。静帝此时年仅 8 岁，于是，正皇后杨氏的父亲杨坚作为外戚以辅政之名进入皇宫，趁机窃取了国家大权。

杨坚家世显赫，他的父亲杨忠是北周的开国元勋，被封为隋国公，位列八大柱国之一。杨坚自己与北周明帝是连襟，他的女儿又做了皇后，再加上他自己很有才能，一再担任要职，声望甚高。杨坚很有野心，一直密切注视着朝政，窥测着事态的发展方向。北周宣帝无能，朝野上下分崩离析，杨坚趁机培植自己的势力，在朝中广插羽翼。周宣帝的两位亲信大臣郑译和刘日方，见北周大势已去，也都投靠了杨坚。周宣帝病危之时，二人以侍疾之名引杨坚入宫，并假造圣旨让杨坚做丞相，总管内外兵马。这样，北周的军政大权落入杨坚手中。

杨坚一心想取北周而代之，然而宇文氏的子弟众多，其中对杨坚威胁最大的是赵王宇文招、陈王宇文纯、越王宇文盛、代王宇文达等五人。除此之外，周宣帝的弟弟宇文赞还在宫中住着。杨坚先是让刘日方设计诓骗年幼的宇文赞，让他出宫，然后又利用其余五王身处外地封国，消息闭塞，不知朝中变故，借口赵王的女儿千金公主要远嫁突厥，假传圣旨要五王还朝。他们一回到京城，就被杨坚软禁了起来。

同时，杨坚派出大将韦孝宽火速奔往相州（今河南安阳），征召总管尉迟迥还京。尉迟迥是北周国舅，先朝重臣，握有兵权，镇居要地，是杨坚的心腹大患。尉迟迥已洞悉杨坚的野心，早在暗中厉兵秣马。他一听到朝廷征自己入京的消息，便正式起兵造反。不久，郧州（今湖北安陆）总管司马消难、益州（今四川成都）总管王谦也举兵响应。杨坚对此早有准备，立即命韦孝宽与王谊、梁睿三员大将分头率兵前去讨伐。

赵王宇文招回到京城，顿时明白了一切，后悔莫及。尉迟迥一起兵，他认为机会来临，就邀请杨坚来家中，想伺机杀了他。杨坚虽然明白他的居心，却不以为意，依旧赴宴。赵王令他的儿子宇文员、宇文贯等人佩刀立在自己左右两侧，却把杨坚的随从全挡在外边，只留下了贴身的两个人杨弘和元胄坐在门旁。盛宴中，赵王频频向杨坚敬酒，非常殷勤。酒喝到一半，赵王的两个儿子用刀叉起席上的瓜块，递给杨坚，想趁机行刺。元胄见机不妙，走上前来大声说："相府有事，不能久留了！"赵王这才发现眼前这一位竟是当今壮士，赫赫有名的元胄，于是不敢造次，只得见机行事。

赵王假装不胜酒力，要到后面呕吐，元胄把他一手摁下。赵王见无法得逞，便让元胄替他去取水，元胄却一动不动。

后来，元胄伺机对杨坚说："情况危急，快回去！"杨坚不以为然地说："他没有兵，能有什么作为！"元胄已经听见了盔甲的碰撞之声，急忙拉起杨坚冲出门去。赵王起身追赶，无奈不是元胄等人的对手。杨坚等人逃走后，赵王悔恨没有早些动手，气得把手指都敲破了。

诸王的种种行刺阴谋后来都没有得逞，反而被杨坚以谋反罪为名，先后杀掉了。

不久，尉迟迥叛乱被镇压，杨坚登基的时机已经成熟。大定元年（公元581年）二月，杨坚把北周静帝赶下台，自己做了皇帝，改国号为隋，改年号为开皇。

杨坚称帝以后，孜孜为政，不知疲倦。他减缓刑罚，轻徭薄役，鼓励生产，整顿吏治，厉行节俭，国力很快发展壮大起来。随后，他派兵北征突厥，南平陈国，结束了从东汉灭亡以来长达四个世纪的分裂局面，统一了中国。在他当政的二十几年中，隋朝政治稳定，经济繁荣，文化发达，成为一个强大的封建王朝。

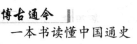

李渊起兵

李渊本是隋将，他的祖父李虎是西魏八柱国之一。李渊七岁时便世袭了唐国公。公元616年，隋炀帝任命李渊为太原留守，尽管李渊非常尽心尽力，想博得隋炀帝的赏识，可是隋炀帝还是不信任他，另派自己的心腹王威、高君雄作太原副留守，监视他的行动。对此李渊敢怒不敢言。

李渊有四个儿子：李建成、李世民、李玄霸、李元吉。其中李世民最有远见卓识和雄才大略。他看到当时全国风起云涌的反抗斗争，认为隋朝的统治不会长久，只有趁天下大乱的时机夺取政权，才能保住家族的地位和利益，于是他就开始秘密行动了。

李世民知道光靠自己是不行的，必须找几个有本领的人帮助自己才能成大事。他观察自己周围的朋友、幕僚，发觉有个被关在监狱里的名叫刘文静的地方官倒是个很有头脑的人，能为自己所用。于是，李世民就到监狱去探望他，试探他说："像您这样正直的人也被关进大牢，这世道真是忠奸不分哪！"刘文静激愤地说："如今还有什么忠奸可言！除非有汉高祖、光武帝那样的英雄人物出现，不然，天下是安定不了的！"李世民赶忙说："你怎么知道没有这样的人物？只怕是一般人发现不了。今天我来这里，就是想和您商讨天下大事，听听您的高见。"刘文静十分高兴，笑着说："我到底没有看错公子，现在天下大乱，烽烟不断，皇上只顾在江南游玩，这是个好机会。太原城里有的是豪杰，唐国公手下有八九万军队，只要振臂一呼，杀出关去，用不了半年，天下就可以到手！"李世民说："只怕家父不同意，怎么办？"刘文静想想，附在李世民的耳边说了几句话，李世民点头微笑。

第二天，李世民就派自己的亲信带着几百贯钱财去找晋阳宫监裴寂赌博，借此与其搭上关系。过了几天，李世民请裴寂喝酒，随后裴寂又回请李世民。这样一来二去，两人的关系就十分密切了。一次，李世民突然发愁地对裴寂说："皇上把我们李家看作眼中钉、肉中刺，真是朝不保夕啊！看来局势早晚将有大变！我很想乘机干一番事业，只怕我父亲不同意，您看怎么办呢？"裴寂和李渊的交情很深，听李世民这么说，想了想，说："公子不必着急，我自有办法。"

裴寂想起不久前李渊曾收下了他送去的晋阳宫的两个宫女，便在这件事上作起文章。一天，他请李渊喝酒，当两人喝得醉眼蒙眬的时候，裴寂就说："都是我害了您，我送您两个宫女的事，怕要传出去了……"李渊大吃一惊，吓得酒醒了一半：私留宫女是灭门之罪，这可如何是好！裴寂赶忙说："二公子世民怕事情败露，招来大祸，正在招兵买马，网罗人才。我看先下手为强，起兵反隋，也许能成功。"李渊低头沉思了一会儿，无可奈何地说："事到如今，也只好如此了。"李渊走后，裴寂忙派人把这个情况告诉了李世民。

从这以后，李渊一想起宫女的事就发愁，吃不好，睡不下。偏偏这时候他手下的将军又在打仗中失利。李渊更加不安，生怕皇上怪罪下来。一天，他正在屋里踱来踱去，焦虑地想这些事，突然闯进一少年，对他说："大人，您不当机立断，还待何时？"李渊一看是李世民，便问："你有什么主意？"李世民说："大祸临头了，不如这时顺应民心，举兵反隋，夺取天下。我观察了天下大势，才敢这么说。您一定要告发我，我只好听命。"李渊叹气道："我怎么忍心告发你。只是以后你可要千万小心，不要随便说这样的大胆言辞。"第二天，朝廷命令李渊出兵去镇压农民起义军。李世民劝李渊说："大人不要再犹豫了。平不了盗贼，是您的罪过；平了盗贼，您也不会得到信任。还是快作主张吧。"李渊走投无路，这才下定决心起兵反隋。

李世民先是冒充皇帝的命令下一道公告征兵，引起老百姓的强烈不满。接着他又想出一条公开招兵的妙计。一天，李渊对两位副留守说："叛匪头子刘武周现在占据了汾阳宫，要立即平叛。可是天子远在天边，这如何是好？"王威、高君雄说："事情紧急，留守这时候就自己决定吧。"于是，李渊就名正言顺地打着"讨贼"的旗号，派李世民、刘文静到各地征兵。又暗地里派人去通知其他几个儿子和女婿到太原相会。

不久，李渊的兵力急速加强，又都由他的亲信统率。王威、高君雄起了疑心，决定暗杀李渊。不想消息走漏，李渊和李世民先下手，干掉了这两个隋炀帝的耳目，然后诬告他俩阴谋引敌入侵。

李渊带兵起义，一路顺利，杀进长安城。后来他立13岁的代王杨侑为皇帝，就是隋恭帝，实则自己操纵全部大权。公元618年，隋炀帝死后，李渊废掉隋恭帝，自己当上皇帝，就是唐高祖。

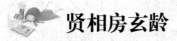

贤相房玄龄

房玄龄是唐太宗时期的宰相。他自幼就很聪明，博览经史，工于草书、隶书，善写文章，曾跟随父亲到京城去。当时天下安宁，大家都认为隋朝国运长久，但房玄龄却避开左右对父亲说："隋朝皇帝本无功德，只会迷惑黎民，不作长远打算。他混淆嫡亲和庶出，让他们互相争夺，皇太子与诸王，又竞相奢侈，早晚会互相残杀。靠这些人国家将难以保全，现在天下虽然清平，但其灭亡却指日可待。"父亲听后很吃惊，从此对他刮目相看。

房玄龄十八岁时本州举荐他应进士考，及第后被授羽骑尉。吏部侍郎高孝基颇有知人之明，见到房玄龄后深加赞叹，对裴矩说："我阅人多矣，还未见过这样的郎君。他日必成大器，但恨我看不到他功成名就、位高凌云了。"父亲久病历百余日，房玄龄尽心侍奉药膳食，总是和衣而睡。父亲去世后，房玄龄五天不吃不喝。后来房玄龄被任命为隰城县县尉。

李渊举义旗入主关内后，秦王李世民率军向渭北柘地，房玄龄驱马前往军营谒见。李世民一见房玄龄，如同旧友相逢，署任他为渭北道行军记室参军。房玄龄既遇知己，就竭尽全力，知无不言。每当讨平贼寇时，众人都竞相搜求珍玩，唯独房玄龄先去网罗人才，送到秦王幕府。遇有猛将谋臣，他就暗中与他们结交，使他们能尽死力。

不久，太子李建成见秦王威德功业比他更盛，产生猜忌。秦王曾到太子住所吃饭，中毒而归。秦王幕府人人震惊，但又无计可施。房玄龄对长孙无忌说："现在怨仇已成，祸乱将发，天下人心无主，各怀异志，灾变一作，大乱必起。不但祸及幕府，还怕会倾覆国家，在此关头，怎能不再三深思呢!我有一计，不如遵从周公诛杀兄弟的故事，就能对外抚宁天下，对内安定宗族社稷；古人曾说：'治理国家的人不能顾及小节。'说的就是这个道理。这比家国沦亡、身败名裂不是要好得多吗?"长孙无忌说："我也早有这种打算，一直没敢披露出来。您现在所说的，与我的想法深深相合。"长孙无忌于是入见秦王献策。李世民召来房玄龄对他说："危险的征兆已呈现迹象，应该怎么办呢?"房玄龄回答说："国家遭逢患难，古今没什么不同，不是英明的圣人，不能平定它。大王功盖天地，符合君临臣民的预兆，自有神助，不靠人谋。"

房玄龄在秦王府十余年，每当撰写奏章时，他就驻马路边，一蹴而就。奏章行文简洁，道理充分，不打任何草稿。高祖曾对侍臣们说："此人深知事理，完全可以委任。每当他代秦王向我陈述事情，我就像与我儿对面谈话一样。"太子看到房玄龄、杜如晦被秦王信任，十分厌恶他俩，在高祖面前进谗言，于是房玄龄与杜如晦一起被贬斥。

太子将要变乱，太宗命令长孙无忌召来房玄龄和杜如晦，悄悄带他们入府阁议事。秦王入主东宫成为皇太子后，提拔房玄龄为太子右庶子。贞观元年，房玄龄代替萧瑀任中书令。太宗论功行赏以房玄龄、长孙无忌、杜如晦、尉迟敬德、侯君集五人为第一。房玄龄晋爵邢国公。太宗对诸位功臣说："朕奖励你们的功勋，给你们划定封邑，怕有不当之处，现在你们可以各抒己见。"太宗叔父淮安王李神通进言说："高祖刚举义旗，臣就率兵赶到。现在房玄龄、杜如晦等一帮刀笔吏功居第一，臣有些不服。"太宗说："义旗初举，人人追随，叔父虽然率兵前来，但不曾身经战阵。山东没有平定时，叔父受命出征，窦建德南侵，叔父全军覆灭。刘黑闼叛乱，叔父随军前往，方才破敌。房玄龄等有运筹帷幄之策，安邦定国之功。汉朝的萧何，虽然没有征战的功劳，但他指挥谋划，助人成事，因此功居第一。叔父是皇家至亲，对你的确没什么可以吝惜，但朕却又不可因此私情而让你与功臣接受同等的赏赐。"起初，将军丘师利等都居功自傲，甚至有时挽袖指天，以手画地，陈说怨愤，等见到李神通理屈后，他们互相议论说："陛下赏赐极为公正，不徇私情，我等怎能妄加陈述呢？"

贞观三年，唐太宗任命房玄龄为太子太师。他坚持不受，改任代理太子詹事兼礼部尚书。后又代替长孙无忌任尚书左仆射，改封爵为魏国公，并监修国史。房玄龄既已总管百官事务，就虔诚恭谨、日夜操劳，尽量做到事事处理恰当。听到别人的长处，他就像自己有长处那样高兴。他精通吏事，审定法令意在宽平，用人不求全责备，从不以自己的长处来衡量别人，随才录用，不拘贵贱，被时人称为良相。有时因事被皇上谴责，他就连日在朝堂上叩头请罪，恐惧不安，似无地自容一般。

贞观十三年，唐太宗加房玄龄官为太子太师。房玄龄再三上表请

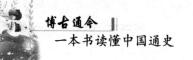
求解除尚书左仆射职务，太宗下诏说："选用贤能的根本于在于无私；侍奉君上的道义，责在当仁不让。列圣所以能弘扬风化，在于贤臣能协力同心。公忠贞庄重、诚信贤明，为我草创王业，助成帝道。执掌尚书省，使百政通和，辅佐皇太子，实众望所归。但是公忘记了那些大事，拘于这点小节，虽然恭敬完成教谕事务，却要辞去宰相职位，这难道就是所说的辅佐朕共同安定天下吗？"

房玄龄于是带本官就任太子太师。当时皇太子要行拜师礼，已备好仪仗等待。房玄龄深加谦退，不敢进见，于是回家去了。

有见识的人都推崇他的谦让精神。房玄龄认为自己居宰相位十五年，女儿是韩王妃子、儿子房遗爱娶高阳公主，实在是极为显贵，于是频繁上表，请求辞去职位。太宗下诏宽慰，但并不批准。十六年，又与高士廉等人一起撰成《文思博要》，赏赐丰厚。后拜官司空，仍然总掌朝政，依旧监修国史。房玄龄上表辞官，太宗派遣使节对他说："过去留侯张良让位、窦融辞去富贵，都是惧怕功名太盛而招惹祸端，知进知退，善察时势，及时止步，所以前代人加以赞美。公也想追随往日贤哲，实在应当嘉奖。然而国家任用公已久，一旦突然失去，就如同失去双手一般。公若体力不衰，就不要再辞让了。"房玄龄于是停止推让。

贞观十七年，房玄龄、司徒长孙无忌等人的像被画在凌烟阁上。赞词说："才能兼有辞藻，思虑化人神机。为宦励精守节，奉上尽忠忘身。"

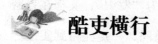 **酷吏横行**

武则天在位时，为了巩固自己的统治，实行酷吏政治。在她重用的酷吏中，有两个最为狠毒，在历史上知名度也最高，一个叫周兴，一个叫来俊臣。提到这两个人的名字，当时的人都会不寒而栗。

来俊臣是京兆府万年县人。父亲来操是赌徒，与同乡蔡本要好。蔡本欠来操赌债数十万钱无法偿还，于是来操就娶了蔡本的妻子。她到来家以前先已怀孕，等生下俊臣后就冒用了来操的姓。

来俊臣天性残忍，性情反复无常。他曾客居和州，干违法犯禁的勾当。被逮捕入狱后，他在狱中向朝廷密告谋反叛乱事件，经和州刺史东平王李续审查讯问没有事实根据，李续于是打了来俊臣一百杖。

武后天授年间，来俊臣上书受到武后的召见。他在武后面前自称从前向朝廷密告琅琊王李冲谋反的实情受到了李续的压制。武后认为他的话可信，经多次提拔让他当了侍御史，负责审问奉诏令投入监狱里的囚犯，多次审讯都符合武后的旨意。武后故意放任来俊臣，以威力压制群臣，他前后杀灭了一千多家。而与他有细微仇恨的人，也都全被他杀害。

当来俊臣被提拔为左台御史中丞后，朝廷内外官吏都吓得噤若寒蝉，以至于在路上相遇时都不敢交谈，只能用眼睛示意。来俊臣于是带领侯思止、王弘义、郭弘霸，李仁敬、卫遂忠等人，暗中招集为非作歹之徒百人，指使他们用流言蜚语诬蔑公卿大夫，向朝廷上密告有关谋反叛乱紧急情况的文书。每揭发一件事，总是在千里范围内几处同时告发，一查验几处说法都一样，当时人称为"罗织"，又都在告密文书的左边写道："请交给来俊臣或者侯思止追问，一定能得到实情。"武后相信他们的话，下诏在丽景门另外设置监狱，命令来俊臣等人专门审查谋反事件，一百人中也没有一个人能得到宽赦。王弘义戏称丽景门为"例竟门"，意思是说进入这门的人照例都得死。

来俊臣同他的部属朱南山、万国俊编写《罗织经》一篇，教自己的门徒如何罗织罪名。文中陈述主脉支脉、大纲由来，全部有头有尾，门徒可依此行事。来俊臣审问囚犯，不问轻罪重罪都用醋灌鼻，挖地为牢关押囚犯，或者让囚犯睡在满是屎尿的地方，或者不给囚犯饭吃，囚犯甚至啃衣服里的棉絮充饥。每次武后发布赦令，来俊臣必定先杀掉重罪囚犯然后才传达赦令。来俊臣又制造大枷，各有名称：一叫"定百脉"，二叫"喘不得"，三叫"突地吼"，四叫"著即臣"，五叫"失魂胆"，六叫"实同反"，七叫"反是实"，八叫"死猪愁"，九叫"求即死"，十叫"求破家"。后又在枷上加一个用铁做的盖头，披上枷戴上铁盖头的人直在地上打滚，一会儿便被闷死了。凡囚犯到监狱，来俊臣都先在他面前陈列各种刑具。囚犯见了无不震惊恐惧，即使无罪也自动认罪。

武后如意初年，来俊臣诬告朝廷大臣狄仁杰、任令晖、李游道、袁智弘、崔神基、卢献等人，将他们关进监狱。来俊臣专门把杀戮大臣当成立功，于是奏请武后为囚犯而下诏，规定凡一问罪就服罪的人同自首一样，依法可减罪免死。狄仁杰等人已被判处死刑，等待日子执行刑罚，来俊臣等人对他们的看管略微放松一些，狄仁杰于是派自己的儿子拿着自己写在丝织物上的书信到武后那里诉说冤枉。武后见信后很惊讶，责问来俊臣，来俊臣回答说："没有剥夺这个囚犯的官帽、官服。如果不是确实有罪，他为什么肯服罪？"

武后派通事舍人周琳到监狱里看望狄仁杰，来俊臣马上借给狄仁杰帽子、腰带，命他穿戴好站立于西厢。周琳畏惧来俊臣，只往东看了看便唯唯诺诺地退下，不敢深察。在这以前，宰相乐思晦被来俊臣杀灭全家，有个九岁的儿子被没入官府为奴，隶属于司农寺。他向朝廷说有非常情况要报告，得到了武后的召见。他对武后说道："来俊臣凶恶狠毒，欺君罔上，大逆不道，如果陛下虚假地逐条列出某人的谋反罪状交给来俊臣审理，事无大小全会弄假成真按照陛下列出的罪状结案。臣父死家灭，不求活命，只可惜陛下的法律被来俊臣所玩弄！"

武后幡然醒悟，狄仁杰等六家因此都得以免死。来俊臣又审问大将军张虔勖、内侍范云仙，张虔勖受不住冤枉，向大理寺徐有功告状，来俊臣让卫士用刀乱砍张虔勖。范云仙自述曾侍奉先帝，来俊臣下令割掉他的舌头，两人都当即死亡，人人吓得不敢喘气。

过了很久，来俊臣接受商人的金银，被御史纪履忠弹劾，关进监狱，罪该处死。武后认为他向朝廷密告谋反叛乱事很忠诚，没有处死他，只是将他免职为民。武后长寿年间，来俊臣被召回朝廷，授殿中丞职务，又因犯贪污罪被贬为同州参军事。在同州暴虐放肆，不受拘束，夺人妻子，辱人母亲，目无国法，为所欲为。不久，他又被提拔为洛阳县令，升任司仆少卿，武后赐给他司农寺的官奴婢十人。来俊臣认为司农寺的官奴婢没有长得漂亮的，听说西突厥酋长阿史那斛瑟罗家有个婢女擅长歌舞，便让自己的党羽诬告阿史那斛瑟罗谋反，以求得到他家的婢女。直到各族酋长数十人到皇宫门前用刀割耳划脸替阿史那斛瑟罗诉冤，阿史那斛瑟罗才得以免罪。来俊臣又诬告司刑史樊戬谋反，樊戬以谋反罪被杀。他的儿子到皇宫诉冤，有关官吏无人敢受理，于是自己剖腹而死。秋官侍郎刘如璇为此流泪，来俊臣就上奏说刘如璇偏袒、同情坏人。刘如璇申诉说自己是因年老而流泪，但官吏仍判处刘如璇绞刑。武后赦免他的死罪，将他流放到汉州。

来俊臣知道群臣不敢指责自己，于是有了反叛的图谋，常常把自己比成石勒，准备诬告皇嗣（即后来的唐睿宗）和庐陵王（后来的唐中宗）与南衙各卫及北衙禁军一起图谋造反，希望因此得以展露自己的心志。卫遂忠揭发了来俊臣的阴谋。起初，来俊臣多次指摘武氏诸王、武后的女儿太平公主、张昌宗等人的过错，武后不采取行动。到这时候武氏诸王怨恨来俊臣，一起证实他的罪恶，武后便下令在西市将来俊臣处斩，当时他四十七岁。来俊臣死后，人们都相互庆贺，说道："现在能够背挨着床睡觉了！"大家争着挖他的眼睛、摘他的肝、将他的肉剁成肉酱，一会儿肉就被割尽，又用马踩他的骨头，最后什么也没剩下。他的家属被没入官府为奴。

来俊臣当权的时候，嘱托吏部选授了二百多名官员，等到来俊臣败亡，吏部的官员都向朝廷自首，武后责备他们，他们回答说："我们违犯了陛下的法令，自身被杀；如果违背了来俊臣的意思，就得全家覆灭。"武后赦免了他们的罪。

当时有两名叫来子珣、周兴的，都是万年县人。武后永昌初年，来子珣上书，被提拔为左台监察御史。来子珣没什么学问，言语粗野拙劣，武后依靠他来审查狱案，他曲意阿从武后的旨意，所以武后赐他姓武，字家臣。他诬告雅州刺史刘行实兄弟图谋造反，刘行实兄弟被处死。接着来子珣又挖平了他们祖先的坟墓，因此得以升任游击将军。来子珣常穿短袖锦衣，以求标新立异。后来被流放到爱州，死在那里。

周兴年轻时熟悉法律，后经多次升迁当上了秋官侍郎，屡次奉命判决奉诏令特赦的监狱里的囚犯。他援用法律条文严峻苛刻，乱杀了数千人。

武后夺取政权后，任命周兴为尚书左丞，周兴上书请求废除宗正寺中的李唐皇族名册。当时左史江融有好名声，周兴指责江融与徐敬业一起谋划反叛，将他在闹市上处斩。江融临刑时，请求得到武后的召见，周兴不允许。江融大声呵斥周兴说："我死无罪状，不会放过你。"江融被斩首后尸体猛然立起来行走，执行死刑的人将尸体踢倒，可尸体三次倒下又三次立起。

武后天授年间，有人告发周兴等人图谋造反，武后下诏让来俊臣查问实情。起初，周兴不知道自己被人告发，正和来俊臣一起吃饭，来俊臣说："囚犯多不服罪，怎么办？"周兴说："这容易对付，把囚犯装进大瓮里，四周用木炭烧烤，什么事不会承认！"来俊臣说："好办法。"遂命人拿来大瓮并烧上火，对周兴说："天子下令审问你，请你入瓮尝尝味道。"周兴吓得直出冷汗，跪下叩头服罪。后来武则天宽免了周兴的死罪，将他流放到岭南，他在赴岭南的路上被仇人杀死。

朱泚之乱

天宝十四年（755年）十一月初一，范阳、平卢节度使安禄山发动叛乱，从此开始了历时八年的安史之乱。叛乱虽被郭子仪、李光弼等人平定，但此后，一些节度使拥兵自重，形成藩镇割据的局面，严重威胁唐王朝的统治。唐德宗时期，朱滔、田悦、王武俊和李纳四个藩将联合起兵，反叛朝廷，历史上称为"四镇之乱"。接着，淮西节度使李希烈也开始反叛，朱滔的哥哥朱泚占据长安称帝。无能的唐德宗仓皇逃出长安。

在平息叛乱的过程中，涌现了很多著名的人物，例如唐朝大将马燧、李晟、段秀实、颜真卿等人。其中段秀实表现尤为突出。

段秀实早午在镇守西北的唐军中，当过下级官吏。安史之乱爆发，唐肃宗在灵武即位以后，他随主将到了内地，担任筹集军需粮饷的留守官员。后来，他立了功，升为泾州刺史。当时，郭子仪的儿子郭晞当了尚书，屯兵在邠州（今陕西省彬县）。郭晞的部下横行不法，大白天成群结伙地在街上乱窜，到店铺中强拿人家的好东西，把那些不值钱的东西，像锅、盆、碗、勺之类，扔得满街都是，还动手打人，甚至把孕妇也撞伤了。邠宁节度使白孝德怕得罪郭子仪，不敢管。段秀实听说后，从泾州跑来向白孝德说："您知道百姓受害，怎么不管呀？

要是在边镇闹出大乱子来，那怎么得了呢？"白孝德问他："你有什么办法吗？"段秀实回答说："您如果能授权给我来管理治安，我就有办法制服这些人。"于是，白孝德委派段秀实为都虞候。

不久，郭晞的士兵又在街上胡闹，段秀实下令把带头闹事的抓起来杀了，把人头悬在酒店门外。郭晞的部下大哗，穿上铠甲，准备干仗。段秀实骑着一匹瘸马，来到郭晞的军营，问那些官兵："尚书（指郭晞）亏待你们了吗？副元帅（指郭子仪）亏待你们了吗？你们为什么要胡作非为，败坏郭家的声誉！"

这时候，郭晞走了出来。段秀实拱拱手，对他说："副元帅为国家建立了巨大的功勋，你应当珍惜这份荣誉。如今你放纵军士们在外横行霸道，要是在边镇上闹出了大乱子，敌人乘机打了进来，朝廷就会归罪于副元帅，郭家的功勋岂不毁于一旦！"一番话说得郭晞万分惭愧，忙向段秀实赔不是。从此以后，郭晞的军队果然收敛许多。

段秀实为官清廉，办事公正，多次建立了军功，不久升为节度使。可是到后来，由于得罪了宰相杨炎，被夺去兵权，调到朝廷里当了司农卿，管理农业方面的事情。

当朱泚在长安反叛的时候，段秀实没来得及逃走。朱泚心想，段秀实一向威望很高，目前被夺去了兵权，对朝廷一定有怨恨，何不拉拢他跟我一起反唐呢？于是他派了马匹、随从，准备把段秀实强行接来。段秀实对朱泚的反叛行为非常愤恨，料想这一去凶多吉少，便向家人嘱咐了几句，就随着来人到了朱泚那里。

朱泚十分高兴，对段秀实说："您来了，我的大事就成功啦！"这时候唐德宗已经从长安逃到奉天（今陕西乾县）。朱所说的"大事"，是指他将要在长安称"皇帝"。段秀实假装没领会朱泚的意思，回答

说："您的职责，不就是扫清宫室，迎接皇上回来么？"

朱泚愣了，一时答不出话来，只好默不作声。段秀实没立即戳穿朱泚叛国的阴谋，暗地里却和几位唐朝的将军商量除掉朱泚的计划。

朱泚为了偷袭奉天，劫杀唐德宗，派部将韩旻带上三千骑兵，声称到奉天去把唐德宗接到长安来。段秀实知道以后，假造一份调兵的文书，盖上司农卿的大印，又从一位将军那里弄来半个兵符，派人带上这些东西，追上韩旻，说是朱泚临时改变主意，调他立即返回，和大军一起去攻奉天。

段秀实清楚，只要韩旻一回来，他和那位将军就都活不成了。因此，他对那位将军说："我决定直接击杀叛贼朱泚。要是不能成功，就请你跟着动手。"

第二天，韩旻还没有回到长安，朱泚找段秀实等人去议事，在座的还有源休等朱泚手下的几个亲信。段秀实内穿铠甲，外罩战袍，坐在源休旁边。当亲信们谈到朱泚准备如何即位称帝的时候，段秀实突然站起来，从源休手里夺过象牙笏（古代臣子向皇帝奏事时的记事板，用玉、象牙或竹片制成），冲到朱泚跟前，向他脸上吐唾沫。他一边大骂："狂贼！我恨不能把你碎尸万段！难道能跟你一起反叛？"一边用象牙笏朝朱泚打去，一下就打中了朱泚的脑门。朱泚血流满面，倒在地下，狼狈地爬着逃走了。

由于事情发生得太突然，朱泚的亲信和卫士们吓呆了，站在旁边都没敢动。与段秀实事先相约的那个将军是个怕死鬼，在这个节骨眼上没有跟上来一起击杀朱泚。

朱泚的亲信和卫士们一清醒过来，就立刻围上来逮住了段秀实。

段秀实大义凛然，高声呼喊："我决不跟你们一起反叛！你们为什么不杀了我！"

就这样，段秀实被杀害了。

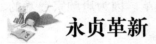
永贞革新

昔日曾经强大昌盛的大唐帝国，经过安史之乱那场浩劫，已经一蹶不振。从唐肃宗、唐代宗到唐德宗的几十年间，昏庸的皇帝们不思进取，只顾自己享乐，完全不管百姓的死活。特别是唐德宗在位的那20多年，外有吐蕃入侵，内有奸臣当道、藩镇作乱，他却毫不在意，反而加紧敛财，要地方官和节度使每天"日进"、每月"月进"钱财，一年里掠夺的钱财总有几十万贯。

朝政荒废，必然让不法之徒得逞。当时长安的地方官是一位叫李实的贪官污吏。他是个翻云覆雨的能手，从来不顾百姓的死活。有一年长安发生了天灾，连久居深宫的唐德宗也下令减收赋税。命令传达到李实那儿，李实却拒不执行。百姓们无法纳税，只得卖了青苗，拆了房子，凑钱上税。一时间长安的房价大跌。一位伶人气不过，写了首诗讽刺李实。李实大怒，派人把伶人抓来，当众杀害了。

这种昏天黑地的状况，理所当然地要引起社会上有识之士的痛恨。一些从中下层升上来的朝臣，因为跟百姓接触的机会多，更了解局势

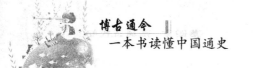
的严峻，想改革朝政的决心也更大。王伾、王叔文就是其中的佼佼者。

王伾和王叔文原来是太子李诵的侍从官。王伾擅长书法，王叔文是下棋高手。他们发觉太子并不像德宗那么昏聩，不时流露出要改革时弊的意思，便常常向太子讲一些民间的疾苦，渐渐成为太子的亲信。

贞元二十一年（805年），唐德宗终于病死了，李诵继位，是为唐顺宗。可是，李诵已经得了中风的毛病，连话都说不成，于是李诵便提拔王伾、王叔文主持朝政，实行一系列的改革。因为唐顺宗登基的年号是永贞元年，这场改革便被称作"永贞革新"。

王伾、王叔文联络了一批志同道合的中下层官员，其中有柳宗元、刘禹锡、韦执谊、韩泰。他们大刀阔斧地对朝政进行改革，得到了朝廷内外，特别是长安百姓的拥护。

这一年，唐顺宗发布了一系列命令，废除了百姓积欠官府的部分租税，降低了盐价，停止了地方官对朝廷的进奉，还释放了一部分宫女。这大大减轻了百姓负担，老百姓从革新中得到了好处。

王叔文知道百姓最痛恨贪官污吏，便果断下令撤了京兆尹李实的官职，把他逐出长安。消息传出，人心大快。

王叔义等人的革新，对百姓、对朝廷都是有利的，却损害了贵族官僚和藩镇的利益，因此，他们内外勾结，千方百计攻击王伾、王叔文，要把这场刚刚开始的革新扼杀在摇篮里。

第一个反对革新的是宦官集团。本来，王叔文已经任命老将军范希朝担任禁军统帅，并派韩泰协助他接管宦官的兵权。宦官的头子俱文珍立即下了手令，叫禁军将领们别听范希朝的。范希朝和韩泰到奉天点兵，禁军将领一个也不来听点。没有兵权，王叔文的改革便走上了绝路。

大官僚们接着又使出了杀手锏。他们借口唐顺宗体弱多病，要求太子李纯出面主持朝政，后来索性要顺宗退位。这一着釜底抽薪，确实击中了改革派的要害。王叔文只得叹着气诵读杜甫的名句："出师未捷身先死，长使英雄泪满襟。"短促的改革，眼见就要走完全程。

唐顺宗在公元805年正月即位称帝，到了八月，就被迫退位，把皇位传给了太子李纯，是为唐宪宗。唐宪宗立刻站在宦官和大官僚一边，把王伾和王叔文贬逐外地。王伾到外地不久便死了。第二年，王叔文在渝州被贬寓所又接到诏令——皇上下令赐死他，王叔文只得含恨自尽。

辽国初建

还在公元四世纪的时候，在辽河上游居住着一个少数民族，叫契丹族。当时，他们还处在氏族社会时期，过着渔猎和畜牧的生活。后来，随着人口不断增加，契丹族逐渐发展成为八个部落。唐朝时候，这些部落结成了部落联盟，各部落的首领公推一人，作为部落联盟的首领，统一领导各部落作战、生产和处理对外关系。

唐朝末年，汉族人民不断迁往契丹族居住的地区开荒谋生，带去了一些先进的生产技术。契丹族人民在和汉族人民接触的过程中，逐渐学会了种地、织布、冶铁和建造房屋，开始过起了定居生活。

随着社会生产力的发展，氏族里开始出现了贫富分化的现象：一些贫苦的氏族成员逐渐变成了奴隶；一些部落首领在跟外族作战中把掳掠的大批战俘作为奴隶，自己变成了大奴隶主。

这样，原来的氏族部落组织已经不适应保护大奴隶主利益的需要了。就在这种形势下，契丹族一个叫耶律阿保机的首领自称皇帝，建立了国家。

公元872年，耶律阿保机出生在迭剌部耶律氏族一个贵族家里。契丹部落联盟中有一个重要职位叫夷离堇。后来，契丹部落联盟中又设置了一个职位，叫于越，负责掌握部落联盟的军事和行政大权，比夷离堇的地位还要高。阿保机曾经先后担任夷离堇和于越，掌握了军政大权。

从这以后，阿保机不断对外发动战争，掠夺了大量的财富和奴隶。他的权力很快超过了部落联盟的首领。唐朝灭亡那年（907年），经过部落选举，阿保机当上了部落联盟首领。从此，他不再担任于越和夷离堇的职务，但是仍然把军事和行政方面的实权抓住不放。他还建立了一支精兵，作为自己的侍卫亲军。

契丹部落联盟的首领本来是三年推选一次，可是阿保机做到第五年还不肯让位。很多贵族非常不满，就起来反对阿保机。阿保机镇压了这些贵族的反抗。

第二年，有些贵族又起来反抗，连担任于越和夷离堇等重要职务的贵族也参加了。这时候，阿保机正领兵在外。他没有出兵反击，而是下令举行传统的选举仪式。结果，他又当选为部落联盟的首领。这就使反抗他的人失去了反对的理由，只好向阿保机表示"谢罪"，愿意服从他的领导。

但事情并没有结束。那些贵族不甘心他们的失败，决心策划一次大规模的战乱。几个月之后，战乱发生了。乱军到处杀害人民，抢劫财物，牲畜大量死亡，阿保机的士兵只好杀幼马、采野草做食物。这次战乱前后有两个月之久。经过艰苦的斗争，阿保机终于平息了战乱，并把三百多个参与这次战乱的人处以死刑。从此他的地位更加巩固了。

那些参与战乱的贵族都是氏族制度的维护者和代表者。他们反对阿保机建立奴隶主专政的国家。阿保机和他们之间的斗争，实质上是两种势力、两种制度之间的斗争。阿保机是经过激烈的斗争才取得胜利的。他决定废除部落联盟的旧制度，正式建立国家机构。

可是，这个国家机构应该怎样建立呢？

由于阿保机经常侵入汉族地区，俘虏大批的汉人，受汉族文化的影响比较深，所以，他决心按照汉族的政治制度来建立契丹的国家机构。

五代时，后梁有个官员叫韩延徽。他在出使契丹时，被阿保机扣留下来。阿保机看到韩延徽很有才能，就加以重用。韩延徽在政治、军事以及建立国家机构等方面帮阿保机出了很多主意，后来他被封为契丹国的开国功臣。

公元916年（当时中原是五代后梁时期），阿保机在临潢府（今内蒙古自治区昭乌达盟巴林左旗附近）当了皇帝，称为"大圣大明天皇帝"，他的妻子称为"应天大明地皇后"。他的儿子耶律倍被立为太子。年号叫"神册"。一个新的国家在北方诞生了。

阿保机在这个新成立的国家里进行了一系列的改革。他派人创造了契丹文字，制定了法律，对那些在契丹统治下的汉族人民仍旧依照汉族的法律进行治理。他还模仿汉族的城市，在潢河（今西拉木伦河）沿岸建造京城，称为上京。此外，阿保机还采取了一些有利于发展农

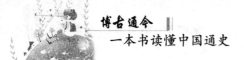

业和商业的措施。这些做法在当时都是有进步意义的。

阿保机称帝建国，是契丹历史上一件了不起的事情。从此，契丹历史进入了一个新的时期。

契丹建国以后，阿保机不断向周围各族进行大规模的扩张。那时候，中原地区正处于五代十国统治时期，群雄割据，不断混战。阿保机利用这个机会，侵入河北东北部，攻占了许多州县。接着，他又消灭了辽河流域一带靺鞨族建立的渤海政权，统一了大漠南北和东北广大地区。他领导的契丹，成为当时我国北方的一个强大的地方政权。

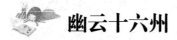幽云十六州

河东节度使石敬瑭是个野心极大却厚颜无耻的人。为了实现当皇帝的梦想，他竟然投靠契丹贵族，称比他小十一岁的契丹主耶律德光为"父皇帝"，自称"儿皇帝"。

石敬瑭是沙陀人。他的父亲是李克用和李存勖手下的一员大将。石敬瑭年轻时候沉默寡言，喜欢学习兵法，勇猛好斗，射起箭来百发百中。李存勖很赏识他，让他带领亲兵，成了心腹将领。李克用的养子李嗣源（就是后来的唐明宗）对他也很器重，把自己的女儿嫁给了他。

石敬瑭在后唐虽然做到节度使的大官，被封为赵国公，仍然不满足，一心想要当皇帝。唐末帝李从珂任命他为天平节度使（治所为郓州）。他

假称有病，不去上任。于是后唐朝廷下令削去他的官职和爵位，命令晋州刺史张敬达领兵包围晋阳。石敬瑭赶忙派亲信桑维翰到契丹请求援兵。契丹国王耶律德光一直想向南侵犯中原，当然乐意利用这次难得的机会，于是满口答应等到中秋节以后发兵去救石敬瑭。

后唐末帝清泰三年（936年）九月，耶律德光率领大军，从雁门关南下，跟后唐军队打了一仗，把唐军打得大败，杀死唐军上万人。石敬瑭得救以后，带领部下将领从晋阳城出来拜见耶律德光。耶律德光拉着石敬瑭的手，跟他叙起父子的情谊来。石敬瑭比耶律德光大十一岁，到底应该谁是"父"，谁是"子"呢？石敬瑭厚颜无耻，百般献媚，极力装出个孝顺儿子的模样。耶律德光又对他考察了好多天，相信他确实是个尽忠尽孝的儿臣，才对他说："我看你的相貌和气量够做一个皇帝，我要立你为天子。"石敬瑭喜出望外，可又怕耶律德光说话不算数，便假意推辞了一番。桑维翰等人看到机会难得，都来"劝进"，请他不必推辞。这样，他就真的做起皇帝来了。耶律德光把自己身上穿的袍服脱下来，把自己头上戴的冠冕摘下来，替石敬瑭穿戴起来，封他为"大晋皇帝"，对他说："我把你看作儿子，你对待我就像父亲一样，我和你永远是父子关系。"

石敬瑭对耶律德光感激涕零，怎样来报答这位异族"父亲"呢？他和桑维翰等人商量，决定把雁门关以北的幽云十六州的大片土地白白地奉献给契丹，每年再向契丹贡献丝绸三十万匹，还要送给契丹王、王太后和宰相等大官大批贿赂。石敬瑭称呼比他小十一岁的耶律德光为"父皇帝"，自称"儿皇帝"。从此以后，契丹王如果对哪件事感到不满意，就派人来责备石敬瑭。石敬瑭总是诚惶诚恐地谢罪赔礼，请求宽恕。

　　石敬瑭死了以后，他的侄子石重贵继位，就是晋出帝。晋出帝派人向契丹王报丧的时候，表上只称孙，没称臣。契丹王大发雷霆，发兵进攻后晋。晋出帝开运四年（公元947年），契丹军队攻进开封，灭亡了后晋。晋出帝石重贵向契丹王递交降表，自称"孙男臣重贵"。契丹王派人来抚慰他，说："孙儿不要发愁，我总让你有饭吃。"后来契丹王把石重贵一家带回契丹。这个亡国奴受尽了奇耻大辱，苟活了十八年，最后死在契丹。

　　契丹统治者每次出兵侵犯中原地区，总要放纵军队大肆掠夺老百姓的粮食、牲畜和其他财物，烧毁房屋，奸淫妇女，掳人杀人。中原的许多地区常常被他们糟蹋成了一片片的白地。有时候，他们对一座座城市加以屠戮，叫作"屠城"。一次屠城，被杀害的少则几千人、几万人，多的时候有十几万人。他们的这种行径遭到中原地区广大军民的反抗。

　　石敬瑭割了幽云十六州以后，云州将领吴峦率领将士、官吏和百姓守城，拒不接受石敬瑭的命令。契丹军把云州城包围起来，攻打了七个月，也没能打下来，只好撤兵退了回去。

　　后晋出帝开运元年，已经投降契丹的后晋将领赵延寿，率领一支契丹军队侵犯中原。回来的时候，他们驱赶着大批掠夺来的牛羊从祁州（今河北省无极县）经过。祁州刺史沈斌带领州里的军队截击契丹军。契丹军人多势众，州里的军队少，打不过契丹军。这时候，赵延寿站在城上，对沈斌说："咱们是老朋友啦！看在朋友的分儿上，我劝你还是开门投降，保你能得到好处。不然你会要吃败仗，遭凌辱的。"沈斌斥责赵延寿说："你投降契丹，领兵来残害中原百姓，不以为耻，反以为荣！我宁愿为国家而死，决不跟你走一条路！"第二天，赵延寿指挥契丹军队攻破祁州城，沈斌威武不屈，终于殉国。

当时，还有许多人用各种方式反抗契丹的侵犯和统治。幽云十六州的人民群众不愿意归附契丹的，少的几百人上千人，多的几万人，纷纷组织起来抗击契丹军队，攻破契丹占领的州县，杀死契丹任命的官吏。后晋的爱国士兵也不愿意投降，跟契丹军队英勇作战。在广大军民的抗击下，契丹军队好几次被打得大败。契丹王耶律德光十分害怕，对侍从说："想不到中原人这样难对付！"公元946年，耶律德光灭亡了后晋。后晋存在十一年。

石敬瑭为了个人利益，出卖幽云十六州，造成了后患无穷。后人为收复这块失地，付出了极大的代价。

第五章

宋辽夏金卷

封建王朝发展到宋时，可以说各方面均已相当成熟。北宋自赵匡胤始，传九帝，时长 168 年；南宋也传九帝，时长 153 年。

宋朝是中国历史上第一个"以文治天下"的朝代，也是世界历史上最早提出"以文治国"的国家。所谓"文官提笔安天下"，启用文官带军，武官的军权予以剥夺，委以虚职。兵将分离，将京城里的禁军轮番到边境戍守，定期换防，造成兵不识将，将不识兵，兵无常帅，帅无常师。宋太祖赵匡胤建宋之初就传下"不得杀士大夫及上书言事人""子孙有渝此誓者天必殛之"的誓言，无形中提高了文官的政治地位。

因此，宋朝虽然在军事上是软弱的，但在经济上、文化上、科学技术等方面确实是强大的。著名史学家陈寅恪说过："华夏民族之文化，历数千载之演进，造极于赵宋之世。"史学家邓广铭也曾说："两宋时期的物质文明和精神文明所达到的高度在整个封建社会历史时期之内可以说是空前绝后的！"有专家进行过研究分析，认为中国古代的发展，宋朝是个分界线，社会发展到宋朝，各方面的发展都达到鼎盛期，此后的封建王朝逐步在走下坡路，再没有任何朝代可以超越宋代。评价一个国家，不能只单纯地从这个国家的对外武力看，要综合这个国家的发展及对社会所做的贡献来考虑。

陈桥兵变

周世宗柴荣在北征契丹过程中得病死了，皇位传给了七岁的儿子柴宗训。此时掌握兵权的是殿前都点检赵匡胤。

赵匡胤是河北涿郡人，年轻时就投身到郭威军中，跟随郭威南征北讨，立下无数战功。当后周主要的军事力量禁军成立之后，他逐渐登上了殿前都点检的职位，掌握了后周的军事大权，还兼任宋州归德军的节度使，负责防守都城汴京。

赵匡胤不甘心臣服在一位七岁的孩子手下，于是他跟自己的弟弟赵匡义、心腹幕僚赵普商量要秘密地策划一场军事政变，废掉柴宗训，夺取皇位。

赵匡胤左不学，右不学，偏偏选择了当初郭威登上皇位的故伎，用到了郭威儿子的身上。

后周显德六年（公元 959 年）春天，后周的君臣们还在庆贺新年，河北镇州和定州的守将突然派人到开封告急，说北汉的第二位儿皇帝刘承钧和辽国联合，正挥兵南下，敌军声势浩大，地方上无力抵御。

担任宰相的范质没去调查消息是否真实，立即决定派兵前往河北。带兵的人当然只能是赵匡胤。于是赵匡胤带着禁军，从开封出发，刚走出不远，就在开封东北边一个叫陈桥驿的地方停了下来。

这一晚，赵匡胤宴请了部下。他喝了点酒，早早进帐睡下，但他手下那些亲信却因为喝了酒睡不着觉，聚在一起议论朝政。他们你一言我一语扯了一阵，随后就有人主张："现在主上年幼，主持不了朝政。我们冒死替国家出征，有谁会理解我们呢？不如先立点检当天子，然后再北征也来得及。"

一时间，营里群情汹汹。将士们拥到赵匡义的营帐前，向他报告了大家刚才的决定。赵匡义和赵普表面上劝了几句，但实际上在火上浇油，根本无法改变将士们的决心。赵匡义和赵普便顺水推舟，一方面让拥立赵匡胤的将士在帐外等候，一方面派人回开封，联络禁军将领石守信和王审琦，让他们做内应。

第二天黎明，陈桥驿四周呼声大起，群情激奋。赵匡胤刚从帐中出来，将士们立即一拥而上，把一件黄色皇袍披到他身上，一齐下拜，齐声喊起"万岁"来。

这场拥立皇帝的把戏，跟当年赵匡胤他们拥戴郭威上台时的状况如出一辙。当年郭威也是借口抵抗外敌，领兵出征，中途发起兵变的。不同的是，当年郭威身上披的只是一面撕开的黄旗，而赵匡胤却是早已准备好的黄袍。一前一后，惊人相似的兵变相去不到 10 年。

赵匡胤照例要推辞，将士们却绝对不答应。于是赵匡胤说："你们贪图富贵，要立我为天子，那么，我的命令你们愿不愿听从？"在一片"愿听命"声中，赵匡胤发布了兵变的命令："皇帝和太后我曾经侍奉过，满朝大臣都是我的平辈兄弟，你们绝不能冒犯。过去新天子登基时，士兵们总要在京城抢掠，你们这次绝不许这么干，违命的一律严惩不贷！"

发布了命令，赵匡胤不再提起北上抵抗外敌的事，带着部队回到了开封。由于开封有人做内应，赵匡胤进城就像回家一样方便。京城里开始乱了一阵，等赵匡胤派兵弹压了乘机抢劫的歹徒之后，秩序很快就恢复了。后周的大臣韩通听说发生了兵变，想组织人马抵抗，但刚走到半途中，便被赵匡胤的部将王彦升杀了。整个开封一下子完全控制在赵匡胤手中。

一切都安排妥了，连即位的诏书也早已写好。赵匡胤带着一群将校进了皇宫，宰相范质一群人正不知所措地在等着他。见了范质等人，赵匡胤还在说："我受大周天子深恩，今日受将士们逼迫，无奈做出这样的事，真不知如何是好，你说我该怎么办呢？"

一旁的禁军将领们一听这话，再也按捺不住。赵匡胤的部将罗彦璜带剑走上前来，挥着拳大声喝道："我们今日一定要立点检做天子！"他大声呵喝，吓得范质等人脸色都变了。他们知道，现在只要稍有不慎，就会当后周的殉葬品，这未免太不值得了。五代十国那个年代，忠君观念淡薄，人们对朝秦暮楚的事情早习以为常。有一位叫冯道的人，甚至能在五代中的四个朝代当大官，好几次代表石敬瑭去契丹拜见"父皇帝"，居然还称自己为"长乐老"，说自己只有侍奉新主子的乐趣，从来没有亡国之恨。现在范质他们当然毫无心理负担，一齐拜伏在地，高呼起"万岁"。

改朝换代就这样和平地进行着。正月初五，赵匡胤举行了登基大典。在崇元殿上，文武百官齐崭崭分列两边，主持仪式的官员当众宣读了以柴宗训名义写的诏书，宣布把皇位禅让给"众望所归"的新天子赵匡胤。群臣们接着向这位新君主朝贺，新的朝代便这样正式开始了。

因为赵匡胤担任过宋州归德军节度使，他决定把国号改为"宋"，仍旧把开封作为都城。历史上称这个公元960年成立的王朝为"北宋"，把赵匡胤叫作宋太祖。

当然，"陈桥兵变"产生的新王朝并不可能完全用和平的形式建立。赵匡胤即位诏告在全国颁布后，总会有人反对，其中最具实力的，北有山西潞州的昭义节度使李筠，南有淮南节度使李重。但是，李筠和李重本来自己就野心勃勃，没有多少人去响应他们；他们占一州之地，拥有的武装力量哪里是强大的禁军的敌手？不到半年，原来属于后周境内的反对势力就一个个地被赵匡胤平定了。

其实，后周世宗柴荣死后，7岁的小皇帝无论如何无法继承柴荣已经开始的改革，历史上出现"主少国疑"的状况，常常会引起剧烈的动乱，这对中国的百姓是不利的。而在当时，唯一能把柴荣已经开始的统一事业进行到底的，只有赵匡胤。他所采取的和平禅让的方式，对结束唐灭亡以来的混乱局面也只有好处。由于陈桥驿兵变，赵匡胤建立了大宋王朝，应该说是历史的进步。

王安石变法

宋仁宗当了40年的皇帝，行过"新政"，用过包拯，开始倒不是不想挽回宋王朝的日趋没落，但是他决心不大，善疑多变，最终还是不敢正式触动成规。他死后没有儿子，只能选一位皇族子弟当皇上，这就是宋英宗。宋英宗只做了4年皇帝就病死了。英宗的儿子赵顼继

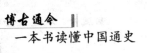

位，历史上称赵顼为宋神宗。

老皇帝死得早，接位的皇帝便年轻。赵顼登基时才20岁，还是个想有所作为的青年。他看到土地兼并使农业萧条，朝廷赋税减少，各种开支却成倍增长，特别是每年必须向辽国、西夏捐输的绢银给国家财政造成巨大困难，所以他有心从这种危机中摆脱出来，改变宋王朝垂危的局面。

宋神宗要改变现状，必须找一位主张变法的人当宰相。可是，他找遍朝廷，看到的都是因循守旧的老臣。就连当年跟范仲淹一道实行"庆历新政"的富弼也变得小心谨慎，不敢有任何非分之想了。

这时宋神宗想起了王安石。当赵顼当太子的时候，他身边的官员韩维常常说出一些很出色的治国方略，赵顼十分欣赏，对他大加赞扬，而韩维却说，这些主张都是一位叫王安石的朋友说的。王安石当时在三司度支当判官。于是，按照惯例，宋神宗先调王安石出京当江宁知府，不久又把他调回京城。

王安石是江西临川人，22岁中了进士之后，一直在地方任官。当了20多年的地方官，他看到了王朝内部存在的弊病。他思考过如何改革现存法度，也在任职地区做过试验。

在当浙江鄞县知县时，他看到当地河道淤塞，经常发水灾。而农民们由于无法维持生活，只得向债主借高利贷，生活就变得更困难。灾荒和高利贷成了普通农民项上的两条绳索，勒得农民喘不过气来。于是，王安石首先发动百姓兴修水利，防止灾难发生，再鼓励农民发展生产。到了春天青黄不接的时候，他把官仓的存粮借给农民，允许农民到秋后用新粮还债，只收微薄的利息。这样一来农民免去了借高利贷之苦，官仓里年年存新粮。这一政策一举两得，深受当地百姓欢迎。

　　而宋神宗把王安石调回开封不久，就亲自召见了他，询问他治理国家该从何处入手。王安石的回答很干脆：变风俗，立法度，是当务之急。于是，熙宁二年(1069 年)，宋神宗任命王安石担任副宰相，掌握朝政，实行变法。

　　当时，朝廷有四位宰相，其余三人又老又病，无法跟王安石一同改变法度。于是王安石另立了一个机构，称为三司条例司，直接指挥变法的事务。

　　王安石的新法，主要内容有五条，其中的兴修水利和青苗法，他当年在鄞县已经实施过，现在被推广到了全国。另外，他还实施了免役法、方田均税法和保甲法。免役法把朝廷各种劳役折算成免役钱，天下户口无论大小，只要交纳免役钱，就可以不亲自参加劳役，由地方官雇人代作。农民缴了钱就能安心在自己田里劳作，生产时间有了保证，原来不必服役的官僚、贵族，也要缴免役钱，朝廷收入有了保障，百姓负担得以减轻。方田均税之后，大量兼并的土地也要纳税，贵族豪强受到抑制。地方上实行以保甲为最基层的组织形式后，既加强了治安控制，又训练出了一批壮丁，国家一旦有事，壮丁们便成为军队的后备力量。

　　实施了新法，生产得到了发展，百姓得到了好处，朝廷增加了收入。只有贵族、官僚、大地主的利益受了伤害。于是他们攻击变法，咒骂王安石。

　　这时候，国内许多地方发生了旱灾，有的地方还发生了地震。本来这是极普通的事，北宋自建国开始，自然灾害就从未间断过。但是，反对改革的人却说这是王安石搞了变法，老天震怒，才用这个方法来警告天子的。他们还画了幅流民图呈给宋神宗，要他停止实行新法。

一时间，流言蜚语四起，弄得宋神宗没有了主张。宋神宗就这事询问王安石，王安石根本不理会。他指出，天变不足畏，人言不足恤，祖宗之法不足守，坚定地表示了继续变法的决心。

那些反对变法的元老重臣见此法无效，就搬出了宋神宗的皇后和皇太后。太后和皇后也坚决反对变法，日日夜夜朝宋神宗哭泣，硬说是王安石扰乱了天下。这搅得宋神宗逐渐动摇起来，对王安石不像以前那样言听计从了。

王安石看到这种情况，只得提出辞呈，要求回江宁养病。宋神宗只好让他暂回江宁休养，变法实质上受阻。第二年，宋神宗又从江宁召回王安石继续执政。王安石本以为躲过一段时间，他人对新法的反对会减轻一点。不料过了几个月，天空中又出现了彗星。按照封建社会天人合一的观点，彗星难得一现，是天灾即将到来的标志。于是反对派又找到了反对王安石的理由。这一次他们气势汹汹，似乎理由更为充分。

宋神宗这一次完全垮了。他犹犹豫豫，无法再像以往一样站到王安石和新法一边。王安石坚持了几个月，看到实在无法再贯彻自己的主张，只好再次辞职，又回江宁去了。这一年，是公元1076年。王安石变法前后实施了六七年，终于被强大的守旧势力扼杀了。

九年后，宋神宗死了。高太后执政，任命坚决反对新法的司马光担任宰相，新法便一条一条被明令废除。北宋王朝失去了一次十分难得的"中兴"机会，以后只经历了哲宗和徽宗两代君主，便迅速地灭亡了。

王安石变法及其失败，体现出封建守旧势力的强大，证明了一个真理，整个封建制度不是靠修修补补就能解决它本身痼疾的。但是王安石还不失为当时有远见的政治家，虽然他身后遭到百般攻击，但他的改革措施确实是当时比较明智的解决办法。

王安石变法也有很大的缺点，最大的问题是任用了一批政治投机分子，有名的奸臣蔡京就是靠积极参与变法起家。等到司马光上台，他又摇身一变，变成反对变法的重要人物。这批人最后成为徽宗时代人人痛恨的奸臣，不仅给王安石变法抹了黑，也彻底断送了本来就软弱的北宋王朝。

徽宗好道

宋徽宗赵佶即位后，不思治理朝政，一心寻欢作乐，尽情追求享乐，过着腐朽的生活。有一年，他迷信上了道士，一时间不惜人力、物力，在各地寻访知名道士，大造道观。后来，有位官员为他引荐了温州人林灵素。这个林灵素年少时先学佛为僧，因被长老斥骂鞭打，不堪其苦，就改学道术做了道士。

林灵素在徽宗面前大话连篇，他说："天上有九霄，最高一层叫神霄。神霄宫里有个玉清王，是上帝的长子，主管南方。徽宗就是上帝长子下凡。另外，神霄宫里还有八百仙官，蔡京、童贯等人就是仙官在世。"这一番胡言乱语居然把徽宗哄得心花怒放，他赐林灵素"通真达灵先生"之号和大量金银财宝，并天天请大批道士在宫中讲道。

自那以后，林灵素借助赵佶之力，命令官吏及百姓入宫拜受神霄玉清王的秘籍。那些官迷心窍的官员，一时间趋之若鹜。宫廷内经常大设斋祭神坛，靡费钱财无数，叫作千道会。赵佶亲赴神坛，坐在专设的帷幕之内。林灵素则端坐神坛中央，接受官吏的跪拜祝祷。林灵素大放厥词，滔滔不绝，也没有什么新鲜内容，倒是夹杂着不少诙谐嘲讽的话语，逗引人们大笑不止。后来，林灵素的门徒到达了两万人，他们个个都是锦衣玉食，享受着荣华富贵。

由于林灵素深受赵佶信任，他的权力越来越大，地位越来越高。有一年，他被任命为温州应道君节度使，可随意出入宫禁，并有仪仗开路，一路呼喝鸣锣，气势逼人，诸位王公大臣只能退避三舍。

又过了几年，北宋都城发生了水灾。赵佶就让林灵素作法，以道术治平水患。当林灵素受命率领门徒登上城头，准备作法时，却被守城的官兵围住，被一顿乱棍猛打。幸亏当时林灵素跑得快，才免于一死。赵佶听说这事后，这时才知道林灵素已成为人们的眼中钉、肉中刺了。从此，赵佶心中开始对林灵素有些不满意了。

在京城的四年中，林灵素横行无忌、作恶多端、怙恶不悛，甚至狂傲得遇见太子赵桓都不主动行礼或避让。对此，赵桓非常气愤，入宫向徽宗赵佶告状。赵佶大怒，贬林灵素为太虚大夫，将其遣返回原籍，并让温州通判对他进行监管。后来，温州通判发现林灵素的宅第违制，有僭越之罪，就上奏了朝廷。不久，朝廷下诏将林灵素发放到楚州。时间不长，林灵素就在那里死了。林灵素死后，赵佶下诏以侍从的身份将他下葬。

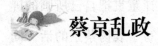

蔡京乱政

蔡京（1047—1126 年），字元长，兴化军仙游（今属福建）人。熙宁三年（1070 年）考中进士，开始踏入官场。当时，王安石变法正方兴未艾，蔡京的弟弟蔡卞是王安石的女婿，蔡京凭着这一关系混进了变法派的行列。

神宗去世后，司马光执掌朝政，要把变法派制定的免役法废除掉，恢复原来施行的差役法，并限定各个主管官员在 5 天内办好。大臣们都认为时间太紧迫了。这时，蔡京正任开封府的长官，他非常迅速地恢复了差役法，没有一个人敢于违抗他。然后他马上跑到司马光所在的政事堂去报功。司马光一听非常高兴，拍着蔡京的肩膀说："如果人人都像你这样奉公执法，还能有什么事情做不了呢？"

宋徽宗赵佶即位后，在当时的宰相曾布的坚持下，蔡京被贬官，在杭州任提举杭州洞霄宫。这本来是蔡京仕途上一次大的挫折，但是随着形势的变幻，这反而为蔡京在仕途上的飞黄腾达提供了非常好的机会。

蔡京被贬到杭州不久，宋徽宗的亲信宦官童贯也到了杭州。童贯是专门为宋徽宗访求古玩字画而来的。蔡京遇上了宋徽宗身边的这个大红人，怎么能放过巴结讨好的好机会呢？于是一连一个多月，蔡京

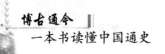
都与童贯交游，不分白天黑夜。蔡京本来就擅长书画，据说他的书法字势豪健、沉着痛快，自成一家，有很高的成就。宋徽宗比较欣赏他的书法，曾经以两万钱的高价收买过蔡京为两个小吏写的团扇。蔡京这下可发现了讨好当今皇帝的途径。他不断地让童贯把自己所画的屏障、扇面等送给宋徽宗，而且童贯还在奏折中写了表扬蔡京的话。同时宫妃、宦官等也都得到了蔡京所写的条屏、扇面之类的礼物。在童贯的竭力推荐和宫妃、宦官的一致赞誉下，宋徽宗决定重新起用蔡京。崇宁元年（1102年）七月，蔡京升任右相，第二年的二月又任左相，北宋从此开始了以宋徽宗、蔡京为首的腐朽统治集团的黑暗统治。

蔡京一上台，马上打着继承宋神宗改革事业的旗号，狠毒地打击保守派。他把司马光等120人列为奸党，宋徽宗亲自书写他们的名字，然后刻在石碑上，称为党人碑，立在宫城的南门端礼门。凡是被列为奸党的人，活着的都被贬官，死去的要被削去官职，连他们的书也被毁掉了。蔡京虽然标榜自己是王安石变法的继承人，但他的所作所为却与王安石变法背道而驰。他的所谓"新法"实际上就是搜刮民脂民膏。

宋徽宗的人生哲学是"太平无事多欢乐"。蔡京就迎合他的心意，提出了"丰亨豫大"（就是丰盛、亨通、安乐、阔气的意思）的口号，来引导徽宗尽情享乐。于是徽宗大兴土木，建造园林宫殿。政和三年（1113年）春，蔡京认为原来的皇宫不够宽敞，于是就在宫城北门外又修造了规模略小于皇宫的延福宫。政和七年（1117年），他又在京城东北部修筑规模更大的阳华宫。在北宋灭亡之前，这一宫殿一直都在修筑，花费像流水一样。

蔡京在做宰相期间，过着极其骄奢淫逸的生活。他的宅第非常宽敞，园内树木参天，装饰华丽，家里养着成群的姬妾。每年过生日的时候，各地官员都要向他送大宗礼物，称为"生辰纲"。他贪污勒索得到的金银财宝无数，比朝廷府库里的财物还要多。一次，蔡京请僚属们吃饭，仅蟹黄馒头一项就花掉了1300多贯。他平时吃一碗羹，就要杀死几百只鹌鹑。他家里的厨师分工特别细，竟有专职做包子馅内葱丝的人。

蔡京把持朝政多年，权势熏天。他大量任用亲党、门生做各类官职。如果有谁不合他的心意，马上就会受到排斥。曾受过蔡京举荐的中书舍人吴伯举就是一例。有一次蔡京找他办事，他想按照朝廷的制度来办，惹得蔡京勃然大怒："已经做了好的官职，还要做好人，怎么能两者都能兼顾呢？"当即把他贬出了朝廷。在宋徽宗统治的20多年里，蔡京由于遭到别人的反对，曾先后三次被罢免。一被罢免，他就跑到皇宫，跪在宋徽宗面前苦苦哀求，没有一点廉耻之心。为了不被罢免，蔡京甚至称他自己的儿子蔡攸为"公"，被天下人传为笑谈。

蔡京的所作所为，再加上宋徽宗的荒淫无耻，使社会风气极为堕落。官员贿赂公行，见利忘义，使徽宗时期成为北宋王朝最腐朽、最黑暗的时期。到了徽宗后期的时候，朝廷公然卖官鬻爵。当时京城流传着这样的歌谣："三百贯，值通判；五百贯，值秘阁。"

当金兵南下的时候，从繁华梦中惊醒的宋徽宗为了逃命，慌忙把帝位传给了宋钦宗，自己称太上皇，连夜离开京城逃到南方避难。蔡京见军情危急，就与儿子蔡攸、童贯等以扈从徽宗南巡的名义，携带着金银细软，离开了京城，这引起了朝野上下的不满。太学生陈东首先上书，称蔡京等六人为"六贼"，而蔡京是"六贼"之首，要求把他们杀了以谢天下。宋钦宗虽然受过蔡京的保护，却也没有办法，只好把蔡京贬到儋州。

蔡京在去往儋州的途中，沿路的店家一听说是蔡京来买东西，都不肯卖给他。许多人甚至把他围起来，狠狠地骂他。依靠州县官吏的强制驱逐，蔡京的车轿才得以继续前行。蔡京哀叹说："没想到我失去人心竟然到了这种程度！"他认为这是因为自己贪恋荣华富贵，才到了今日这步田地。

靖康元年（1126年）七月，蔡京到了潭州（今湖南长沙），病死在一家寺院里，这年他80岁。

徽宗时期的中书侍郎侯蒙曾说："如果蔡京能够心术端正，即使古代贤良的宰相也比不过他啊！"蔡京的才能、智商确实非常高，只可惜没有用对地方，不但没有为国家做出贡献，反而造成了巨大的危害。

宋室南渡

公元1125年，金国的完颜宗翰、完颜宗望率领大军南下攻宋。徽宗吓得六神无主，赶紧把皇位让给他的儿子赵恒，这就是钦宗。钦宗不重用李纲等主战派，导致国都被金兵攻破。1127年，金兵俘虏了宋徽宗、钦宗两个皇帝和皇族、官吏二三千人，并满载着搜刮来的财物回北方去了。这就是历史上有名的"靖康之变"。

宋徽宗和宋钦宗被押回金国，囚禁在五国城（今黑龙江）。金兵在开封扶植了投降派头子张邦昌当傀儡皇帝，还给了他一个国号"楚"，想利用他来统治宋朝的百姓。

　　这时候几乎所有的皇室成员都被押到金国去了，只有康王赵构不在开封，逃脱了被俘的灾难。于是一批北宋的官员决定拥立赵构，让他登基继承皇位。

　　赵构是宋徽宗的第九个儿子。由于是地位不高的妃子所生，他在王室中的地位不高。因此，当金兵要宋朝王室人员去金国当人质的时候，他被选上了。不料金人也瞧不起他，一定要徽宗的第五个儿子到金国做人质，他才侥幸回到了开封。金兵第二次南侵时，到各地组织部队增援开封的苦差事又被派给了赵构。赵构离开了开封，来到河北，想不到这倒让赵构逃脱了被俘虏的噩运。等到开封沦陷，北宋灭亡，所有的王室子弟之中只剩下赵构一人留在中原，他理所当然地成为坚持正统思想的北宋朝臣们注目的中心。在人们心中，要选皇帝，除了赵构，没有第二个人选。

　　要赵构登基的呼声一天天强烈，可是赵构本人却还在犹豫不决。他对金兵怕得要死，担心当上皇帝会成为金兵对付的主要对象。何况金人还扶植了一个楚帝张邦昌。张邦昌有金人撑腰，也是个得罪不起的人物。

　　这个顾虑很快便打消了。张邦昌是金人扶植上台的，金兵北撤后，他立刻失去了依靠，大臣里面没有一个支持他的。张邦昌眼看当不成傀儡皇帝，便写信给赵构，表示愿意退位，拥戴赵构登基。赵构自然放下了张邦昌这一头的顾虑。

　　但是，要当皇帝，照例要有老皇帝的诏书任命。两位皇帝都被关在五国城，赵构怎能得到他们的同意呢？幸好在皇室里边还有一个长辈没被金人抓走，赵构可以取得她的同意，合法地即位称帝。

这位长辈就是宋哲宗的皇后元祐太后。元祐太后照理是徽宗的嫂嫂，也就是赵构的伯母。哲宗在位时，她被人陷害，被剥夺了皇后称号，出家当了女道士。因为她被赶出了皇宫，好多人都把她忘了，所以金兵搜捕皇室成员时，她也躲过了这场灾难。后来张邦昌为了收买人心，表示自己维护赵家正统，记起了她，把她接进了开封。

于是赵构上书给元祐太后，表示要她这位长辈出来垂帘听政。元祐太后当久了女道士，不愿再卷入政治斗争中去，便颇识时务地写了道诏书通告全国，要大宋子民拥护赵构登基称帝，重建宋朝江山。

一切条件都已成熟，赵构经过大臣们一再劝进，终于在北宋王朝的"南京"（今河南省内应天府）即位称帝，改年号为建炎。这位宋高宗赵构建立的宋朝政权，历史上称作南宋。

赵构的朝廷是个杂凑而成的政权。由于大敌当前，人心所向，赵构不得不任命拥护自己的德高望重的主战派人物李纲当宰相，任命宗泽当东京留守兼开封知府，让其到跟金兵相持的第一线主持抗金斗争。但是，赵构最相信的还是主张议和的黄潜善和汪伯彦，所以让他俩主持朝政和掌握军权，就连卖国求荣的张邦昌也因为让位有功，当上了太师。

这样的一套班子从一开始就有尖锐的内部矛盾。宋高宗和李纲在用人和定都两大问题上，意见很不一致。

李纲认为，高宗应该把以张邦昌为首的投降派统统明正典刑，而高宗却一再保护张邦昌，最后迫于朝廷内外的压力，只是罢了他的太师官职，贬谪到潭州便算了事。

过了不久，高宗想把都城迁到建康，模仿东晋偏安一隅，倚仗长江天险跟金兵对峙。李纲认为不行，指出历代中兴君主，都是立足西北而征服东南的。他主张定都应当首选关中，其次是襄阳，最后才轮得着建康。他还认为，高宗应该出巡开封，拜谒宗庙，安抚人心，招募天下英雄豪杰，打败金兵，迎回徽宗、钦宗，洗雪靖康年间的耻辱。

宋高宗本是个胆小怕事的人，李纲要高宗做"中兴之主"，对他的要求是太高了，他决不肯冒着生命危险去当什么"中兴之主"；至于迎回徽宗、钦宗，更触犯了高宗内心的最大忌讳——迎回了徽宗、钦宗，他就不能再当皇帝。这样的事，高宗当然不会应允。

李纲还像在钦宗时一样，左一个建议，右一个建议，终于建议得宋高宗心烦起来。宋高宗觉得李纲成了自己执行议和政策的障碍，便公开责备李纲："你天天跟我在这些小事上争论不休，这是为了什么？"这句话说出口之后，黄潜善、汪伯彦等人立即在高宗面前说李纲的坏话。有的说李纲功高震主，有的说李纲招兵买马是为了扩张自己的势力，还有的说李纲是金人最痛恨的朝臣，任用了他，金兵总有一天会以此为借口出兵。这些恶毒的攻击正好说中了宋高宗的心病，他最怕有人会夺了他的帝位。于是宋高宗更加重用黄潜善等人，并颁布了一份诏书，说李纲狂妄荒诞、刚愎自用、越权伤主，罢免了李纲的宰相职务。只当了75天宰相的李纲看到自己一片忠心反被误解，一气之下，连高宗让他当潭州、荆湖南路安抚使的任命也拒绝了。第二年他就郁郁病故，死的时候才58岁。李纲死后，高宗只追认他为少师，连国人皆曰可杀的张邦昌，当初都当过太师，可见在高宗的心目中，李纲连张邦昌都不如。

李纲初被罢相之时，当初在开封府领着太学生大闹皇宫的陈东又忍不住了，再次跟进士欧阳彻等人一同上书皇帝，替李纲打抱不平。他们在上书中指责皇帝黑白不分、是非不明：李纲是忠臣，不该罢免；黄潜善、汪伯彦奸佞误国，不当任用。宋高宗看了奏章，恼羞成怒，

立即下令把陈东、欧阳彻关进大牢，不久就把他们杀害了。

从此，投降派在朝廷占了上风，南迁之事再也没人敢反对。两个月之后，金兵并未南侵，前线并不紧张，宋高宗却把朝廷迁到了扬州，以后再往南迁，搬到了浙江临安，一个偏安东南的小朝廷终于出现了。黄河两岸广大的百姓，成为金人统治的对象，也成为南宋小朝廷苟安的牺牲品。

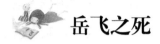

岳飞之死

高宗即位以后，始终抱有与金求和的打算。就在各地抗金斗争接连取得胜利的时候，高宗派出求和的使臣却络绎不绝。绍兴七年（1137年）年底，宋使王伦从金朝带回了议和条件：金朝要求南宋称臣、交纳岁币，作为交换，金朝答应废黜伪齐，归还徽宗帝后棺木和高宗生母韦氏，归还河南地。高宗得到这个消息，欣喜异常，屈膝求和的决心更加坚定。他于是再派王伦使金，与金朝商量具体的和谈事宜。

高宗议和的决定遭到了朝野上下的强烈反对，其中几位手握重兵的大将的意见对于和议能否顺利签订至关重要。绍兴八年（1138年）八月，高宗召韩世忠、张俊与岳飞入朝，希望说服他们至少不反对和议。张俊向来害怕金兵，在历次对金作战中都极力避免与金兵交锋，其为人又善于逢迎，所以马上表态支持议和。而韩世忠与岳飞则坚决反对，岳飞更是对高宗明确表示："夷狄不可信，和好不可恃，相臣谋国不善，恐贻后世讥议。"这番义正词严的话不禁使高宗对岳飞心生嫌弃。

其实，在此之前，岳飞已经在两件大事上冒犯了高宗。这位抗金决心最大的大将个性耿直，在战场上有勇有谋，而在政治斗争中却显得缺少心计，太不善于保护自己。

绍兴七年三月，宋廷解除了"中兴四将"之一的刘光世的兵权。高宗本来答应将刘光世率领的淮西军队拨给岳飞指挥，岳飞信以为真，以为这样一来，自己兵力将大增，所以他兴奋之余，立即提出要带兵十万，出师北伐。这正犯了高宗的大忌。所以高宗临时变卦，拒绝将淮西军队交给岳飞。对高宗的出尔反尔，岳飞十分愤慨，一怒之下，他竟然离开本军驻地鄂州，以为母守孝为名上了庐山。在高宗看来，这种行为分明是要挟君主，但当时金兵的威胁尚在，解除岳飞兵权的时机并不成熟，因此高宗不得不再三下诏，对岳飞好言抚慰，敦促其下山。六月，岳飞返朝，向高宗请罪，高宗表示对其宽恕的同时，引用太祖"犯吾法者，惟有剑耳"的话以示警告，言语之中已经暗藏杀机。

第二件事发生在同年八月。返朝不久的岳飞好心建议高宗早立太子。高宗的独子赵旉八年前夭亡，他又在扬州溃退时受了惊吓，失去了生育能力，但高宗时年才三十岁，内心仍抱有生育的希望，此时立太子，在他看来无疑是向天下暴露其难言之隐。宋朝的祖宗家法也规定武将不得干预朝政。所以岳飞的建议一下触犯了两大忌讳，更加深了高宗对他的忌恨。

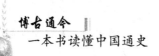

这两件事以及在抗金上毫不妥协的立场，为岳飞日后的命运埋下了祸根。

绍兴十一年（1141年）正月，兀术统领近十万大军卷土重来，直攻淮西。高宗命驻守鄂州的岳飞率军增援淮西，但岳飞援军尚未赶到战场，杨存中与刘锜、王德等已在柘皋大败金兵。张俊准备独吞战功，便打发岳飞等回军，不料兀术命孔彦舟回师攻陷亳州，并重创前来救援的杨存中和王德军，当岳飞率领的援军赶到时，金兵已安然渡淮北上。

岳飞两次赴援淮西，行动似乎都慢了一些，他向以用兵神速著称，这不能不说是极大的反常。究其原因，第一次据说是当时岳飞正患感冒，第二次则是军队乏粮，其中是否夹杂着对高宗阻挠他北伐的不满情绪，就不得而知了。但不管实际情况如何，这件事还是成了后来秦桧陷害他的口实。

绍兴十一年四月，高宗将张俊、韩世忠和岳飞召到临安，任命张俊、韩世忠为枢密使，岳飞为副使，名为升官，实际是夺去了三大将的兵权，三将所辖军队从此直接听命于皇帝。七月，秦桧死党万俟卨秉承上意，弹劾岳飞。他抓住岳飞曾经擅离职守、私上庐山以及没有及时应援淮西等事大做文章，并把张俊撤除淮东防务的事情栽赃到岳飞头上。岳飞意识到自己处境险恶，上书辞职，恳求高宗"保全于始终"，能放过自己，但高宗对岳飞的厌恶由来已久，根本不打算手下留情。

在高宗看来，除去岳飞，既可以使和谈顺利进行，又能震慑其他武将，收到杀一儆百的效果，真是一举两得。因此，他不惜违背"不杀大臣"的祖宗家法，于绍兴十一年十二月二十九日，亲自下旨，以毒酒赐死岳飞，张宪、岳云斩首。

孝宗北伐

　　宋孝宗赵昚是宋太祖的七世孙，赵德芳的后人。高宗在扬州逃跑时因为受到惊吓失去了生育能力，唯一的独子又在苗刘之变后死去，于是，他将赵昚收为养子。

　　赵昚被养在宫中将近二十年，却一直未被确定太子的名分，主要原因有三：首先就是高宗还是抱有幻想，想自己争取再生个儿子出来；其次是秦桧的强烈反对；再次是高宗的生母韦太后不喜欢赵昚，而喜欢另一个也养育在宫中的赵琢。直到韦太后死去，高宗使出了最后一招：他给两位准继承人每人送去美女十名，过了一阵又把她们召回。经过检查，他发现给赵琢的那十个美女都不是处女，而给赵昚的那十个美女都是完璧，（赵昚听从了史浩的意见）于是，他确立了赵昚的皇太子地位。

　　赵昚颇有抗金雄心，在做皇太子的时候就有所表现。绍兴三十一年（1161 年），完颜亮南侵，朝中多数大臣主张逃跑，时年 35 岁的赵昚十分气愤，主动上书，请求领兵与金兵决战。但经史浩的提醒，为了避免高宗起疑心，他再次上书，请求在高宗亲征时随驾保护，以表孝心与忠心。即位后，孝宗表面上不便对高宗妥协求和的政策明确表示反对，但在处理政事时，他一反高宗的做法，平反岳飞冤案，驱逐

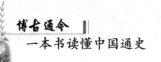

秦桧党人，起用一批被高宗贬黜的大臣，还积极联络北方抗金义军。绍兴三十二年（1162年）七月，也就是孝宗即位后的第二个月，他颁布手谕，召主战派老将张浚入朝，共商恢复大计。

隆兴元年（1163年），孝宗任命张浚为枢密使，都督江淮军马，负责抗金前线的军事指挥。此前，金人向南宋索取海、泗、唐、邓、商五州之地及岁币，被张浚拒绝。于是金朝屯兵虹县、灵璧，摆出一副马上要进攻南宋的架势，南北局势骤然紧张起来。张浚主张先发制人，立即进行北伐。此议一出，马上招来了主和派的强烈反对。此时的孝宗正是初生牛犊，锐气十足，北伐决心很大。当年四月，孝宗为了避开主和派的干扰，绕过三省、枢密院，直接命令李显忠、邵宏渊等出兵北伐。

北伐初期，宋军接连取得胜利，李显忠攻克灵璧、宿州，邵宏渊攻克虹县，金将蒲察徒穆、大周仁、萧琦等先后投降，北方人民纷纷响应，归附者络绎不绝。捷报传到临安，孝宗大喜，升李显忠为淮南、京东、河北招讨使，邵宏渊为副使。然而，就在宋军取得节节胜利的时候，军队内部的种种问题也暴露出来。首先是将领之间不和。邵宏渊为人心胸狭隘，争强好胜，孝宗任其为招讨副使，位在李显忠之下，对此他耿耿于怀。而张浚对这一问题又处理不当，听任邵宏渊不受李显忠节制，使宋军无法协调行动，统一指挥。其次，面对胜利，主帅李显忠产生了轻敌心理。攻克宿州后，他既不谋进取，也不做防守，终日与部下饮酒作乐。当有人向他报告金军万余人向宿州逼近时，他竟不以为然地说："区区万人，何足挂齿！"此外，李显忠在犒赏军士时有失公平，士兵三人才分得一千钱，每人平均只得三百余钱，无法调动士兵们的作战积极性。邵宏渊又趁机暗中起哄鼓噪，士卒怨怒，宋军一度高昂的士气被大为削弱。

就在宋军主将失和、军心浮动的时候，金人调兵遣将，大举进攻宿州。李显忠率领部下奋力抵抗，而邵宏渊当此紧急关头，仍不肯与李显忠合力守城，极力主张弃城撤退。李显忠知道邵宏渊对自己心存忌恨，不会援手，而仅凭自己所部孤军守城已不可能，只得放弃宿州，连夜南撤。二十三日，宋军刚刚退到符离，就被追击的金兵赶上。在金兵的围攻下，宋军再无抵抗之力，士兵们丢盔弃甲，惊慌逃窜，连同随军民夫在内的十三万人马伤亡殆尽，粮草物资也拱手送与了金军。李显忠、邵宏渊二将在乱军中逃脱，侥幸保住了性命。至此，历时仅二十天的北伐以宋军溃败而告终，这也是孝宗在位期间唯一的一次北伐。这次北伐虽然失败了，但毕竟是南宋历史上第一次主动出击，与以前穷于应付金人的进攻是不同的。

韩侂胄专权

南宋朝廷到了宋孝宗后期，不仅对外屈膝投降，内部也渐渐腐败起来。一些朝臣见皇帝不理朝政，只知享乐，便结党营私，争权夺利，甚至发展到更换皇帝，独揽大权的地步。宋宁宗赵扩继位后，立了崇国夫人韩氏为皇后。因当时朝中大臣韩侂胄是韩皇后的叔父，从此韩侂胄便仗着外戚身份干预朝政，争权夺势，拉拢党羽，诛逐异己，逐渐形成一人专权的局面。

早年，韩侂胄做过汝州防御使。当时韩侂胄认为自己拥立赵扩有功，对防御使之职十分不满，于是他把原因都归结到宰相赵汝愚的头上。许多朝臣看到韩侂胄贪欲过重，必成朝中之患，又见韩赵结怨，都说"祸从此始矣"。过了不久，赵扩想任命刑部侍郎京镗为蜀中节度使，宰相赵汝愚认为他的资历声望尚浅，表示反对。对此，京镗非常忌恨赵汝愚，便开始和韩侂胄勾结在一起。为了和宰相赵汝愚争夺朝中大权，韩侂胄大肆拉拢与宰相赵汝愚结怨的官员，并极力扶植自己的党羽先后占据言官等朝中要职，完全控制了朝中大臣向皇上进言的权力。眼见自己羽翼丰满，韩侂胄便开始下手逐除异己了。

当时，"理学"非常盛行，宋宁宗把理学大师朱熹提拔为侍讲，到宫中讲学。朱熹看不惯韩侂胄专权害政，便经常利用讲学的时机向赵扩恳切进言，列举韩侂胄的罪行。韩侂胄听说后，非常愤恨朱熹，就给朱熹安了"伪学祸首"的罪名，唆使赵扩罢免了朱熹的侍讲之职。

后来，韩侂胄仰仗外戚身份，常到丞相议政的都堂走动，连由宰相们处置的事他也要插手。左丞相留正见他这样指手画脚十分不满，就派小吏对他说："此处不是韩知阁每日来往之地。"为此，韩侂胄大怒，后来便借留正与宰相赵汝愚在宋光宗陵寝用地上发生争执的机会，向赵扩进谗言，把留正贬为建康知府。过了不久，吏部侍郎彭龟年接连上书弹劾韩侂胄，但赵扩非但没有相信他的话，反而将他罢了官。韩侂胄见赵扩对他非常宠信，从此在朝廷中更加骄横，于是就将宰相赵汝愚视为下一个打击目标。为此他与工部尚书赵彦逾和京镗等串通一气，向赵扩进谗言，诋毁赵汝愚结党营私，对宁帝心怀二心。接着，韩侂胄又指使右正言李沐禀奏赵扩，说赵汝愚以皇室同姓而居相位，将不利于社稷，请将他罢黜，以安天下，堵塞奸谋之源。开始时宁宗还不相信韩侂胄等人的话，后来见众人都弹劾赵汝愚，就相信了赵汝愚要谋反的诬告，罢免了赵汝愚的相位。

铲除了自己的强劲对手后，韩侂胄的地位更加稳固，更加炙手可热，他先后被宁宗加封为少傅、太师、平原郡王、平章军国事等要职。当时朝中一些小人见状攀附韩侂胄，纷纷得到了升迁，而韩侂胄靠着这帮家伙的支持独揽了朝廷的大权，更是作威作福，鼻息冲天。他在自己的私宅中置"机速房"，文武百官如同上朝一样，每日到他这里报到议事。他还假造御笔诏书，用来发出升黜将帅的命令，朝中之事不分巨细，不禀奏韩侂胄，谁也不敢做主。韩侂胄俨然一国之主，赵扩成了有名无实的皇帝。

过了几年，韩侂胄越来越不满足于既得的权势，他千方百计地煽动宁宗组织北伐，想给自己在历史上留下一个美名。为此，他让自己的亲信对北方的金国发动了进攻。开始时，宋军取得了一些小胜利，后来，金国派兵牢牢守住了战略要地，战场上的形势发生了有利于金国的变化。几仗之后，宋军惨败，金国要求宋朝割地、称臣。

这时候，南宋内部反对北伐的势力渐渐强大起来，紧接着韩侂胄的侄女韩皇后死去，韩侂胄失去了倚仗，于是在礼部侍郎史弥远的组织下，朝廷大臣纷纷上书，力陈韩侂胄倒行逆施，招致朝政混乱，边境形势危迫，请诛韩侂胄。当时就连金国皇帝完颜璟也要求宋朝献韩侂胄的人头，方答应归还淮陕之地。

赵扩虽依然庇护韩侂胄，但迫于金国和朝廷大臣的压力，无奈之下只好处死了韩侂胄。韩侂胄死后，他的众多党羽或是被杀死，或是遭贬职，都得到了相应的惩处。

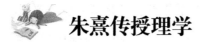 # 朱熹传授理学

朱熹是南宋时期著名的大思想家、大教育家。他早年出入佛道，31 岁正式拜程颐的三传弟子李侗为师，专心儒学，成为程颢、程颐之后儒学的重要人物。乾道三年（1167 年），偕学生林用中、范念德从福建赶赴岳麓书院，与张栻会讲三月，会讲的主要议题是"太极"和"中和"，然后同游南岳。朱张会讲，盛况空前，学生多达千人之众，其声势为全国之最，史称湖湘学派。自此之后，理学去短集长，臻于成熟。

淳熙二年（1175 年），朱熹与吕祖谦、陆九渊等会于江西上饶铅山鹅湖寺，是为著名的鹅湖之会，朱陆分歧由此更加明确。朱熹后来在庐山建立白鹿洞书院，订立《学规》，讲学授徒，宣扬道学。在潭州（今湖南长沙）修复岳麓书院，讲学以穷理致知、反躬践实以及居敬为主旨。他继承二程，又独立发挥，形成了自己的体系，后人称为"程朱理学"。

朱熹的理学成为中国专制社会后期的统治思想，对后世产生了巨大而深远的影响。他一生除有十多年做官从政外，其余的时间主要是讲学和著述。

那么朱熹所说的"理"到底是什么呢？我们以一个小故事来表现：

一天傍晚，朱熹和他的一个学生在山间的小路上一边散步，一边谈话。学生问他：

"先生，您传授理学，为的是什么呢？"

"为了存住天理，灭掉人欲呀！"朱熹说。

"那么，什么是天理呢？"

"天理包罗的可广啦！天地万物、人、朝廷、道德，都包含着天理呀。"

"那么，什么是人欲呢？"学生又问。

朱熹一板一眼地说："人欲，简单地说，就是耳、目、鼻、口、四肢的欲望。比如，耳朵想听美妙的音乐，眼睛想看美丽的颜色，鼻子想闻芬芳的气味，嘴巴想吃美味的佳肴，身体想躺舒服的床铺，如此等等。"

学生不由得睁大了眼睛，问："这些难道不合理吗？"

朱熹笑了笑，慢慢解释道："这些欲望是不是合理，有一个界限。比如，夏天穿得薄一点，冬天穿得厚一点，渴了喝水，饿了吃饭，这都是合理的要求，也就是天理。但是，你如果想穿得精美一点，吃得好一点，这就超过了界限，变成不合理了。"

"这个界限怎么定呢？"

朱熹说："可以这样说，人的一言，一语，一动，一坐，一立，以至喝水，吃饭，都有是非之分。符合礼的，就是天理；不符合礼的，就是人欲。"

学生说："请先生说个具体的例子吧。"

"比如，古代举行祭祀祖先的典礼用八个行列的舞蹈队，对于天子来说，就是'天理'；可如果一般的官员也要这么做，这就是'人欲'了。"

学生恍然大悟说："先生，我总算明白了：社会上各等级的人有不

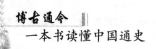

同的天理和人欲。国君和官吏享受荣华富贵，是'天理'；穷百姓如果也想享受荣华富贵，就变成了'人欲'。每个人都安于他自己的地位，富贵的安于富贵，贫贱的安于贫贱，大家都不违反'天理'，天下不也就太平无事了吗?"

"对了，你真聪明!"朱熹满面笑容地说。

现在看来，朱熹关于天理人欲的这一套克制压抑的思想有不少荒谬可笑之处，不过，我们也应明白，他要人们安于现状、不要为改善自己的生活而斗争的思想，最适合中国传统农业社会的统治。

从元朝开始，理学成为官方钦定的统治思想，对人们的日常生活、一言一行都有极大的约束作用。后人看到理学发挥了跟宗教相近的作用，所以就把理学称为"儒教"。

襄阳保卫战

在宋金交战的时候，北方的蒙古强盛起来，公元1234年，蒙古灭金。1271年，忽必烈定国号为元。

1267年，忽必烈派大将阿术和南宋降将刘整带兵发动了对南宋的进攻。

这一次，忽必烈改变了以往蒙哥三路分击的战略，单从襄阳、樊城一线进军。樊城和襄阳位于汉水上，是南宋抵挡北方进攻的屏障，

如果襄阳失守，元军就会从汉水抵达长江中游的鄂州，然后顺流而下，直达南宋政治中心江南地区，这条路线，确实是攻下临安的捷径。

刚抵达襄阳城外，阿术采取了刘整的计谋，向襄阳守将吕文德送去大量贿赂，要求在襄阳以北开设集市。吕文德贪图小利，上报朝廷后答应了阿术的请求。于是，阿术在两国边界上筑起了一个个土围子，名义上是修集市，实际是在土墙掩护下建筑工事。

吕文德的弟弟、襄阳知府吕文焕看清了元军的阴谋，向哥哥提议撤除集市，但是吕文德却以为襄阳兵精粮足，守上十年也没问题，要吕文焕不必大惊小怪，听凭元军由点到线，筑起了包围襄阳的工事。

阿术看到陆路的准备工作已经完成，便让刘整打造了五千艘战船，训练出七万水兵。当元兵的船队出现在汉江上的时候，对襄阳的全面包围已经形成，一场旷日持久的围城战就开始了。

开始的时候，吕文德还能支撑，等到忽必烈又派史天泽带兵到襄阳增援，在襄阳筑起一道长长的围墙，在沿墙的山头筑起城堡，并派重兵把守，截断了宋兵与南宋地区的联系时，形势才紧张起来。吕文德不断派人去临安报急，可是贾似道却把奏报压住，也不派兵增援，襄阳的守军日子就越来越困难了。

襄阳被围了三年，宋度宗才知道这件事，便派兵前往襄阳解围。可是，领兵的夏贵两次乘船来到襄阳城下，只跟吕文焕讲了几句话，便从原路退走了，根本不敢跟元军作战；另一位贾似道的亲信范文虎，跟着夏贵又来到襄阳，看到夏贵的水兵被元军打败，吓得回头就跑。襄阳依然在重围中挣扎。

不久，吕文德病死，襄阳没有了主将。围城日久，军需也日渐困难。于是朝廷调两淮的守将李庭芝前往支援襄阳。李庭芝是南宋著名

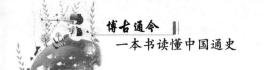
的将军，坚决主张抗元，他不顾范文虎的牵制，率兵支援襄阳。

襄阳守军见援军来到，乘机出城，大败元军，把运来的军械接进城中。

襄阳被围五年，元军一直无法攻下这座城池。城里已经缺衣缺粮，守兵们拆了房子，把木料当柴烧，没有衣服，便用纸做衣服穿。军民们都急盼朝廷能派援军到来，可是南宋朝廷里的权臣们全然不顾襄阳军民的困难，一直没有派出像样的援军。

忽必烈见小小的襄阳攻了五年还未攻克，便广招贤才，征求破城的办法。一位元将献上郭侃造的回回炮，这是当时最具威力的攻城火器，忽必烈立刻把回回炮运到了襄阳城外。

回回炮果然威力无比，在攻樊城的战斗中，几声炮响过后，樊城的外城墙就被炸开了一个大缺口。元军蜂拥而入，但是宋军坚守阵地，不肯后退，宋军的援军也过江前来增援，元军被打败，逃出外城。攻城的元将张弘范也中了宋军一箭。

张弘范受了伤，脑子倒清醒了。他找到阿术，建议说："襄阳和樊城之间的汉江上有一座铁索桥把两地连成一体。我们无论攻打哪一座城，他们都能通过铁索桥互相支援。我们要先分割两城，才能攻下襄阳。"

按照张弘范的办法，阿术集中兵力，乘船从两侧向宋军把守的铁索桥发动了攻击。他们用利斧砍断铁索，烧掉了木板，切断了襄阳和樊城的联系，然后集中兵力攻打汉江以北的樊城。

就这样，历时五年的襄阳守城战以元军的胜利而告终，南宋已到了灭亡的前夜。

第六章

元代卷

公元 12 世纪左右，蒙古高原一片混乱，仇杀征战此起彼伏，直到后来在世界一百名人榜上赫赫有名的成吉思汗的出现。这位杰出的军事天才、政治天才在统一蒙古后，率领蒙古军队对世界发动了冲锋，一时间，天下束手，群雄臣服，整个欧亚大陆都震慄在蒙古铁骑的马蹄声中。当时，这个具有天生战士的马背民族军事天才辈出，八方四野无人敢将其锋芒。

然而，就在下层将士浴血冲杀的时候，蒙古上层贵族围绕权力进行了丝毫不逊于汉人宫廷的惊心动魄的斗争。托雷之死，窝阔台之死，三王之狱……为我们揭开了蒙古上层权力斗争的冰山一角。

成吉思汗被尊封为太祖，但他在世时未能完全征服中国。真正君临华夏，建立元朝，结束对峙，一统山河的是他的孙子元世祖忽必烈。在史书上，世祖是个有作为有远见的皇帝，他采用汉学统治天下，名扬西方的《马可·波罗行纪》记述的也是元代的繁华气象。中国传统的文化科技事业也没有因为这个当初连文字都没有的民族的到来而中断，蒙古人没人像雅利安人征服印度以后就灭绝了本地文化，没有像阿拉伯人征服中亚就强迫中亚人信奉伊斯兰教，相反，孔子的地位恰恰是在元代达到了空前的高度，各种宗教学说也在元代和平共处、其乐融融，元曲的成就与魅力今天仍令我们叹服。

成吉思汗诞生

1162 年，在蒙古大草原上，蒙古帝国的开国君主、著名的军事统帅成吉思汗手握血块来到人间。

《蒙古秘史》说他"降生时，手握血块大如髀石"。髀石是羊、猪、狍子、獐、鹿等兽类腿骨和胫骨相连的一块骨头，俗称"背式骨"。《元史》的编纂者说成吉思汗出生时"手握凝血如赤石"。"髀石"也好，"赤石"也罢，都是不可能的事，因为古人习惯给帝王的出生加上传奇色彩，编造出这种异于常人的"祥瑞"，以示上应天命。

成吉思汗的父亲也速该是蒙古乞颜部的首领。成吉思汗出生这一天，他外出作战，俘获了蒙古人的世仇塔塔儿部的首领铁木真兀格，为了纪念这次重大胜利，也速该与其妻诃额仑商量，按照蒙古人的命名习惯，给新生儿取名铁木真。铁木真，汉语是"铁化的"的意思。也速该当然也希望自己的长子如钢铁般坚强。

按当时蒙古人的习惯，只能与异族通婚。不是抢夺异族的女子，就是到别的部落去说亲。诃额仑就是被也速该抢来成亲的。有一天，也速该鹰猎于斡难河上，在一车辙内见了诃额仑的尿痕，就知道"此女子必生一贵子"。他叫来弟兄帮忙，把诃额仑抢来成为自己的妻子。当时诃额仑还有自己的新婚丈夫呢！据说诃额仑被抢时哭得"波荡斡难河，声震林荫川"。

铁木真九岁时，也速该带他到他舅舅的弘吉刺部去求亲。半路上遇到弘吉刺部的一位贤者，名叫德薛禅。德薛禅知道情况后对也速该说："亲家（两个氏族通婚姻者互称），您的儿子目中有火，面上有光，日后必贵。昨夜我做了一个离奇的梦。梦见白海青攫着日月落在我的手上。日月高高在天，只能仰望；如今白海青却把它攫取来给我，这是何等的奇异，何等的幸运！您领着儿子来到我这里，正与梦境相应。此梦大概是贵族神灵来告吧！"也速该点头称是。

德薛禅大概看中了英俊聪敏的铁木真，有意要和也速该攀亲，才编出这样一个玄妙的梦来。

德薛禅又说："我们弘吉刺部有的是美貌女子，做后妃者不乏其人。亲家，请临我家，我有小女，亲家不妨一观。"也速该听罢大笑。"及观其女，则其面有光，目有光华"，"观而中意焉"。爷俩住了一夜，第二天即向德薛禅求婚，定了这门亲事。也速该送给德薛禅两匹好马为聘礼，留下铁木真入赘后回家。这女孩比铁木真大一岁，名叫孛儿帖兀格。

不久，也速该被塔塔儿人毒死。铁木真回到自己的部落。

铁木真长大后，就去找岳父德薛禅。德薛禅马上给女儿办了婚事。孛儿帖的母亲搠坛拿出一件黑貂皮袄，送给女儿作陪嫁。老两口亲自护送女儿、女婿回铁木真的孛儿只斤部。德薛禅送了很远才返回自己的牧地，搠坛却到孛儿只斤部落拜见了亲家母。

孛儿帖在铁木真建立蒙古帝国的过程中起了极其重要的作用，她是铁木真言听计从的"高参"。后来铁木真所收纳的妻妾，一有机会就伴驾远征，而孛儿帖始终留守蒙古大营。她是铁木真始终敬重的夫人，

她和铁木真配合而有默契，协力同心，完成了惊天动地的事业。也就是德薛禅一个谎梦，使孛儿帖在史书上成了"光献翼圣皇后"。

1189年，二十八岁的铁木真被蒙古乞颜部贵族推举为汗。

此后，铁木真相继击败了塔塔儿、乃蛮、克烈等部，统一了蒙古。

 # 西征花剌子模

1206年春，蒙古贵族在斡难河源召开大会，推举铁木真为大汗，尊称成吉思汗，建立蒙古政权。1219年，成吉思汗扬鞭策马，踏上了万里西征之路。在蒙古铁骑向西挺进的征途上，首当其冲的是地处中亚的花剌子模帝国。

花剌子模是中亚古国之一，位于阿姆河下游。当时,成吉思汗的军队总数不足二十万，但军威严整，战斗力很强，花剌子模虽然拥有军队四十万，但组织涣散，士气不高。

1219年秋，成吉思汗率军抵达讹答剌城下，城内花剌子模国军队拼死抵抗。经过五个月的苦战，蒙古军攻破城防。蒙古军杀掠之后，把城市夷为平地，残暴地将守军将士的眼睛挖空，往其耳朵里灌银水，将其折磨至死。

成吉思汗于1220年二月抵不花剌（不花剌是花剌子模在中亚的大城市），守卫该城的是上万名骑兵和数万步兵。蒙古军进行了连续不断的进攻，守将率领骑兵奔逃，结果蒙古军追至阿姆河附近将其歼灭。

攻占不花剌后不久，成吉思汗的三个儿子察合台、窝阔台和术赤先后率军抵达玉龙杰赤（今土库曼境内）。玉龙杰赤是花剌子模国的旧都，跨阿姆河两岸，中有桥梁相连。三千蒙古精兵欲夺桥梁，结果全被守军杀死。后来，成吉思汗亲自指挥，激战九天九夜，蒙古军终于攻克该城，除妇女、儿童被掠为奴婢外，其余人被尽数屠杀。蒙古军又决阿姆河河堤，放水灌城，藏在城中的人全被淹死，昔日繁华的玉龙杰赤变成一片水乡泽国。

花剌子模国国王摩诃末带着少数侍从逃往可疾云，后来又逃到里海中的一个小岛上。1220 年年底摩诃末死于该岛。

摩诃末遁逃后，其子札兰丁继位。

札兰丁组织人马，在哥疾宁集结，打败了数万进攻的蒙古兵。成吉思汗闻讯，调集已攻下玉龙杰赤的察合台和窝阔台到哥疾宁会师，自己亦率中军前往。在路经范延时，遭到该地居民的抵抗。据志费尼《世界征服者史》说，"双方均使用弓矢弩炮。忽然，从该地百姓的毁灭者，那天命的拇指上，一支方镞箭竟毫无耽误地飞出城来，射中察合台之子、成吉思汗的爱孙（篾惕干）。蒙古军加紧攻城，把它攻克。成吉思汗下令把所有的动物，从人类到牲口，杀个精光；不许留下俘虏，哪怕是孕妇肚内的胎儿也不得放过。今后不许动物居住在这个地方。给它取名叫卯危八里，波斯语义为'歹城'。时至今日，没有动物在其中安居"。据说在这次战斗中，成吉思汗"光着头"，亲负矢石参加战斗。由于他身先士卒，这个小城很快被攻下。

札兰丁得知成吉思汗汇集大军来攻的消息，不敢恋战，放弃哥疾宁退到申河。成吉思汗探知札兰丁去向，连夜急驰，在申河前形成一个半月形的包围圈。成吉思汗事先下令："不准发箭，要活捉札兰丁。"札兰丁率领七百名中军越战越勇。当他意识到击败蒙古军毫无希望时，便挥兵向蒙古军猛冲，迫使其退却；接着他急驰向后，自负盾牌，手持军旗，纵马一跃，连人带马投入申河。成吉思汗飞马赶到河岸，见札兰丁凫水欲遁。部下要放箭射死水中的札兰丁，成吉思汗很佩服这位英勇的年轻人，不让放箭。他指着札兰丁对站在自己周围的儿子说："生子当如斯人！"札兰丁带领随他过河的军将们逃入印度。成吉思汗知道后，说："他既能从这样的战场上逃生，日后定能完成许多事业，惹起无数乱子"。果然几年以后，札兰丁在印度卷土重来，但最后还是败在窝阔台汗的手下。

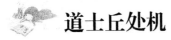

道士丘处机

烈士暮年，壮心不已。在西征中，年已花甲的成吉思汗似乎没有退休的念头，终身干下去是肯定的了。他还想长生不老。他听他的御医刘仲禄说，有个叫丘处机的老道很长寿，于是就命刘仲禄请丘处机来，想要点长生药。

丘处机（1148—1227），字通密，号长春真人，登州栖霞人。从十九岁起就跟宁海（今山东牟平）昆仑山全真道祖师王喆学道。蒙古兴起后，山东为蒙、宋、金三方角逐之地，丘处机隐居栖霞山中，成为各方罗致的对象。宋、金分别来召，他都托故未赴。1219 年，成吉思汗在西征途中遣刘仲禄到山东莱州敦请。诏书说得特别诚恳，丘处机被感动了，于是随刘仲禄上路。

1220 年四月，这位老人终于到达大雪山（今阿富汗兴都库什山）脚下的成吉思汗大营。成吉思汗立即接见，说："您不应他国的征召，不远万里来到这里，我很高兴。"丘处机回答说："山野之人，奉诏来见陛下，此是天意。"

成吉思汗闻言大悦，命赐坐。随后他迫不及待地问道："真人从远方来，可有能使我长生的药？"长春真人正襟危坐，回答道："世人多有益寿延年之方，断无长生不老之药。"

成吉思汗巴望了两年，得到的竟是这种回答，太叫他失望了，但他很赞赏丘处机的诚实。在大营里，丘处机为成吉思汗讲道三次，内容大致有三：长生之道，清心寡欲；一统天下，不嗜杀人；为治之方，敬天爱民。成吉思汗很赞许这些主张，对左右的人说："神仙三说养生之道，我甚入心，慎勿泄于外。"其后他对丘处机不直呼其名，而以"神仙"称之。特许丘处机入帐不行跪拜礼，折身叉手即可。

这一年，成吉思汗在一次围猎中追击一头野猪。不料马失前蹄，把成吉思汗掀下马背。这头野猪却没有扑上来撕咬，而是站在那里呆呆地望着这位落马者。

众将领赶来，赶跑野猪，救起成吉思汗。随行的丘处机借机劝谏说："天道好生。现在陛下春秋已高，还是少猎为宜。此次坠马，是上天示警；野猪不敢向前，是上天保护陛下。"成吉思汗说："您的话很对。但是我们蒙古人一辈子做惯了的，怎能一下子改掉呢？"蒙古人的行猎，多是军事演习，成吉思汗当然不愿也不能放弃。

1223 年 2 月，丘处机启程东返，基本上按原路回到燕京，住于燕京的长春宫。丘处机死后就葬于该宫处顺堂，即今北京白云观。

丘处机西行，以全真教的教义劝说成吉思汗少杀生灵，但结果对成吉思汗的影响不大。不过，自此以后全真教却得到了迅速发展。成吉思汗任命丘处机总管天下道教，免除全真教徒赋税差役，可以招致流离失所的百姓。

贤相耶律楚材

成吉思汗统一蒙古后，领兵攻打金国。这时他求得了一位杰出的人才，此人在日后蒙古王朝的发展中起到了重要作用。这个人就是伟大的政治家耶律楚材。

金章宗明昌元年（1190 年），耶律楚材诞生于燕京。他是契丹皇族的后裔，辽国东丹王耶律突欲的八世孙。他的父亲耶律履是一个汉化程度很深的大学者，60 岁时才得到耶律楚材。耶律履非常珍爱自己的这个幼子，对亲人说："这是我家的千里驹呀，他以后一定会成为伟才大器的。"他还根据《左传》中"楚虽有材，昔实用之"这句话给新生的儿子取名为"楚材"。

耶律楚材三岁的时候，父亲便去世了，他在母亲教导下长大。他自幼勤奋好学，13 岁时开始学习诗书，17 岁时便已无所不读，无所不知，文章也写得棒极了。耶律楚材热爱儒家思想，所以他渴望有机会施展抱负，实现"兼济天下"的理想。机会很快就来到了。成吉思汗在攻打金国时，听说了耶律楚材的名声，便在汉北召见了他。耶律楚材身材高大，声音洪亮，一把漂亮的胡子挂在胸前，颇有风度。加上他谈吐得体、见识不凡，成吉思汗非常赏识他，称他为"吾图撒合里"（蒙古语"长髯人"的意思），让他留在身边，以便随时向他请教咨询。

耶律楚材强调"以儒治国"。他的这一主张遭到善于造弓的西夏人常八斤的嘲讽。他挖苦耶律楚材："国家正在用武之际，你却说以文治国，要你有什么用呢？"耶律楚材听后并不生气。他微笑着说："造弓需要巧手和工匠，治理国家也需要能治天下的巧匠。"成吉思汗十分赞同他的观点，指着他对自己的继承人窝阔台说："这个人是上天赐给我们的宝贝。你以后要将国家大事托付于他。"

窝阔台继承汗位后，果然十分重用耶律楚材。当时一些蒙古大臣向窝阔台建议："我们抓住了汉人也没有什么用，不如把他们全部赶走或杀死，把中原也改成同我们蒙古一样的牧场。"耶律楚材听到这种目光短浅的愚蠢建议后，极力劝阻窝阔台。他说："维护汉人原有的农业、手工业生产，我们可以得到许多的钱粮、赋税，这样我们打仗时就不怕供应不足了。这样的好事何乐而不为呢？"窝阔台同意了他的意见。

在严酷的战争中，耶律楚材还特别注意保护人口，帮助百姓避免不必要的伤害。蒙古统帅速不台攻占了金朝首都汴京后，向窝阔台进言，要求按照惯例进行屠城。耶律楚材听说后，骑着快马来到窝阔台面前，劝说道："大汗攻打天下，争的就是土地和人民。如果把人民全部杀死，那些土地谁来耕种，放牧呢？我们需要的能工巧匠也全部失去，那我们除了一座空城就一无所得了。"窝阔台觉得耶律楚材说得很有道理，便决定只向金朝皇族完颜氏问罪，其余的人都宽免。聚集在汴京的147万人才活了下来。后来，蒙古平定了河南，被抓住的金人到处逃亡。窝阔台很恼怒，发出命令：谁要帮助逃民就全家视为犯法，连乡社里的人都要连坐。严酷的法令使许多逃民都死在路上。耶律楚材也劝说窝阔台解除了这些禁令。这些宽大的政策，在蒙古大军攻取其他城市时都得到了沿用，并逐渐成为一种定例。

耶律楚材在帮助窝阔台治理国家的过程中，一步一步实施自己"以儒治国"的方略，在政治、经济、文化等各方面做了许多事情。蒙古灭亡金国以后，蒙古朝廷准备整编中原户口。耶律楚材力排众议，坚持中原地区以户定赋。窝阔台准备把攻占的土地按照蒙古的传统分封给王室以及有功的大臣。耶律楚材则认为，分割土地最容易出现问题，不如多给大家金银财宝。他还帮助窝阔台制定了针对中原地区的赋税制度。这些赋税都很轻，有利于中原地区的休养生息。窝阔台觉得耶律楚材是一个难得的人才，同意了他的所有建议。耶律楚材还告诉窝阔台，"马上得天下"却不能"马上治天下"。在他的大力倡导下，蒙古王朝开始大量任用文臣，设立国子学编集经史，招考儒生。耶律楚材为保存中原文化做出了巨大贡献。

但是，耶律楚材的治国方针不可避免地触犯了蒙古守旧贵族和西域商人的权益。因此，他遭到守旧势力的不断攻击。而耶律楚材也不屈不挠同这些攻击进行了斗争。耿直的他有时连窝阔台都敢于顶撞。有一次，他秉公审理案件，抓了一名窝阔台宠信的通事（翻译员）。窝阔台非常恼火，命人把耶律楚材绑了起来。但窝阔台到底是一个明智的君主，过了一会儿，等怒火平息，便觉得这样做很不妥当，便命令侍卫把他释放了。可是倔强的耶律楚材不肯让别人解开他身上的绳子。他昂着头对窝阔台说："我是辅国大臣，陛下命人捆绑我，一定是因为我有罪，那就应该告诉众位大臣我错在哪里。现在又要释放我，表明我没有罪。陛下身为一国之主，怎么能这样轻易反复，像小孩子一样呢？这样的话，国家发生大事，怎能处理呢？"一番话说得在场的大臣都大惊失色，生怕窝阔台生气要惩治他。谁知窝阔台满面通红，沉默了片刻，竟向耶律楚材承认了自己的不是。自此，窝阔台更加敬重自己的这位贤臣了。

1241年，窝阔台由于饮酒无度而死去，皇后乃马真氏控制了朝政。她对公正无私的耶律楚材怀恨在心，不断地排斥打击耶律楚材，不让他参与朝政。三年后，忧愤成疾的耶律楚材便与世长辞了。

消息传出，举国悲哀。老百姓们都好像丧失了自己的亲人，汉族的士大夫都流着眼泪来凭吊这位有特殊功劳的契丹政治家。然而他的政敌却乘机散布谣言，说他当宰相时，把天下一半的贡赋都弄到了自己家中。然而调查的结果却表明：耶律楚材的府第中除了十几张琴和一些书画、金石、遗文等，并没有其他财物。政敌的谣言不攻自破，耶律楚材的高尚情操再次令人赞叹不已。

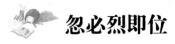

忽必烈即位

忽必烈是成吉思汗的孙子，拖雷的第四个儿子，蒙哥汗的弟弟。他雄才大略，知人善任，改大蒙古国号为元，是元朝真正的创业之主。

蒙哥即位后，让弟弟忽必烈掌管中原的军事和行政事务，并主持攻打南宋。忽必烈治理中原时重用儒士，很得人心，招致蒙哥汗的猜忌，一度被召回漠北。但不久又因军事斗争的需要，被重新派往中原配合蒙哥攻宋。

公元1258年，大蒙古国兵分三路攻打南宋。蒙哥自己率领主力攻四川，忽必烈攻鄂州（今湖北武汉），兀良哈台从云南攻打潭州（今湖南长沙）。正当忽必烈攻打鄂州的紧要关头，忽然传来蒙哥去世的消息。原来，蒙哥在攻打合州时，不幸为炮石所伤，死在了钓鱼山下。部将都劝忽必烈火速返回蒙古，以防政局突变。忽必烈却说："大汗先前和我约好东西并举，现在鄂州唾手可得，怎能无功而返呢？"正值此时，忽必烈又接到妻子从漠北发来的密报："京城阿里不哥有变，望迅速北返。"这一来，忽必烈才慌了手脚。正好这时南宋宰相贾似道派人来议和，忽必烈将计就计，匆匆跟南宋签订了和议，便马上率军北返。

阿里不哥跟一大批蒙古贵族关系亲近，又得到了西部一些汗国的支持。他们都反对实行"汉法"，主张用蒙古的旧法来统治中原地区。

阿里不哥知道忽必烈素来有当大汗的野心，实力也能跟自己抗衡，所以加意防范忽必烈。蒙哥一死，阿里不哥马上任命支持他的人担任各级官员，并派脱里赤和阿兰答儿分别占领燕京和陕西一带，准备阻止忽必烈北上。

忽必烈的妻子得到了这一消息后，马上报告了忽必烈。正在北返途中的忽必烈立刻召集跟随他的诸王、大将和谋士们商量对策。谋士郝经说："阿里不哥已经开始行动了。大王虽然有重兵，但是，如果他宣称有大汗的遗诏，先即位了，我们还能回去吗？"随后他给忽必烈献了一条妙计：一方面派一支军队去接蒙哥的灵车，争取把大汗的宝玺夺过来；另一方面派军队夺取并守卫燕京，同时通知各王到和林去参加丧礼。

1260年春，忽必烈到达自己的根据地开平。他的大将廉希宪和商挺私下对他说："先下手为强，后下手遭殃。机会丢失了，就再也找不回来了。"恰在这时，阿里不哥派人通知忽必烈去和林参加会葬蒙哥的仪式。忽必烈知道这其中一定有阴谋，没有理睬阿里不哥，抢先在开平召开了选举大汗的忽里台大会。在塔察儿、也先哥、合丹、末哥等王的拥护下，忽必烈登上了大汗的宝座。

消息传到和林，阿里不哥大吃一惊，他没想到忽必烈竟不守蒙古国只能在和林召开忽里台的制度，以不合法的手段先登了汗位。无奈之下，他在同年四月也召开忽里台大会，宣布自己为大汗。

常言道："天无二日，国无二主。"一个蒙古国出了两个大汗，那怎么能行呢？看来只有通过武力来决一雌雄了。

当时，东部的王都支持忽必烈，西边的王中，有的支持阿里不哥，有的支持忽必烈。而且忽必烈还统治着中原，有强大的经济实力作后

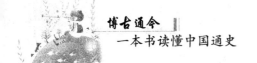
盾。忽必烈亲自带领大军，直扑阿里不哥的老巢和林。阿里不哥粮马匮乏，哪里是忽必烈的对手？他自知不敌，慌忙弃城逃到谦州（今叶尼塞河上游南）。忽必烈很快占领了和林。阿里不哥怕忽必烈追来，就使了一个缓兵计，派人向忽必烈认罪，说他愿意投降，等他把马儿养肥了，再同其他王一起拜见忽必烈。忽必烈认为阿里不哥这样做，一定是谋士在后面出的诡计，就对使者说："你回去告诉我的弟弟，就说我相信他的话，原谅了他。如果他有诚意，就快快来见我。"但阿里不哥始终不来，忽必烈等不及了，就派也孙哥驻守和林，自己先回开平去了。

公元1261年秋天，阿里不哥养肥了他的战马，又纠集了一批部队，发兵南下。他派人到也孙哥那儿，假意说是来投降。也孙哥信以为真，没有做打仗的准备，结果阿里不哥发动突然袭击，把和林夺了回去。忽必烈知道后，马上又带兵北上。两军在昔木土脑儿（今蒙古苏赫巴托省南部）相会，结果阿里不哥又被打败，逃回和林。可是这时，原来支持阿里不哥的阿鲁忽王也起兵对付他，阿里不哥被迫逃到新疆。

后来，阿里不哥又打了多次败仗，加上蒙古高原发生了饥荒，原先支持阿里不哥的各王，纷纷跑到忽必烈那儿去了。公元1264年，走投无路的阿里不哥不得不向忽必烈投降。至此，忽必烈巩固了他的汗位。

从历史长远来看，忽必烈和阿里不哥的争位战争对蒙元历史的意义，远远超出了由谁来继承大汗宝座这个问题本身。一方面，忽必烈依靠汉地资源战胜阿里不哥，为蒙古把统治重心南移，加快采纳汉法，建立对中原的秩序化统治，提供了一次恰逢其时的契机。另一方面，蒙古统治重心的南移，必然也给大蒙古国的政治地理结构以重大影响。

为了确保蒙古对本部的有效统治，忽必烈不得不逐步放弃对大蒙古国位于西域的两大汗国的直接统治。可以说，忽必烈建立元朝，成为中原的正统王朝，就是大蒙古国分裂的开始。

名臣脱脱

脱脱（1314—1355 年），字大用，蒙古人。其父聘请浦江吴直方做他的老师。日子一长，他对老师说："让我终日正襟危坐地读书，不如每天记住一些古人的嘉言善行，可以一辈子受用。"老师对此感到很惊奇。

至元四年（1338 年），脱脱做了御史大夫。当时脱脱的伯父伯颜为右丞相，专权自恣，罪行累累。脱脱觉得这样下去有灭族的危险，就对马札儿台说："伯父骄纵已甚，万一皇上震怒，我们这个家族可就全完了。应当在他未败时请他下台。"马札儿台觉得这话很对，但还是下不了决心。他又向老师吴直方请教。吴直方说："古人说'大义灭亲'，你身为御史大夫，只要忠于国家，有什么好顾虑的呢？"于是，脱脱与元顺帝定计，驱逐了伯颜。

至正元年（1341 年），脱脱任中书右丞相，一反伯颜旧政，史称"脱脱更化"。他采纳老师吴直方的意见，恢复科举取士。伯颜为政时，信奉西番师婆界界。有一次界界给他算命，说他将来一定会死在南人

手里，于是他提出要杀尽张王李赵刘五姓的汉人和南人，以杜绝隐患，使得民族隔阂加深。而脱脱的这一措施对于笼络汉族知识分子，消除民族隔阂，有一定的积极意义。他选儒臣欧阳玄、李好文、黄溍、许有壬等，每五个月为元顺帝妥懽帖睦尔讲一次课，动员元顺帝"读五经四书，写大字，操琴弹古调"，使得元顺帝向往汉文化。总之，他要纠正伯颜擅权时"变乱祖宗成宪"的倒行逆施，缓解了社会的危机。当时，"中外翕然称为贤相"。

至正十四年（1354年），张士诚起兵占据高邮，称诚王，建国改元。元顺帝命脱脱总制诸王诸省军马，前往镇压。元顺帝授予脱脱"黜陟予夺一切庶政，悉听便宜行事；省台院部诸司，听选官属从行，禀受节制"。其权力可以说超乎寻常。同时西域、西番亦皆发兵前来助战。"旌旗累千里，金鼓震野，出师之盛，未有过之者。"

由于脱脱全力进攻高邮，城中已经支持不住了，张士诚准备投降，但又恐罪在不赦，只好硬撑；脱脱也觉得功在眼下，志在破城。

正在这时，元顺帝诏书下，削去脱脱官爵并令其交出兵权。由于临阵易将，元军大乱。张士诚乘机出击，大获全胜。百万元军一时星散，无所从者，多投红巾军。高邮战役是元末的一个重要转折。从此，元朝军队失去镇压起义军的优势，起义军得到发展壮大。

至正十五年（1355年），在朝的小人认为元顺帝对脱脱的处分还是太轻，又唆使元顺帝将其发配到云南大理宣慰司的镇西路。十二月，哈麻令人将脱脱鸩杀于贬所。脱脱死时年仅四十二岁。

一代名臣竟死于谗奸小人之手。《元史》曾感慨地说："功施社稷而不伐，位极人臣而不骄，轻财货，远声色。虽古之有道大臣，何以过之！"

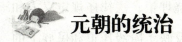

元朝的统治

　　元朝是横亘欧亚的大帝国，并不以中国为重心。这是与前此外族统治中国大不相同的一点。元朝的政治中心原在上都，全在中国本部范围之外。后来虽迁都大都，但这是事实的问题：中国虽无意间成为大元帝国的主要部分，但在蒙古人心目中他们仍是以外族入主中国。

　　国家用人并不限于汉族，更不限于儒生，例如元朝的著名宰相耶律楚材便是契丹贵族。由于李璮之乱牵涉到忽必烈倚信的王文统，忽必烈极为震动，以致他对许多藩府旧臣和汉人军阀产生很大的猜忌。平灭李璮之乱后的一系列措施，既有加强中央集权的目的，同时也是出于对汉人的防范之心。比如，凡是帝国以内甚至帝国以外的人都可擢用。蒙古人多不习汉文。他们不只不想汉化，甚至要鼓励汉人蒙古化。

　　因为蒙古人始终以征服者自居，所以种族间有很严的阶级分别。在官制上，总是蒙古人为长；在刑法上，待遇也不相同。忽必烈把人分成为四等，即蒙古人、色目人，汉人和南人。这种区划，虽然便于忽必烈分而治之，但是它加深了各民族之间的矛盾。

　　各民族在政治和经济上的地位很不平等。在政府机构中，重大权力为蒙古和色目人的贵族所掌握；高级官员主要由蒙古和色目人担任。汉人的地位较色目人次一等，而南人在南宋灭亡后很长一个时期内几乎没

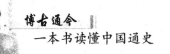

有人在中央担任要职。在地方上，也主要是蒙古人掌握大权。按规定，达鲁花赤由蒙古人担任，同知由色目人担任，而汉人只能做总管。

元朝法律明显地反映出民族压迫的特征。蒙古人因争斗或者因醉杀汉人者不处死刑，只是罚凶犯出征，征烧埋银；法律还规定汉人和南人不能收藏兵器。土地的占有状况同样反映了阶级压迫和民族上的不平等。比如，蒙古贵族在消灭南宋的过程中，没收各种官田，占有大量的无主荒田，侵夺民产；元朝皇帝赐给皇亲、贵戚、勋臣、大将以及各种寺观田产的数量也是相当惊人。

蒙古自己行征兵制，对汉人也行半征兵制，兵的数目一定很大；但元对汉人始终歧视，军机重务汉人不得参与，所以元兵的数目至今无从稽考。元朝统治者驻军各地，主要用于镇压汉人，以便永久维持蒙古族的统治地位；但蒙古人虽不肯汉化，却不能避免腐化，统治中国的时期比金朝尚为短促。元朝末年，天下纷乱，很多蒙古军人在镇压各地起义中总是诛杀无辜百姓以邀功，当真正的起义军出现时，他们却又作鸟兽散。

元的财政政策，目的并不在压迫人民，只因不能量入为出，结果也成了暴政之一。元政府由于财政困难，于是大规模推行钞法，以致物价腾贵，公私的生活都受损害。至元二十二年、二十三年，元政府发行的交钞分别高达三百万锭。后来虽想改革，也未收效，最后交钞成为废纸，市场又返回到以货易货的原始状态。

至元二十四年（1287 年）初，为挽救财政的恶化，忽必烈复置尚书省，以藏人桑哥为平章政事，主持财政。桑哥执政后，发行至元钞以救钞制之混乱，开浚会通河以利漕粮北运，增加盐茶酒醋的税额，遍行钩考追征逋负偷漏。这些理财措施在稳定国家财政方面是有收效的。桑哥时规定的总税额此后维持达数十年之久，说明元朝在很长一段时间内所征赋税没有过分超出当时社会所能承受的范围。不过到了元末，由于社会混乱，元朝的财政体系彻底崩溃，百姓于绝望之中纷纷加入起义军中反抗元朝统治。

喇嘛教是致使元朝财政困难的主因之一。蒙古诸帝或出于政策考虑，或由于宗教热诚，或兼由于两种原因，对喇嘛教极为推崇。喇嘛教，至少八思巴个人，对蒙古文化确有很大的贡献，但喇嘛由于不事生产，逐渐对国家财政产生威胁，对人民成了一种强暴的压力。元朝在各地大肆兴建吐蕃佛教寺院，这些寺院本身也拥有着大面积的良田，很多喇嘛招摇过市、欺男霸女，十分嚣张。元朝法律规定凡是与喇嘛斗殴者砍断手指，争吵要割掉舌头。所以有一种说法叫"元之天下，半亡于僧"。

第七章

明代卷

当一位曾在淮河一带托钵乞食的瘦弱青年从蒙古骑兵手中夺取了华夏古国的锦绣山河，建立了明朝的时候，所有人都惊呼这是一个"神话"，但这却是事实。关于"明"的来源，后人说统治者在与明教相联系，指出明朝皇帝在标榜明王出世，同时古礼中对日月之"明"的祭祀，又一直是每个朝廷的正祀，因此，"明"对于统治者来说，其尊贵崇荣，无以复加。何况新朝崛起于南方，元朝栖息于北土，按照阴阳五行的观点，南为火，属阳，北为水，属阴，以南方之阳明克制北方之阴暗，似乎合乎天道；而把皇姓与朝代称号连在一起，又恰巧与《汉书·礼乐志》中"朱明盛长，敷与万物"相吻合。朱明为夏，是个适合万物生长的季节，用心可谓良苦。

在历史上，明代是昏君暴君最多的时代。朱元璋心狠手辣，动辄株连数万人。他的儿子朱棣也不逊色，诛十族便出自他的手笔。然而客观地讲，在他们治下，明朝的经济获得了迅速发展，"七下西洋"彰显了磅礴的国力。

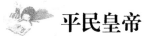

平民皇帝

公元 1328 年 10 月 21 日，在濠州钟离（今安徽凤阳）一座破旧的二郎庙里，传出一阵清脆的啼哭声——一个瘦弱的婴儿降生了。他是大家庭里的第八个孩子，属于"重"字辈，于是父亲朱五四就给他取名朱重八。他就是后来明代的开国皇帝朱元璋。

那时候正值元朝末年，天灾一场接着一场，不是闹大水，就是闹天旱，加上官府的残酷压迫，老百姓的日子都不好过。朱五四一辈子给地主干活，缺吃少穿，所以朱元璋一出生就得忍饥挨饿。几年后，父亲、母亲和大哥都得病死了，朱元璋成了孤儿。没吃的，他只好吃草根、啃树皮。当草根树皮也没有了，走投无路的朱元璋就来到当地的皇觉寺，出家做了和尚。

从此，每天从早到晚，朱元璋不是扫地、做饭、洗衣服，就是击鼓撞钟、上香上供，忙个不停，什么重活、脏活都干，可还是经常遭到寺里长老和师父们的打骂。他满肚子的委屈没处诉说，只好向那些不会说话的泥菩萨发火。

有一次，朱元璋打扫殿堂时实在太累了，连走路都走不稳了，结果一不小心被神像的石座绊了一跤，摔得好疼。他爬起来，不管三七二十一，用扫帚把那座神像狠狠地打了一顿。

又有一次，神像前的蜡烛被老鼠咬坏了，一个大和尚怪朱元璋没看管好，把他打了一顿。朱元璋气不过，趁没人的时候，用毛笔在菩萨背上写了"发配三千里"五个大字。意思是说，菩萨是有灵验的，可他却连老鼠都管不住，还算什么菩萨，应该把他发配到三千里外的地方去充军。

朱元璋在庙里虽说受气，可还能吃上饭。谁知才过了 50 天，寺庙的租子也收不上来了。长老们自己都没得吃，哪能养活得了大大小小的和尚呢？他们商量了半天，决定让和尚们出去化缘（求别人施舍）三年再回来。这样，朱元璋只好穿着破衲衣，拿着木鱼、瓦钵（和尚专用的饭碗），背着小包袱，云游四方要饭去了。

三年后，朱元璋又回到了濠州。三年中，他到过安徽、河南的好多地方，长了不少见识。这时候，反抗元朝的农民大起义爆发了。红巾军占领了濠州，皇觉寺也被毁了。为了求一条活路，朱元璋只好参加了红巾军。

参加红巾军后，朱元璋十分刻苦，武艺很有长进。每次打仗，他都表现得非常勇敢，还出了不少好主意，显示出了卓越的军事才能。红巾军的首领郭子兴看他那么有出息，就把一个姓马的干女儿嫁给他，还让他去当和州（今安徽和县）总管。

身为一方总管的朱元璋知道自己年纪轻、资历浅、威望低，虽有郭子兴的令牌在手，可他还是担心其他将领不服气。怎么办呢？想呀想，他终于想出来一个好办法。

朱元璋先让人把总管府大厅里原来按地位和主次排列的座位全部撤去，再一左一右地摆上两排凳子，然后他通知众将到总管府来。

各位将领来到了总管府后按照官职大小，在长凳子上坐了下来，

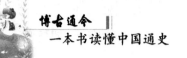
可就是不见朱元璋的影子。大家默默地等了一会儿，才见朱元璋走进大厅。他一言不发地坐到长凳子最后一个空位上。众将领傲慢地瞧了瞧他。朱元璋装作没看见，平静地对大家说："今天，我请大家来，是商议如何守城的事情。谁有高见，就直说吧！"

诸位将领你看看我，我看看你，谁也说不出什么来。最后，朱元璋提出了具体办法，决定立即修筑城池，并且按人划定地段，责任明确，限期三天完成。

三天很快过去了，朱元璋和众将领一起检查验收修筑工事。结果，除朱元璋承担的一段按质按量完成外，其他地段都没有完工，有的甚至不顾质量，修得七扭八歪，根本不合格。

朱元璋把脸沉下来，让将领们再次来到总管大厅。这一回，朱元璋第一个来到大厅。他坐在朝南的总管位子上，拿出郭子兴的令牌，严肃地对将领们说："郭主帅令我做和州总管，责任重大。前次分工筑城池，大家本该各尽其职，如期完成。可你们都耽误了。如果遇到紧急军情，像这次一样，怎么能打胜仗呢？现在说清楚，过去的事都不提了。今后要是再不遵守军令，就加重处罚。到那时候，可别怪我不讲兄弟情分！"

这一席话说得众将领面红耳赤，只好服从。从此，朱元璋下的命令谁也不敢不听了。后来，郭子兴病死，大家就推举朱元璋成了这支起义军的元帅。

朱元璋当上军事统帅后，深深意识到自己的实力要发展，就需要人才加盟自己的队伍。所以，他在行军作战中每到一处，就派人四处打听当地有没有能人。如果有，就邀请他参加红巾军。时间一长，在他周围聚集了好多有本事的人，其中最有名的有李善长、刘伯温、宋濂、朱升、冯国用等几十个。这些智囊们给朱元璋出了不少好主意。

有一次，朱元璋问冯国用："你看究竟怎样才能打败元军呢？"冯国用想了想，回答说："我们虽说打了不少胜仗，可老是今天攻占这里，明天攻占那里，没个固定的地盘，没个明确的目标。这是不行的。"

"依你看……"

"依我看，金陵（今天的南京）这个地方形势险要，城池坚固，古代好多帝王都在这里建都。如果我们先把它占了，当作立足点，然后再派兵四处征战，那局面就大不一样了。"

朱元璋听完，心里痛快极了，开始有了更大的志愿：先占南京，再统一天下……

从此，朱元璋打仗越来越讲究策略和方法，势力也越来越大。公元 1368 年，朱元璋终于在南京当上了皇帝，建立了明朝。

朱棣夺位

朱元璋共有 26 个儿子。除了长子朱标被立为太子，第 9 个儿子和第 26 个儿子早死外，其余的 23 个儿子都被封为亲王，星罗棋布地分驻在全国各个战略要地。

朱元璋在位的第二十五年，太子朱标因病去世，朱元璋就立太子

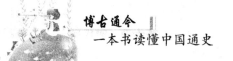

的嫡长子朱允炆为皇太孙。过了几年，朱元璋也撒开他紧紧握住的权柄，长辞人世。皇太孙朱允炆继承帝位，这就是建文帝。他于即位第二年改元建文。

朱允炆的性格和他的父亲十分相似，也是优柔寡断。而当时的各个亲王都是他的叔父，几位年纪较大的亲王且都久经战阵，屡建奇功，他们手里又都握有重兵，自然不把年轻、孱弱而又没有政治斗争经验的朱允炆放在眼里。亲王不听调令和违法的事也就接连不断地出现。

在这些亲王中，朱元璋的第四个儿子，也就是燕王朱棣，不仅不服从皇帝的调遣，而且觊觎皇位已久。建文帝了解到这一状况后，就和兵部尚书齐泰、太常侍卿黄子澄商量计谋，决定先发制人。在不到一年的时间里，朝廷先后削除了周王、湘王、齐王、代王、岷王这五个亲王的藩王爵位，把他们都废为庶人。建文帝在逐渐削除了其他亲王的权势之后，便留下精力来集中对付燕王朱棣。

燕王朱棣眼看就要轮到自己了，就在建文元年的七月采取先发制人的手段，首先起兵反抗朝廷。

燕王起兵后，为了表明自己的行动是正义的，就指责齐泰、黄子澄为奸臣，骂他们变乱祖宗法制，从而举兵诛讨他们，来清除他们这些皇帝身边的坏人。

燕王首先是以一种旋风般的速度，在不到一个月内，就攻克了北平北面的居庸关、怀来和东面的蓟州、遵化等许多州县。这样做是为了排除后顾之忧，从而又可补充兵力，然后再集中全力来对付朝廷的问罪之师。

当燕王起兵的时候，那些曾跟随朱元璋打天下、能征惯战的元勋宿将早已被朱元璋杀得差不多了，幸存下来的已是寥若晨星。长兴侯耿炳文就是其中的一个，但这时也已年近古稀。选来选去，建文帝选不出其他人，只好命他为大将，率兵征讨燕王。这支部队虽号称兵力30万，实际只先调集了13万，开到河北滹沱河地区。燕王在中秋夜乘他们不备，袭破雄县，歼灭了耿炳文先锋部队的全部兵马，继而又在滹沱河北岸大败耿炳文的主力部队。建文帝只得召回耿炳文，让李景隆取而代之。

李景隆本是个膏粱子弟，根本不懂用兵的方法策略。他接任耿炳文的职务后，收集了残兵败将，又调动各路军马，一共50万左右，进驻河间。正当这个时候，辽东军攻打了永平。燕王和他的部下商议说："我们在这里，李景隆是不敢来的。现在我率军去援救永平，他一定前来攻城。我再率领大军回来攻打他们，到那时你们坚守着城池，我们从后面堵截，他们一定大败无疑。"这样，在九月，燕王率领军队援赴永平，同时又故意撤走卢沟桥的守兵，引诱李景隆深入腹地。

李景隆果然中了燕王的圈套。他听说燕王率领部队去救永平。就在十月发兵直驱北平。他在过卢沟桥时见没有军队防守，非常高兴，觉得北平唾手可得，于是就直接逼近北平城下。这时在北平城中，燕王的儿子朱高炽严密部署，拼死守卫。李景隆号令不严，指挥不当，军队人数虽然很多，可是面对他们这样的坚守，却也无可奈何。在李景隆的军队中，唯有都督瞿能勇敢善战。他与两个儿子率领精锐部队一千人左右，直杀入张掖门，其势锐不可当。但是，后援部队迟迟不到，他们只好勒兵等待。李景隆怕瞿能得了头功，派人阻止，要他等候大军全到，再一起进攻。这样，燕军得到了喘息的机会，连夜汲水泼到城墙上，由于天气寒冷结成了冰，到了第二天，李景隆的军队再也无法攀上城墙。

燕王打退攻打永平的辽东军后，又带领军队攻破了宁王朱权的封地大宁，收编了他的精锐部队 8 万人，从而兵力更加强大。在朱高炽的奋勇守卫下，李景隆无法攻克北平，等到燕王回师救援，在内外夹击下，李景隆支持不住，只得率先逃遁，连夜奔回德州。他的部下一看主帅已经逃跑，也纷纷丢弃兵械粮草，落荒而逃。

第二年四月，李景隆又集合兵将 60 余万去讨伐燕王，在白沟河和燕军展开大战，结果又失败了。在这场战斗中，被杀死、淹死的士兵有十几万人，百余里内遍地都是尸体，李景隆躲入德州。燕王乘胜追击，围攻德州，李景隆又放弃了德州，投奔济南。燕王率军紧追不舍。这时李景隆虽然还有十几万人的兵力，但由于仓猝出战，还没来得及布阵，就被燕王所率领的精锐部队击得大败。李景隆只好单骑落荒而逃。

建文帝见李景隆一败再败，也无意问罪，就免去了他的大将军职务，让左都督盛庸来接替他。在盛庸的奋力防守下，济南等地被保住了，燕王只得把军队撤回北平，暂做休整。

起兵三年中，燕王虽然屡次取得胜利，但所得的城池仅永平、大宁等地，其他的都是得而复失，不能巩固，将士也战死了好几万人。可是建文帝的军队人数众多，且又都分布在各个要害的地方。面对这种形势，燕王心中很惆怅。正在这时候，皇宫里的太监给他送来了京城的情报。原来，建文帝对宦官的约束很严，这些人心中不满，便密谋拥戴燕王。他们向燕王偷送情报说："南京城里空虚，应当抓紧时机，疾进直取。"燕王得到这个情报后，决计带领大军南下，一路上不攻占城池，锋芒直指南京。

燕王大举出兵南下，一路攻打到扬州等江北重地，遂开始做强渡长江的准备。南京城里的官员慌成一团，纷纷要求到外地守城，想利用这个借口离开南京；有的还暗中向燕王献渡江以及如何攻入南京的计策。建文帝没办法，只好以割地分南北朝为条件，派人和燕王议和。

但是，这时候的燕王把攻破南京看作探囊取物，根本不理睬建文帝的议和建议，驱兵直逼到南京城下。当时燕王的弟弟谷王朱穗与李景隆负责守金川门。燕王一到，他们就开门迎降。燕王进城后，文武百官纷纷跪在道边迎接。这样京城就被攻破了。燕王进京后，宫中起火，建文帝不知去向。

朱棣派人扑灭皇宫大火后，首先做的就是召文学博士方孝孺起草自己的继位诏书。

方孝孺乃建文帝的耿耿忠臣，身穿白衣大哭于阙下。朱棣召他入殿，方孝孺也不施礼，依旧号哭不已。

朱棣劝说方孝孺："我是效法周公辅佐成王啊。"

方孝孺止住哭声，厉声反问："成王安在？"

"他自焚而死！"朱棣答道。

方孝孺又问："何不立成王之子？"

朱棣回答："国赖长君。"

方孝孺咄咄逼人："何不立成王之弟？"

朱棣不得已，亲自下殿走到方孝孺面前，苦笑着说："这些都是朕的家事啊，先生你不要为这些事费神。"

左右递过纸笔，朱棣说："诏天下，非先生不可。"

方孝孺夺过诏纸，在上乱批数字，掷笔于地，边哭边骂道："死即死耳，诏不可草！"

朱棣怒急，大声叫道："怎能让你痛快一死，即死，难道你不怕

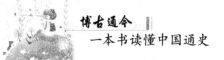

我诛你九族吗？"

方孝孺大喝："便诛十族又奈我何！"

此时，朱棣已皇位在座，顿显残暴本性。他命卫士用大刀把方孝孺嘴唇割开，一直划裂到耳边，然后命人逮捕其九族亲眷外加学生，凑成十族，共八百七十三人，依次碎剐杀戮于方孝孺面前。方孝孺忍泪不顾，最后被凌迟于聚宝门外，时年四十六岁。

孝孺临刑前做绝命词，曰："天降乱离兮，孰知其由？奸臣得计兮，谋国用犹。忠臣发愤兮，血泪交流，以此殉君兮，抑又何求？呜呼哀哉兮，孰不我尤！"

建文帝兵部尚书铁铉被逮至京。朱棣坐于御座，铁铉背立殿庭，至死不转身面对朱棣。朱棣派人割掉铁铉耳鼻，在热锅中烧熟，然后硬塞入这位忠臣口中，问："此肉甘甜否？"铁铉厉声回答："忠臣孝子之肉，有何不甘！"于是朱棣下令寸磔铁铉，这位忠臣至死骂不绝口。怨恨之下，朱棣又把铁铉八十多岁的老父老母投放海南做苦役，虐杀其两个十来岁的儿子，并硬逼铁铉妻子杨氏和两个女儿入教坊司充当妓女，任由兵士蹂躏。

朱棣虐杀建文帝忠臣及其家属共一万多人。历朝历代异姓相伐相杀，从未有这样惨屠对方官吏臣下的举动。

朱棣对建文忠臣杀则杀耳，还要极力侮辱。他把多位忠臣孝子的清白妻女送入教坊司。直到二十二年后，朱棣儿子明仁宗朱高炽继位，才下诏称："建文诸臣家属在教坊司、锦衣卫、浣衣局及习匠、功臣家为奴者，悉宥为民。"

这可真是"皇恩浩荡"了。

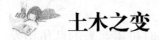

土木之变

明英宗正统十四年（1449年），明朝北方的边界上崛起了一支强大的蒙古人部族，号称瓦剌。也先继承瓦剌王位后，双方就开始发生摩擦。明朝大太监王振，本来想讨好也先，但由于贸易方面的摩擦，恶化了双方本就不协调的关系，战争终于爆发了。

这一年，也先派了两千多人跟明朝做买卖，为了多得一点赏赐，也先谎报了贸易的人数。这件事给王振知道了，便说也先欺骗朝廷，单方面削了价，只给也先五分之二的钱，还下令礼部不给来贸易的人吃饭。也先本就找不到发兵的理由，现在终于有了口实，他立即发兵攻打山西的大同，打得明朝的守军节节败退，紧急军情很快传到了北京。

明王朝本来已经派了驸马都尉井源率兵四万去增援大同了，但是王振却还想扩大这次冲突。他的家乡就在大同附近，只怕瓦剌人侵占了自己在家乡的田庄，又想趁这个机会，到家乡人面前抖威风，顺便建立奇功，巩固自己的地位，便竭力劝明英宗御驾亲征。

虽说这一年明英宗朱祁镇已经二十三岁了，但他依然像当年一样，什么事都听王振这位"先生"的。要知道，英宗小的时候，就这位王振先生是他的朋友，他觉得他最信任的人就是这位王先生了。王振说要亲征，并说瓦剌人不堪一击，他立即信以为真，下令三天后立即出

征。朝中官员听到圣旨后，吓得在午门外跪了一大片，都说御驾亲征不是儿戏，三个月能不能准备都成问题，别说三天了，要英宗收回成命。可是，这位似乎永远长不大的皇帝只信王振的，根本不管大臣们的建议，一意孤行地要按原来的命令行事。

七月十七日，明英宗和王振带着五十万临时拼凑起来的队伍出发了。出发前，英宗只把北京交给弟弟朱祁钰留守，也不管敌情如何，也不商量作战方略，连后勤保障都没安排好，简直把亲征当作小孩子玩游戏一般。

结果，英宗在土木堡被俘，王振被愤怒的部将锤杀，这就是"土木之变"。

也先俘获了英宗，并没有折磨他，只是把他软禁起来，好吃好喝好招待。也先企图把英宗当作人质，从而要挟明朝，取得领土和赔款。

但是也先想错了，明朝中不乏有识之士，他们早已看穿了也先的计谋。为了断绝也先的想法，许多大臣纷纷主张英宗的弟弟郕王朱祁钰继位。但是朱祁钰也有自己的想法：兄长只是也先的人质，如果我仓促继位，兄长回来之后，我是否让位呢？还有如果我在兄长有危险之时，不是前去营救兄长，而是登基，会不会有人不服呢？考虑到这些，朱祁钰一再推辞，就是不继位。

后来，朝中大臣于谦联合一些要臣联名上书给皇太后，陈述道："国不可一日无君，也先掠走皇帝，无非是想从我大明朝捞取好处，为了断绝其野心，应早立皇帝。臣等愿意为郕王效忠。"皇太后也是明事理的人，她看过奏折后，心想：也只有先让朱祁钰继位才是上策；况且也先未必敢加害于英宗。于是皇太后传旨，命令朱祁钰"监国"，升兵部侍郎于谦为兵部尚书，立英宗的儿子朱见深为皇太子。

也先万万没有想到明朝竟然没有派使臣前来交涉，他还想在英宗身上捞取好处呢，没想到英宗成了一个毫无价值的皇帝。也先想杀了英宗，但被手下的一个大臣劝阻。这位大臣说道："朱祁镇现在毫无价值，杀了他也没有意义。明朝既然没有派使臣前来，证明朱祁镇对他们来说已经不太重要了，即使杀了他，也不会引诱明军前来作战。我们倒不如退一步，把朱祁镇放了。我们可以想象一下，一国有两位国君，必然会产生矛盾，而朝中大臣也是各有所向。这样一来，朝中一定会起内乱。到时候我们可以乘机攻打明朝领土，夺取他们的江山，那岂不更好！"

也先听后非常高兴，便派人把朱祁镇带到殿上。也先对他说道："你带大军伐我瓦剌，我们也是不得已而为之，还望你多多谅解，不要因此事而伤了我们的关系。为了表示我的诚意，你可以写一封信，我派使者给你们朝廷送去，让他们亲自来接你回皇宫。"

朱祁镇简直不敢相信自己的耳朵，他做梦也没有想到也先会放自己回去，立刻给自己的兄弟朱祁钰写了一封信。

也先派使者把信送给了朱祁钰。朱祁钰看完之后，愣住了。自己当初预料的为难之事发生了。如果把自己的哥哥接回来，自己是让哥哥做皇帝，还是不让呢？如果让他重新做皇帝，自己脸面无处放，而且这种"唯我独尊"的生活也一去不复返。如果不让哥哥做皇帝，自己也没有理由可说。

朱祁钰左右为难，皇太后看出了他的心事，对他说道："皇儿，你们毕竟是兄弟，应以国体为重，不能让别人看笑话，还是先把你的兄长接回来再说吧！"朱祁钰点头答应了皇太后。

糊涂的明英宗就这样稀里糊涂地回到明朝了。

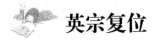 **英宗复位**

朱祁钰派人迎回英宗，将他软禁在宫城内的南宫，根本没有让位的意思。不但如此，他还废了英宗儿子朱见深的太子之位，改立自己的儿子朱见济为太子。

景泰七年，朱祁钰得了大病，一连好几日卧床不起。朝中大臣议论纷纷。有的认为：朱祁钰没有儿子（此时朱见济已死），应立太上皇之子朱见深为皇帝。有的则认为：太上皇朱祁镇回宫之后，朱祁钰就应该让位；如果朱祁钰一死，应该让太上皇重新做皇帝才合理。

众臣心里都有自己的想法，武清侯石亨心里也早有打算。石亨是一个投机分子，他想借此机会捞到好处。

石亨想：现在皇上病得厉害，我何不把太上皇朱祁镇从南宫接出来，让他重新做皇帝，我不就是有功之臣了吗？石亨知道单靠自己是不行的，于是又找来两个密友：都督张𫐐和监军太监曹吉祥。石亨说道："二位贤弟，如今皇上卧床不起，我想他没有几天了，我们何不趁此机会把太上皇接出来呢？皇上即使知道了，他也没有办法，他正病重，根本无心顾及此事。而太上皇在南宫度日如年，如果我们把他保出，他一定会感激我们，我们也可以从中得到许多好处。不知二位贤弟意下如何？不过事关重大，你们不管做与不做，千万不要对别人

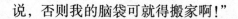

说，否则我的脑袋可就得搬家啊！"

二人立即表示愿意一起干。曹吉祥还说："我还想拉上一个人，此人足智多谋，一定会帮我们出谋划策，他就是徐有贞。"

石亨问道："这个人我有所了解，但是不知可靠吗？"

曹吉祥说道："此人和我关系密切，而且我也十分了解他。他是一个贪图享受的人，是一个想得功名又不想出力的投机分子。他一定会与我们一起干的。"

三个人商议好后，便让曹吉祥去找徐有贞，徐有贞一听有这等美事，立即答应，而且出了主意：他们应该先去南宫接太上皇，随后准备武装力量。

当天夜里，几人经过策划，没费什么劲，就把朱祁镇弄到了皇宫。徐有贞命手下的亲兵去敲景阳钟。钟声一响表示皇上上朝。文武百官心里还在想：今天怎么这么早？等来到殿上，大家一下子都愣了。原来是太上皇坐在宝座上。这时徐有贞大喝一声："太上皇复位，你们还不快快下拜！"众人跪倒拜贺，朱祁镇又夺回了皇位。

没过多久，朱祁钰病逝。朱祁镇又稳稳当当地做上了皇帝。历史上把英宗复辟这件事称为"夺门之变"。

英宗复位，石亨等几个投机分子成了大功臣，而于谦的地位就非常尴尬了。当年瓦剌挟持英宗围攻北京的时候，徐有贞主张逃跑，石亨主张退兵闭城，都曾遭到于谦的驳斥。此时，他们就在英宗面前一个劲儿地说于谦坏话。英宗说："于谦曾经有功。"徐有贞说："不杀于谦，则今日之事无名。"

于是，于谦被定了一个"意欲迎立外藩"的罪名，处以死刑，其妻子儿女发戍边疆。

王阳明悟道

王守仁（1472—1528 年），字伯安，余姚（今属浙江）人。曾筑室故乡阳明洞中，故世称"阳明先生"。他是心学的集大成者，与心学创始人陆九渊并称"陆王"，故"陆王之学"也就是心学。

王守仁出生于明代中期一个官宦之家，父亲曾出任南京吏部尚书。王守仁的少年时代正值程朱理学的一统天下，他也深受影响，立下了"读书学圣贤"的志向。据说，他曾对朱熹佩服得五体投地，遍求朱熹遗书阅读，并按照朱熹"格物致知，即物穷理"的教诲，去"格"屋外的竹子。结果他在竹林里苦思冥想了三天，竹子的道理没有格出来，自己反而大病一场。这一病，使他对程朱理学的圣贤之道产生了迷惑，甚至怀疑自己与圣贤是否有缘，于是转向词章之学，同时也留心武事，学习兵法。

弘治十二年（1499 年），二十七岁的王守仁通过科举考试，获得进士资格，成为兵部的官员。王守仁三十四岁时，年少贪玩的武宗即位，宦官刘瑾专权。南京有几位官员联名上书皇帝，弹劾刘瑾，结果遭到逮捕监禁。王守仁出于正义感上疏相救，结果被廷杖四十，被贬谪到贵州荒僻的龙场驿去做驿丞（驿站站长）。

龙场地处深山丛林，充满毒虫、瘴气，比起北京来，生存环境自然是一个天上一个地下。但王守仁并未消沉，远离政治旋涡倒给了他冷静思考的机会。就在贬谪贵州的五年中，王守仁完成了从程朱理学到陆九渊心学的思想转变。

据他后来回忆说，他在龙场"日夜端居澄默，以求静一"。有一天，他突然悟出了"格物致知"的真谛，原来"圣人之道，就在我心中，过去求理于外在事物中的做法是错误的"。他由此得出"心外无物"的结论。

王守仁曾同朋友到山中游览，朋友指着岩中花树问："你说天下无心外之物，这些花树在深山自开自落，与我的心有何相关？"王守仁回答说："你未看此花时，此花与你同归沉寂；你来看此花时，则此花颜色一时明白起来，便知此花不在你的心外。"

正德五年（1510年），年届不惑的王守仁结束了贬谪生活，到江西任知县。不出几年就被提升为南京鸿胪寺卿。在此期间，他开始著书立说，招收弟子，与程朱理学彻底分道扬镳。由于程朱理学是钦定的官学，王守仁不便公开宣称朱熹不对，就将朱熹文章中和自己主张相同的某些片段摘录出来，编成了一篇《朱子晚年定论》。意思是告诉读者，朱熹晚年也修正了自己早年的观点。这种偷梁换柱的手法无非是为了给自己的"异端思想"争取到"合法"地位。正德十一年（1516年），他奉朝廷之命，以都察院左金都史(正四品)的身份，巡抚南赣、汀、漳等地，平定了当地民间的叛乱，并在各地兴办社学，实施儒家的道德教化。

正德十四年（1519年），宁王朱宸濠在南昌发动叛乱，全国震动。王守仁率军攻克南昌，生擒朱宸濠。为此，他被封为伯爵，并出任南京兵部尚书。由于他在政治上的地位，其在文坛的影响也迅速扩大。他继承宋代陆九渊的心学，提出"致良知"的思想，宣称这才是"孔

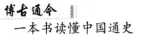

门正法眼藏"，是"孔孟圣传一点骨血"。这个"良知"，就是孟子所说的"人皆有之"的"是非之心"，"不待虑而知，不待学而能"。而所谓"格物致知"，就是格去物欲而求得"良知"，这与朱熹"即物穷理"而获得知识的主张是完全不同的。他因此被正统儒家视为"病狂丧心之人"，王学也被斥为"伪学"。但王守仁的主张令人耳目一新，在当时的思想界刮起了"反传统"的旋风，促成明代中后期的个性解放浪潮。

 # 张居正改革

　　张居正，字叔大，湖北江陵人，世称"张太岳"或"江陵先生"。他从小聪明过人，十五岁时即成为诸生（明清两代考中秀才后又经考试进入官办学习场所读书的人）。巡抚顾璘看到他的文章后非常惊奇，认为他有治国之才。不久张居正乡试中举人，顾璘解下自己的犀角腰带赠给他，并且说："日后你将成为国家栋梁，腰缠玉带，这犀带还不足以显示你的身份高贵。"嘉靖二十六年（1547 年），张居正中进士，选庶吉士，每天研究学习治理国家的典章制度。内阁大学士徐阶等人对他十分器重，投予他翰林院编修一职。

　　张居正面目清秀，长须垂至腹部，办事果断，敢作敢为，自认为有豪杰之风。但他为人深沉，有城府，别人难以摸清他的性格为人。

严嵩为内阁首辅时，忌恨徐阶，与徐阶相好的官员都回避严嵩，但张居正则能相处自如。严嵩也很器重张居正，任他为右中允，主管国子监司业之事。此外，张居正与国子监祭酒高拱相处得也很好，并且期望高拱能进入内阁。

不久，张居正仍回翰林院任职，又任裕王府讲读官，教授裕王。裕王认为他很贤能，王府里的宦官也都与他相处甚好。当时，李劳多次找张居正请教书中经义，双方经常谈到国家大事。不久，张居正任右谕德兼侍读，进为侍讲学士，并负责翰林院事宜。

徐阶取代严嵩为内阁首辅后，十分信任张居正。世宗死时，徐阶负责起草遗诏，许多问题都曾与张居正共同商量谋划。不久，张居正升任礼部右侍郎兼翰林院学士。因为裕王继承了皇位，一个多月后，他便将张居正与原来裕王府的另一名侍讲官陈以勤一起召入内阁。张居正的官职是吏部左侍郎兼东阁大学士，不久又充任《世宗实录》的总裁官，晋升为礼部尚书兼武英殿大学士，并加少保兼太子太保头衔。这时，离他任五品学士官才一年多。

当时内阁首辅是资格很老的徐阶，徐阶和内阁另一名大学士李春芳都待人谦虚有礼，张居正进入内阁最迟，但他却俨然以宰相自居，对六部官员十分倨傲，从不听取别人的意见，偶尔谈点自己的看法又很中肯，因此，别人都有点敬畏他，把他看得比其他阁臣还重要。

徐阶退休回乡后，要三个儿子都小心地为张居正办事，听他的话。当时的内阁首辅高拱对徐阶十分痛恨，唆使言官三次弹劾徐阶，徐阶的三个儿子都被牵连有罪。直到张居正在高拱面前为徐阶一一解释，说好话，高拱这才稍稍有所改变主意。

这时，高拱的一个门客又诬告张居正收了徐阶之子三万两银子，

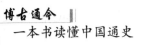
高拱于是讽刺张居正。张居正脸色大变，指天发誓绝无此事，言语恳切良苦，高拱只得道歉说自己失察。从此两人就有了一些隔阂。高拱对与张居正关系很好的宦官冯保有意见。穆宗病危，张居正和冯保一起秘密安排后事，将冯保引为内助，而高拱则要除掉冯保。穆宗死，神宗继位，冯保以两宫太后的诏旨将高拱逐出内阁，而张居正因此成了内阁首辅。

当时神宗仅仅九岁。他将一切国家大事委任于张居正。张居正也以天下为己任，所以官员都听张居正的。张居正劝神宗遵守祖宗以来的成规，不要随意有所改变，至于讲学、亲近贤臣、爱护百姓、节省开支等，都是当务之急，神宗十分同意。张居正又实行大计，考核朝廷官员，对那些不称职的、追随高拱的官员一概排斥不用。他又以皇上的名义下诏，当廷申饬大臣。百官一时都小心谨慎，不敢轻举妄言。

由于当初神宗尊崇两位皇太后，依照旧例，先帝的皇后与天子的亲生母亲可以并称皇太后，只是加上的徽号有所区别。宦官冯保想对神宗的生母李贵妃献媚，要张居正对先帝的皇后和世宗生母一视同仁，不要有所区别，张居正不敢不同意，于是尊先帝的皇后为"仁圣皇太后"，李贵妃为"慈圣皇太后"，二者从此就没有区别了。慈圣皇太后迁到乾清宫居住，抚养年龄尚幼的神宗，内廷一切交给冯保管，而朝廷大权则全部委任张居正。

张居正主持朝廷大政，主要推行了尊重朝廷主权、考核官吏职责、严格奖励和惩罚、统一朝廷号令等措施。朝廷一旦有事，虽在万里之外，早上下令，晚上就要实行。黔国公沐朝弼多次违反法令，应该逮捕，但朝廷谈及此事都感到为难。张居正就改立沐朝弼的儿子袭爵，随后将沐朝弼逮捕。捕来后，张居正又赦免了他的死罪，将其囚禁在南京。

漕运疏通后，张居正认为每年的赋税征收总要到春天以后才进行，而这时运粮，运河不是水量太大导致决口，就是天旱干涸无法行舟。张居正采纳了漕臣建议，督促船工士卒冬天开始收运粮食，到年初全部运出，以减少水患对漕运带来的损失。这样一来，国库里粮食充足，可以供上十年开支。互市时买马，张居正又下令减少太仆营中的种马，将马卖给老百姓，这样，太仆积攒马价银达四百多万两。张居正又制定考成法，用以考察官员政绩。起初，六部和都察院要求巡抚、按察司考察的事情，许多都没有回报，对此，张居正下令地方官员以后要根据事情的大小、缓急回复，失误了就要抵罪。从此，一切事情谁都不敢隐瞒，朝廷政治走上了正常轨道。

这一年，南京有个小宦官酒后侮辱了给事中，百官都请求对小宦官追究治罪。张居正将言论最为激烈的赵参鲁贬官外放，以取得冯保的欢心。事后，他又慢慢劝冯保裁减宦官，抑制他们的不法行为，请宦官不要干预六部的政事。对于奉旨办事的宦官，张居正又经常派人暗地里监视，冯保身边的宦官都怨恨张居正，心里对冯保也有意见。

张居正看到御史出外巡视，往往对巡抚大臣不客气，很想压压他们的气焰，所以他们做事稍微有错，就谴责诟骂他们，并下令对他们的长官严加考察。给事中余懋学请求朝廷为政宽厚一些，张居正认为他是在责备自己，削了他的职。御史傅应祯又上书讲这个问题，言辞更加恳切，张居正下令将他投入锦衣卫狱，当廷杖责后戍边。给事中徐贞明等人一起到监狱看望傅应祯，并送他酒食盘缠，张居正将他们也贬官外放。御史刘台按察辽东军事，错报了军情，当张居正准备按以前的例子对他绳之以法，刘台却上书指责张居正专权不法。

神宗这时正仰赖倚重张居正，看了刘台的上书便大怒，将刘台逮捕下狱，打了一百棒后，下令戍边。而张居正上书救刘台，建议仅削他的官职，但后来还是寻故将他戍边。自此以后，给事中、御史都害怕张居正，但心里都很不服气。

当时，皇太后因神宗年幼，对张居正十分尊重，因此同为内阁大学士的吕调阳对他也不敢说个"不"字，后来吏部左侍郎张四维入阁，对张居正也像下级对上级一样，不敢以同僚相处。

张居正喜欢建功立业，与下属相处讲究方式方法，善于用人，所以许多人也愿意为他尽力。蒙古俺答汗与明朝讲和，很久没有扰乱明朝边防。只有小王子的部众大约十万人在靠近东边一带以不能与明朝在边防互市贸易为借口，多次骚扰明朝。

张居正调李成梁镇守辽东，戚继光镇守蓟门。李成梁多次打败进犯之敌，因功被封为宁远伯。戚继光在蓟州也防守有度。张居正对他们都给以大力支持，边境遂十分安宁。两广督抚殷正茂、凌云翼等也多次破贼立功。浙江有兵民作乱，张居正派张佳胤前往安抚，浙江很快安定了。所以人们都称赞张居正知人善任。不过，他持法也很严明。他核实驿递，裁减冗官，清理学校，都很有成效。他规定，大小官员不准公费旅行，往来与商人一样自己支付费用。各衙门机构属员缺少，不是特别需要不给补充。人口多的州县增加科举考试指标也十分困难，这样一来，抱怨的人也很多。

张居正的父亲死时，他上书请求回家安葬。神宗派尚宝少卿郑钦、锦衣指挥史继书护送他回乡，给他假期三个月，要他葬礼，完后就赶快回京。神宗又命巡抚按察司的各位大臣先到张居正处赐给玺书，又专门雕刻了一枚"帝赉忠良"银印章赐给他。这样，张居正就可以就像杨士奇、张孚敬一样，对皇上上密折言事。神宗又告诫内阁次辅吕调阳等："有大事不要轻易决定，派人到江陵，听张居正处理。"张居正在行前提出增加内阁成员，神宗令他推荐，他推荐礼部尚书马自强、吏部右侍郎申时行入阁。马自强向来对张居正不满，这次意外地被张居正推荐入阁，对他非常感谢；而申时行和张四维都与张居正亲近。张居正作了这样的精心安排，才放心回家葬父。

神宗刚刚即位时，不到十岁，宦官冯保早晚照看他的起床安居，十分细心卖力。神宗稍有不听话时，冯保便告诉慈圣皇太后。慈圣皇太后对神宗管教很严，每次神宗犯错，总是对他严厉责备，并且说："要是张先生知道了，怎么办？"于是神宗从小就很害怕张居正。

神宗大了以后，对此十分反感。乾清宫的小宦官孙海、客用等引导神宗游玩，神宗对他们十分喜爱。慈圣皇太后要冯保将孙海、客用逮捕起来，拷打之后驱出了皇宫。张居正又条列了孙海等人的罪状，请求将他们的党羽全都斥逐，又下令司礼监以及其他宦官条列自己的过错，然后由皇上决定去留。张居正又劝神宗不要耽于游玩宴乐，而要起居有节，要蓄养精神以便多生后代；还要他节省奖赏费用，拒绝接受珍宝玩物，亲自处理朝政，多学习治理国家的经验。神宗看在太后的面子上，迫不得已表示答应，而内心里却对冯保和张居正十分不满。

后来，张居正有病，神宗多次下谕慰问他的病情，赏给他很多银钱为他治病。张居正病了四个多月，一直没有痊愈。百官都为他斋醮祈祷，南京、陕西、山西、湖北、河南等地的大臣也都为他斋醮。神宗让张四维等负责处理朝政的一些小事，而大事就派人到张居正家中请他处理。

起初，张居正还能胜任，但后来身体太虚弱疲倦，无法看完全部公文，但还是不让张四维等人插手。后来病得太厉害了，他要求辞职回乡。神宗下诏挽留，称他"太师张太岳先生"。张居正知道自己的病已经很难好了，便推荐了前礼部尚书潘晟和尚书梁梦龙，侍郎余有丁、许国、陈经邦，后又推荐尚书徐学谟、曾省吾、张学颜，侍郎王篆等都可以重用，神宗把这些名字都写在御屏上。

潘晟是冯保强令张居正举荐的。当时张居正头脑已不清醒，不能自己拿主意了。他死后，神宗停止上朝表示哀悼，并下谕祭祀九坛，以国公和师傅的礼对待。

张居正死后，反对派很快发起了攻击，张居正的改革成果被破坏。明朝从此一蹶不振，陷入衰败没落、无可救药的深渊。

明末三案

"明末三案"是指梃击案、红丸案和移宫案，它们是明朝末年党争的焦点。

明神宗四十三年（1615年）五月初四的傍晚，一个不知道姓名的男子手里拿着一根枣木棍，闯进了太子朱常洛居住的慈庆宫。他打伤了守门的太监，一直跑到大殿的檐下才被内侍们擒住。当时一个属于浙党的巡城御史刘廷元审问此人后向皇帝奏称：这个犯人叫张差，蓟州人，说话语无伦次，可能有疯癫病。后来又经过两个浙党里的官员审问，结果和初审完全一样，于是就准备按疯癫来结案。但当时朝廷内外的多数官员都怀疑是郑贵妃和他的弟弟郑国泰支使张差谋害太子，以便朱常洵夺得太子之位。而且浙党的魁首方从哲向来是靠结交宫中显贵巩固他的地位，所以人们对浙党官员的两次审讯结果表示怀疑。

当时任刑部主事的王之寀私下偷偷探询张差的口气，查出张差确实是受人指使，从蓟州来到京城，被一个太监带进宫里作案的。王之寀把查到这一情况报告神宗，并且说，张差既不癫也不狂，而是很有胆略和心计，并要求举行朝审或者会审。这时，浙党就起来攻击王之寀，说他胡说八道，并坚持认为张差是疯癫，要求立即把张差处决。

后来，刑部会同十三司官员举行会审，张差供认说是太监庞保、刘成二人指使他打进慈庆宫的，并且告诉他，如果他能打死太子，就有吃有穿。而庞保和刘成都是郑贵妃宫中的内侍。至此，真相大白，一时议论纷纷。神宗恐怕进一步追查会牵涉到郑贵妃，就下令把张差凌迟处死，又把庞保和刘成也秘密地在内廷里处决。这个案件就这样草草地了结了，这就是"梃击案"。

又过了几年，神宗病死，太子朱常洛在同年的八月初一继承了帝位，这就是明光宗。光宗还是太子时，就已经有了妃子和许多宫女，其中有两个被挑选出来侍候太子的李姓选侍最得宠，被称为"东李""西李"，而西李之宠又在东李之上。朱常洛当了皇帝以后，郑贵妃怕他记恨前仇，就选了四个美女进献给他，以此来讨好光宗。光宗整天起居没有节制，沉溺在女色之中，由于过度淫欲，即位没几天就得了病。内医太监崔文升给他开了一服泻药，光宗服后腹泻不止，一天要拉三四十次。后来，鸿胪寺丞李可灼给他献上一颗红丸，称它是粒仙丹。光宗服

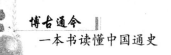

后，觉得很舒服。过了半天，李可灼又给他献上一颗，光宗服了，睡到第二天凌晨就死了。这样，光宗只当了 29 天的皇帝，是明朝在位时间最短的皇帝。这就是"红丸案"。

光宗死后，内外官员都将此事归咎于李可灼，可是内阁首辅方从哲却用光宗的遗诏名义拟赏李可灼 50 两银子。于是群情大哗，纷纷上疏弹劾李可灼和方从哲。迫于压力，方从哲只好把李可灼的赏银改为罚俸一年。但是，事情并没有这样就了结，弹劾的奏章还是接二连三地送上来。大臣指责内医崔文升是郑贵妃的心腹，说他故意用泻药，使光宗元气不能恢复，他的罪不在张差之下；又指责李可灼进献红丸致光宗死亡，罪不容诛；同时又弹劾方从哲有十大罪状，应该杀掉。方从哲在许多官员的指责下，只好辞官。又过了两年，东林党人礼部尚书孙慎行又再次追究李可灼和方从哲的罪状，指斥方从哲是弑君，大逆不道。这时，又有许多官员都要求办方从哲的罪。方从哲上疏力辩，同党的官僚们也极力为他辩护，争吵了好久，结果只是李可灼被充军，崔文升被贬放到南京，而方从哲还是无事。

西李在光宗没死的时候曾恃宠谋取皇后的待遇，光宗死后，又企图借抚养皇长子的缘故掌握朝政大权。她要下面的官员把奏章先交给她看，然后才转给皇长子。而且，光宗死后，她还是住在乾清宫里，没有搬出来的意思。本来，按照封建礼仪制度，只有皇帝和皇后才有资格住在乾清宫。而西李仅是个选侍，住进乾清宫是倚仗光宗的宠爱。光宗死了以后，按照当时的规矩她必须搬出去，让新任的皇帝搬进来。这样，一些大臣在光宗死后的第二天就上疏请西李移宫。其中御史左光斗的言论最为激烈。他说，西李既不是嫡母，又不是生母，却以正宫的姿态自居，而让皇长子居住在慈庆宫，名分倒置。还说，如不及早采取措施，而让西李借着抚养的名义独行专断，那么西李的灾祸也就为期不远了。奏疏上去以后，西李还是没有移宫的意思。过了3天，给事中杨涟再次上疏，极力促使西李移宫。就这样，在群臣的一再催促下，西李才不得不搬出乾清宫，移居到仁寿宫，这就是"移宫案"。

西李移宫后，与东林党作对的官员又上书责备力促移宫的杨涟和左光斗，说西李是光宗的遗爱，光宗尸骨未寒，就对她限时驱逼，未免有些太过分了。这样，两派的官僚围绕移宫的是非展开了一场激烈的争吵。后来，新登基的熹宗传出一道谕旨，痛数西李的几条罪状后，就下令西李搬出仁寿宫，到宫女养老的哕鸾宫去住。熹宗并且指责为西李说话的官员是"党庇"，这样以后，争吵才稍为缓和。

"三案"的争议，只不过是不同派系的官僚为了在最高统治阶层寻找自己的靠山，争取最高统治者的倚重和宠幸，谋求权力和地位而进行的派系争斗。"三案"发生时，东林党在斗争中占了上风，到后来阉党专政时，"三案"又被彻底推翻，成了魏忠贤迫害东林党人的口实。

阉党专政

明熹宗幼年丧母，由奶妈客氏抚养长大。他即位后就封客氏为"奉圣夫人"，同时提拔与客氏有暧昧关系的惜薪司太监李进忠做司礼监秉笔太监，并且让他恢复魏姓，赐名忠贤。

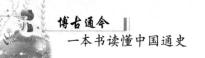

魏忠贤是河北肃宁人，本是个无所事事的二流子，因赌博输了钱，被债主逼得走投无路，只好自施宫刑，改姓为李，易名进忠，混入宫中充当太监。直到后来和客氏勾搭上，得到熹宗的宠幸和信任，从此飞黄腾达。

魏忠贤目不识丁，本不能当秉笔太监，只因客氏，才获得了这一重要职位。当上秉笔太监后，他就让王体乾和李永贞两个识字的太监为他效劳。魏忠贤生性猜忌、残忍、阴险、毒辣，又和客氏狼狈为奸，宫中谁也不敢和他作对。王体乾虽是司礼监掌印太监，位在魏忠贤之上，也得服服帖帖地听他使唤。后来，魏忠贤又兼管了东厂，权力更大，这时又加上有客氏做内援，权势日益显赫。

当时，朝中两大派官僚争斗日趋激烈，加上客氏的不断唆弄，熹宗渐渐由信任东林党官僚变为宠信宦官近侍。魏忠贤这班阉人得到皇帝的信任后，乘机从中弄权，勾结外廷官僚，操纵了朝中的一切大权。这时，朝中与东林党作对的各派官员便纷纷投靠在魏忠贤门下，形成了一股强大的邪恶势力，人们称它为"阉党"。阉党得势后，作为内阁首辅的东林党人叶向高就遭到了排斥和打击，被迫辞官。这时阉党的顾秉谦升为首辅，控制了整个内阁。魏忠贤又和锦衣卫都督田尔耕勾结，利用东厂和锦衣卫这两个特务机构钳制百官，镇压异己。当时，朝中从内阁、六部到外地总督、巡抚，都有魏忠贤的死党。

那时，明熹宗年少，不爱过问朝政，却非常喜欢木工活。他常常自己动手，做些木工活。成年累月，毫不厌烦。魏忠贤就利用他的这个癖好，每逢明熹宗正兴致勃勃地做木工活时，就拿出一大堆奏章文件请他审批，或向他请示问题，故意惹得熹宗厌烦。每次熹宗都会不耐烦地说：我都知道了。你们拿下去，自己好好处理一下就行了。就这样，大权便落在魏忠贤的手里，使得他能在朝中作威作福、为所欲为。

有了大权的魏忠贤经常外出炫耀威风。每次出门，他都会乘坐装饰十分华丽的车子，羽盖和旌旗都用青蓝色。驾车的 4 匹马飞一般地在路上奔驰。那些身着锦衣玉带、脚蹬长筒皮靴、佩着利刃的卫士便要护卫左右一同飞跑，又加上随从的厨子和车夫等，总共得有几万人。所到之处，官员们都得伏道揖拜，一些逢迎拍马的官员甚至呼他为"九千岁"。朝中事无巨细，必须派人飞驰到魏忠贤面前请示，当时朝廷上下只知道有魏忠贤，却不知道有皇帝。

魏忠贤一人得道，他的弟侄亲朋一个个都平步青云，得到官高厚禄。他的侄儿们都被封为公、侯、伯，而后又被加封为太师等头衔。

阉党的胡作非为引起了朝中一些正直官员的愤慨。东林党人作为主力，为伸张正义而对他们进行揭发和斗争。天启四年（1624 年），副都御史杨涟上疏痛斥魏忠贤有二十四大罪状，大胆揭发了魏忠贤的奸恶，直指他的要害。魏忠贤着了慌，向熹宗哭诉，客氏也从旁边为他辩护，王体乾这帮爪牙更是极力为他辩解。昏愚的熹宗竟偏信不疑，不但没有治魏忠贤的罪，反而下旨痛责杨涟。但是，尽管结果是这样，朝中还是有很多官员冒死上疏，弹劾魏忠贤。不过，由于熹宗的昏庸，魏忠贤势力过大，结果，他还是逍遥法外，毫发未损。而在揭发魏忠贤的官员中，为首的杨涟和左光斗却在那年的十月被罢官免职了。

魏忠贤遭受这番弹劾后，对东林党人更加切齿痛恨，决心赶尽杀绝。而魏忠贤门下的党羽也想借这个机会报复东林党人，发泄一下他们的旧恨。这时，阉党崔呈秀等人就在魏忠贤面前煽风点火：说东林党那帮人想要害他，怂恿他镇压异党成员。这样，他们就阴谋编造黑

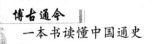

名单，把那些不阿附魏忠贤的官员全部开列进去，统称他们是东林党人，并对他们罗织罪名，逐一施行残酷的打击迫害。

这样，在熹宗五年的时候，终于兴起了一场大狱。阉党首先逮捕了东林党的领袖杨涟和左光斗等七个人，诬陷他们收受贿赂，并把他们交给锦衣卫进行拷打追赃。锦衣卫都督田尔耕对这七个人每隔几天就进行一次拷打逼供，杨涟等人最后不是被折磨得死在狱中，就是被逼自杀。

熹宗六年，魏忠贤又捕杀了东林党的首领高攀龙等七个人。就连早已病死的李三才也不能幸免。在阉党的操纵下，他被削除官籍，又被追回封诰。阉党就是这样肆意诬陷残害异己，凡是和自己有过仇隙的，都给加上个东林党人的头衔。罪名重一点的就杀头，轻的也会被充军或罢官。这样一来，东林党就成了一个十恶不赦的罪名。许多想往上爬的人都拼命附和攻击东林党，以此来取悦魏忠贤。

魏忠贤在残酷镇压异党、排斥异己的同时，又给光宗时发生的"梃击案""红丸案"和"移宫案"三案重定是非。凡在"三案"发生时与阉党争论是非的官员都惨遭迫害。在"梃击案"中对张差疯癫质疑的王之寀被投入监狱，"红丸案"中被充军的李可灼被赦免，崔文升受到了重用，当上了漕运总督，选侍西李也被重新封为康妃。

为了压制舆论，魏忠贤又用剿灭东林党的名义，拆毁全国所有地方的书院，禁止讲学，压制在野的东林党人和士大夫知识分子对时政的议论。

魏忠贤在镇压了大批反对派之后，更加专权腐化。魏忠贤的党羽对他极尽阿谀奉承之能事，整天肉麻地吹捧他，毫无羞耻之心。他们在奏疏中凡提到魏忠贤的地方都称之为"厂臣"，而不直书他的名字。

有时，内阁在草拟圣旨时，竟然用"朕与厂臣"联名并称。熹宗六年的时候，浙江巡抚潘汝桢在西湖边给魏忠贤建了一座生祠，从此，各地方的官吏都寡廉鲜耻、争相效仿，几年之间，为魏忠贤建立的生祠遍天下。而每建一座生祠，多的共费白银几十万两，少的也要花几万两。这些银子全是搜刮来的民脂民膏。阉党为了在开封给魏忠贤建生祠，竟然拆毁2000多间民房，建立起的生祠跟皇宫一样华丽辉煌。有些官员在迎魏忠贤塑像进生祠时，行五拜三叩头的大礼，不但如此，他们还强迫百姓尊奉魏忠贤，凡是入祠不参拜的人，都会被处以死刑。

熹宗只做了7年皇帝就病死了。熹宗死后，阉党失去了靠山，东林党人就纷纷上书弹劾。继承帝位的崇祯帝也明白阉党不得人心，想借这个机会重振朝政，支撑摇摇欲坠的王朝大厦，于是下令把魏忠贤贬到凤阳，紧接着又派人去逮捕他回来治罪。魏忠贤听到消息后畏罪自杀了。魏忠贤的侄儿、侄孙还有和他狼狈为奸的客氏的亲戚也都被处死。崇祯二年，又把依附魏忠贤的阉党定为"逆案"，分别定了罪，同时给遭受迫害的东林党人恢复了名誉。

袁崇焕横戈戍边

明朝时，中国东北地区的少数民族女真出了一位杰出的领袖努尔哈赤。1616年，努尔哈赤登可汗位，建国号金，史称"后金"。第三

年，便开始了对明朝实施军事进扰。

明朝与后金彼此视对方为敌对的政权。后金既然兴兵来犯，明朝自然遣军御敌。可是，当时明朝内政相当腐败，阶级矛盾也很尖锐，挡不住剽悍善战的后金军队。1619年，两军在辽宁抚顺东面的萨尔浒展开大战，8万多明军全军覆没。后金军乘胜步步逼近。1622年1月，拥有14万明军的广宁守将弃城逃入山海关。顿时，东北边境陷于万分危急之中，明朝的安全也受到了极大的威胁。

消息传到北京后，朝中上下震动。大臣中，有的主张关外抵抗，不让后金军队逼近山海关；有的提议放弃关外土地，退入山海关内防守；更多的人面面相觑，拿不出主意。

正当朝廷中弥漫着一片惊恐情绪的时候，一位刚从福建调入京师兵部任职的小官忍不住了。他名叫袁崇焕，到兵部任职还不满一个月。按说，他既无责任，也可以不冒风险，但是，他认为辽东是明朝的土地，抗敌是国家的大事，怎能在国家存亡危急的时刻袖手旁观、无动于衷呢？

袁崇焕是广东东莞人。虽说他平时就关心军事，常向年长的军士询问北方边防情况和地理形势，但关外到底是什么样子，他从没见过；退敌究竟能否成功，他也无把握。为了掌握情况，知己知彼，他在朝廷乱哄哄的时刻，既不跟同事们打招呼，也不向家里人关照一声，就独自骑上一匹马，驰到山海关外，观察那里的地形，向曾与后金军作战过的将士了解情况。然后他驰回北京，自告奋勇地出边关戍守。他对崇祯说："只要给我兵马和钱粮，我就可以把关外的防御责任承担起来！"

朝臣们正在人心惶惶、束手无策的当儿，就怕天塌下来没大个子顶住，忽见有人挺身而出，愿意到关外御敌，所发豪言壮语又对战胜敌人充满了信心，顿时喜出望外，齐声称赞袁崇焕了不起，是国家栋梁之材。于是，崇祯提升他为金事，命他到山海关外监督军事，并发放 20 万两饷银，让他招集溃散的士兵。

袁崇焕接受任命后，先到了山海关。当时驻守山海关的辽东经略使王在晋立刻派他到关外 70 里的前屯，去安抚流离失所的老百姓。

关外这时刚遭过兵乱，道路阻塞，尸骨遍野，加上气候严寒，冰天雪地，环境十分恶劣。但袁崇焕想到的是国家的危急、人民的苦难，于是黄夜动身，单人匹马在荆棘丛生、虎豹出没的荒山野岭里奔驰了大半夜，四更时赶到了前屯。他一下马，就与那里的将士商议守备计划，安抚无家可归的老百姓。他这种不畏艰险的豪气壮胆和挽救危局的热情，博得了前屯将士深深钦佩和叹服。

在前屯，袁崇焕了解到，在广宁南的面十三山，还有十几万老百姓没有撤出，随时都有被敌人掳走的危险。他迅速安置了流亡百姓，整顿了前屯军事，紧接着便赶回山海关，向王在晋建议：派兵 5000 进驻宁远，将关外防线向前推进 200 里；同时，以宁远为声援，派遣猛将赶往十三山，救出困在那里的难民。袁崇焕特别指出，宁远东靠渤海，西连山岭，形势险要，从那里进可以攻取锦州，退可以与山海关呼应，不能不予以重视。

可是，王在晋既乏雄才，又无远见，并不采纳袁崇焕的建议。结果，在后金军队的大肆掳掠下，十三山十几万难民中的绝大多数当了俘虏，只有 6000 人死命逃回。不久，兵部尚书孙承宗替换王在晋出镇山海关，他很赞同袁崇焕关于加强宁远军备的主张，1623 年，命袁崇焕率军到宁远驻防。

　　袁崇焕到了宁远，发现这座地处军事要冲的城市只有十分之一的外围有墙，而城墙的高度也都不足以御敌。他立即发动军民抓紧时机修筑城墙。不到一年，城墙竣工，宁远成为一座可以坚守的前线要塞，也是关外的一大军事重镇。

　　正当宁远城墙告成的时候，袁崇焕的父亲去世了。按封建时代制度，官员遭父丧要御任回家守孝3年。但是他绝对不能离开惨淡经营的边关防务，照旧留在任上。当年九月，他率军东行巡察；到广宁，越十三山，抵右屯。一回来，就向孙承宗建议：进军锦州、右屯，再把前线推进200里。孙承宗认真考虑了这一建议，不久就派兵驻守锦州及右屯等地，修筑城墙，建造房屋，进一步加强边防，并收复了辽河以西的大片土地。

　　这时，在朝廷里当权的，是以魏忠贤为首的阉党。他们在局势危急时，不得不叫孙承宗、袁崇焕这样有才干的人去指挥军事，一旦险情过去，就嫉贤妒能，排斥异己。1625年10月，魏忠贤派他的党羽高第到山海关替换孙承宗。高第懦怯无能，认为关外必不可守，命令撤除全部守军，退保山海关。对此，袁崇焕慷慨陈词："边关御敌，我只知进，不知退。已经收复的地方，怎么可以随便放弃？如果锦州、右屯动摇，宁远、前屯必将震惊，山海关也就失掉了保障。"他还坚决表示："我是宁远、前屯的守将，死也要死在任上，绝不离开宁远半步。"高第拿他没有办法，只把宁远以北的锦州等地的驻军全部撤回关内。由于行动仓促，屯在关外的10多万石军粮尽皆丢弃，百姓颠沛逃难，途中死尸狼藉，哭声震动原野。

　　锦州的防卫一解除，后金军立即乘虚而入。1626年1月，努尔哈赤率领13万大军，西渡辽河，兵临宁远城下。

这时，袁崇焕手下只有1万多人马，其中一部分人还因受到高第撤军的影响，士气低落。袁崇焕为了鼓舞斗志，把全城将士集合起来，当众刺破手指写下血书，发誓与宁远城共存亡。将士们受到感动，都表示愿与敌人战斗到底。

1月24日，努尔哈赤命令部下向宁远城发起猛烈进攻。袁崇焕亲自在城上督守，指挥将士们用弓箭和石头消灭敌人。后金军死伤很多。努尔哈赤逼士兵们顶着盾牌爬到城墙下，企图掘开缺口攻进城去。袁崇焕下令炮口对准敌人密集的地方开火。炮声一响，烈焰腾空，后金军血肉横飞，成片成片地倒下。努尔哈赤眼看部下伤亡惨重，加上天色已晚，只得下令收兵。

第二天，努尔哈赤继续率军猛攻。袁崇焕登上城楼，看到那里敌军兵多，就下令往那里开炮。炮手们都经过袁崇焕的严格训练，炮打得又准又狠。后金军死伤无数，4员将领阵亡，努尔哈赤本人也负了伤。后金官兵大势既去，纷纷逃窜。袁崇焕在城上瞧得分明，率领将士们杀出城去，乘胜一口气追赶了30里路，歼灭后金官兵1万多人。

袁崇焕取得了宁远保卫战的胜利，接着又收复了因高第撤军而放弃的锦州城等。1627年，继努尔哈赤汗位的皇太极再一次率军进攻宁远和锦州，仍被袁崇焕及其部下将士击退，大败而回。

宁锦大捷后，魏忠贤集团眼见关外局势大有好转，便对袁崇焕排挤打击。袁崇焕被迫辞职。1627年8月，崇祯帝朱由检继位后，除掉了魏忠贤及其党羽，重新起用袁崇焕，提升他为兵部尚书，督师关外，兼管河北、山东等地的军事。

1629年10月，皇太极率领几十万大军绕过袁崇焕的防区，攻到北京城下。袁崇焕得到警报，立即挥师入关，在北京城下和清兵展开了

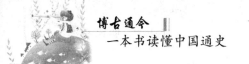

激战。皇太极不能取胜，就利用崇祯的多疑，施了一个反间计。结果崇祯帝就把袁崇焕给逮捕入狱了。

袁崇焕一被捕，部下将领深恐牵连，部武将祖大寿等带着军队逃出山海关。袁崇焕指挥的军队，本是明朝抵抗后金军的主力，也只有他在军中享有极高威信。朱由检无可奈何，只好叫袁崇焕写信劝说。身陷囹圄的袁崇焕以大局为重，亲笔写信要祖大寿听从朝廷命令，不要轻举妄动。祖大寿接信后向将士们一读，全军都痛哭起来。祖大寿年逾八旬的老母问明情由，劝大家杀敌立功，求崇祯帝保全袁崇焕的性命。将士们当天就回师入关，奋勇作战，收复了关内数城。

这时，皇太极因估量一时攻不下北京，已引军向东北撤离。关内局势有了好转，魏忠贤的余党又连上奏章，请杀袁崇焕。

崇祯于1630年8月16日，以"谋叛欺君"的罪名，残酷地用磔刑（凌迟）将袁崇焕杀害。

第八章

清代卷

当 17 世纪中叶西方正发生翻天覆地的变化时，兴起于东北的女真后裔叩开了山海关的大门，入主中原，建立了大清政权。

传说顺治帝因为爱妃的香消玉殒而出家为僧。继他之后，康熙登基。作为一个有道明君，他开创了"康乾盛世"的百年基业；雍正是个褒贬皆有的皇帝；乾隆号称"十全老人"，但他的闭关锁国、妄自尊大为中国种下了祸根；嘉庆一生就做了一件事，铲除和珅；道光除了节俭，爱穿补丁裤子外毫无可取之处，鸦片战争更是彻底暴露他的无能；咸丰胆怯无略，死后政权落在慈禧手中；慈禧治下，太平天国、义和团运动爆发，洋务运动破产，中法战争、中日战争、八国联军侵华纷至沓来，是这个女人，迅速抽走了大清的国本；同治帝在母亲的压制下短命而亡，死因曾闹得沸沸扬扬；光绪有意振作，但百日维新的失败终结了他的希望；末代皇帝溥仪，即位三年后，便在内忧外患中宣告退位，住进了颐和园。

作为中国封建社会的最后一个王朝，清朝也像卢沟晓月一般，虽寒冷，却不乏等待黎明的勇气。终有清一世，有大败明军、消灭闯王、平定三藩、统一台湾、征服噶尔丹、大战雅克萨、横扫大小和卓的慷慨悲歌、叱咤风云，也有《广州和约》《南京条约》《望厦条约》《黄埔条约》《北京条约》《瑷珲条约》《马关条约》《辛丑条约》等不平等条约的奴颜婢膝、低三下四；有《四库全书》《红楼梦》《聊斋志异》等辉煌灿烂的文化业绩，也有"明史案"《南山集》案"吕留良案"等昏天黑地的文字大狱；有圆明烈焰的耻辱，也有虎门销烟的壮烈，有言之丑也的宫闱秘事，也有大义凛然的一代英杰……林林总总，百怪千奇，交错纷呈，不一而足。

决战山海关

公元 1636 年，皇太极在盛京（明朝时称沈阳）称帝，国号清，即历史上的清朝。清朝建立不久，皇太极病死，大权落到了多尔衮的手中。

多尔衮身上少有一般满洲权贵的简单鲁莽和草率行事的毛病，他深沉含蓄，有勇有谋。他深知清军入关后，和汉人打交道，仅仅靠满洲人武力是行不通的，还要依靠熟悉关内风土人情、有学识、有能力的汉族谋士。

多尔衮当上摄政王不到两个月，他平日最为疼爱的同胞幼弟多铎见汉族大学士范文程的妻子长得非常漂亮，动了邪念，意欲抢夺过来占为己有。多铎经常派人到范文程家周围观察动静，伺机抢人，搅得范家日夜担忧，寝食不安。多尔衮知道这件事后，马上派人把多铎传来，当着满朝王公贵族、文武大臣的面毫不留情地斥责了他的这一行为，并责令他上交 2000 两白银和 15 个牛录的兵力（1 个牛录为 300 人）作为对他的惩罚。

平素面对满洲权贵的欺凌敢怒而不敢言的汉族大臣见摄政王不避亲宠权贵，重罚了多铎，从心底释去了对满洲统治的疑虑和怨愤，从此更竭力为清王朝出谋划策了。这件事的直接受益者范文程当即上书朝廷，周密细致地分析了关内形势，主张严申军纪，笼络人心，进兵中原，同李自成的农民军一争雌雄。多尔衮认为他言之有理，采纳了他的建议，亲自率军向通往中原的门户——山海关进发了。

行军途中，清军迎面碰到了两个明朝装束的人，他们自称是把守山海关的明朝宁远总兵吴三桂派来请清军入关的。难道吴三桂就心甘情愿做卖国贼吗？其实非也，这其中自有缘故。

李自成率大顺农民军进京后，就接管了明朝大大小小的权力，他亲自召见降官和耆老，派人到黄河流域各地去建立地方政权，甚至准备开科取士，筹备即位典礼。李自成颁布施行的"三年免税"深得农民之心，所以维持军队和政府的庞大开支就要靠没收明朝内帑和对官僚勋戚追赃了。他们把明朝三品以上的大员一律发往各营追赃助饷，违者被拷打上刑；对四品以下的官员，他们则责令其自动捐银助饷，然后授职录用。历来改朝换代，只要恭顺，以前为官的仍可为官，以前有钱的也不会因此破财。不料，到了大顺国，小官要捐银，大官要追赃，明朝的官僚地主阶级由起初的勉强接受逐渐演化为疯狂的仇恨，伺机与农民军对抗。李自成率领的农民军进京后，被迅速到来的胜利冲昏了头脑，以为江山已坐稳，一味贪图享受，强抢民宅、践踏庄稼的事时有发生，全然忘记了在山海关外虎视眈眈的清军。

在这种情况下，把守山海关的明朝宁远总兵吴三桂的态度就显得举足轻重。吴三桂出身豪门，手下兵将骁悍，素被明朝视为北方屏障。

农民军逼近北京时，崇祯皇帝百传檄书命吴三桂入京御卫，可他却故意走走停停，延迟观望、拥兵自重，北京陷落后，他径直退回山海关。

李自成进京后马上派人带着4万两犒师银和吴三桂的父亲吴襄的劝降信，许诺父子封侯，劝他投降。吴三桂接到信后，以为从此可以

跻身新贵，便决计投降，带领手下兵马入京朝见李自成。不料途中道听途说源源不断地传入他的耳朵。有人说他父亲吴襄被索饷 20 万两，有人说他的爱妾陈圆圆被刘宗敏夺了去……吴三桂闻此消息，马上翻脸变卦，返回山海关。为报私仇，他派人去见多尔衮，请求合兵攻打李自成农民军。吴三桂主动充当卖国贼的原因正在于此。

多尔衮接到吴三桂降清的消息，喜不自禁，马上复信给吴三桂，不但答应出兵，而且许诺他封王。吴三桂果然降清。

李自成得知吴三桂不肯归顺农民军，便亲自率军到山海关征讨吴三桂。1644 年 4 月 22 日，李自成和吴三桂进行决战，结果因提前埋伏好的清军加盟突袭，农民军大败而归。李自成到此方知吴三桂已降清，并准备引清军入关。李自成连夜赶回北京，分析了敌我形势，决定撤出北京，做长期抗清的准备。4 月 29 日，李自成在武英殿登基称帝，次日凌晨率军撤回老营陕西。两天以后，清军踏进山海关，一路浩浩荡荡地开到了北京城下。

北京城里的明朝文武百官听到消息，连忙出城迎接。他们走出城门 5 里地，跪在大道两旁，在清军千军万马扬起的尘雾中如捣蒜般地磕着响头。

多尔衮命明朝官员在前面带路，从朝阳门经正阳门进入皇宫，然后在武英殿升座，并不失时机地声言："我们大清军是仁义之师，这次进关杀贼，是为了替你们报君父之仇。"紧接着他又传令："诸将进城，不许闯入民宅，对百姓要秋毫无犯，违令者严加惩办！"而后他又为崇祯皇帝发丧，表示自己不会跟明朝的官僚地主们为敌。

消息传开，那些为逃避农民军而躲到城外的地主和官僚们都高高兴兴地回到家中，按照满洲人的习惯留起辫子，迎接清军。

随后清朝把国都从盛京迁到北京，自此开始了长达两个多世纪的大清帝国兴亡史。

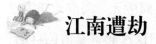

江南遭劫

清军南下扫荡明朝残余势力，攻占长江中下游的时候，发布剃发令，限定汉族男子在 10 日之内按照满洲的风俗剃去前额的头发，后面留辫子，违令者，一律砍头。剃头匠每天挑着担子沿街行走，只要碰到束发的人（汉族男子历来是把头发束起，盘在头顶或脑后），不由分说，拉来就剃。谁要稍一反抗，便被拉去砍头，然后把头挂在剃头担的竿子上示众。一时间，江南一带弥漫着恐怖的气氛。

公元 1645 年（顺治二年）夏天，剃发令传到江阴（今江苏江阴）。江阴百姓闻知此讯后，先向知县方亨请愿，要求留发。方亨非但没有答应，反而把请愿的人大骂一通。人们的正义要求遭此际遇，不由得一腔怒火。人们怒斥方亨："你本来是明朝进士，可如今身穿圆领官服，来做清朝知县。羞不羞，丑不丑啊？"

几日后，江阴城全体罢市，四乡农民也闻讯赶来助威，很快就聚集起 10 多万人。以秀才许用为首的 100 多人来到文庙集会。许用把明太祖朱元璋的画像挂起来，和大家一起参拜。他义愤填膺、激动昂扬地说："束发是我们祖先留下来的传统，岂能剃发？如今，我们只有

横下一条心：头可断，发不可剃！"在场的人们个个摩拳擦掌，准备与清军拼了。当天下午，一队乡兵手持武器冲进县衙，活捉了方亨。

众人推举典史（县衙管缉捕和监狱的官）陈明遇为首领，共同商议抗清守城事宜。与此同时，清军已经开始攻打江阴城了。由于敌我兵力悬殊，江阴城内军民伤亡很大，形势十分危急。陈明遇自知缺乏军事组织才能，于是想起了智勇双全的前典史阎应元。阎应元知道已是最后关头，便把大家召集起来，说："我们这次起事是诸位自愿，既然如此，就不能再顾及个人的生死了。"众人一致表示赞同："对，我们都听您的号令。"紧接着阎应元按户把全城居民组织起来，每户派一名男子登城守卫，其余的人供应茶饭；又命人把城里的火药集中放在城楼上，以备急用。全城百姓（包括地主富绅）积极响应，踊跃捐献，很快凑起一些铅丸、铁子、大炮、弓箭和钱粮。阎应元吩咐各队人马分守东、西、南三门，各司其职，他自己则亲自带兵守卫北门。

不久，清军加强兵力把小小的江阴城围得里三层外三层，水泄不通。他们用炮火作掩护，派士兵用云梯攻城。一队队清兵刚爬上城头，站在城墙上的江阴军民就用大刀、长矛砍杀刺戳，并不时地往城下清军集中的地方扔石头、火罐，发射毒箭，令清兵始终无法占上风，但是江阴军民们也已累得筋疲力尽。

这天晚上，苦战了一天的清兵都睡着了。江阴城里的军民用绳子把许多人放下城去。一些人趁清军酣睡守备不严，悄悄地接近敌营，埋伏下来。还有一些人手持点火用具，四处放火。不一会儿的工夫，清营内外火光连天，大火顺着风势越烧越旺。偷袭清营的伏兵们趁机大喊大叫，冲杀出来。正在梦中的清兵被惊醒后，东奔西逃，互相践踏，加上伏兵的追杀，伤亡惨重。

"一朝被蛇咬，十年怕井绳。"自此以后，清军再也不敢大意，尤其提防夜间遭突袭。有一天正值午夜时分，江阴城墙上忽然灯火齐明，人们在上面擂鼓呐喊，喊声震天。清兵以为又有人前来突袭，急忙爬起来准备应战。结果紧张了大半夜，却没有任何动静，清军这才醒悟过来，他们又中了阎应元的诡计。

如此这样连续数次，清兵被弄得似惊弓之鸟一般，终日惶惶不安。有的士兵不堪这种折磨，站在大路上哭着说："我们从北京打到南京，还没有打过这样的恶战。想不到江阴弹丸大的地方，倒这么难拔。"

清军见强攻不果，就派明朝降将、阎应元的旧交刘良佐前去招降阎应元。刘良佐来至江阴城下，对守城军民高喊："我是阎应元的旧友，你们告诉他，我要见他有话说。"过了一会儿，阎应元来到城门楼上，他身材魁伟，双眉紧皱，一脸正气，十分威武。

刘良佐连忙上前施礼说："你我是好朋友，今天我特意劝你几句，如今，福王已经完了，江南已经没有明朝的主子，你何苦还要死战？要是及早降清，还能保住荣华富贵。"阎应元不为所动，义正词严地说："我不过是明朝的一个典史，为国而死，有何可惜？你身为将军，不能保国安民，反倒投降清朝，率兵攻打江阴。你有何面目和我相见？"一席慷慨之词说得刘良佐哑口无言，满脸愧色。他愣了半天，灰溜溜地回清营去了。

次日，刘良佐再次前往城下劝降阎应元。未及开口，阎应元冷笑一声，道："有降将军，无降典史！"说完转身走了，城上顿时万箭齐发。刘良佐羞愧万分，连忙带着手下兵卒逃回了清营。

劝降未果，清军再次加强兵力猛攻江阴城。江阴军民最终因弹尽粮绝，无力抵抗，清军才得以凭借24万兵力的绝对优势，在围攻江阴

城的第 82 天攻进孤立无援的江阴城。

城破时，阎应元正在东城楼上指挥战斗，听到清军已攻进城内的消息后，他立即翻身上马，率领军民与清兵面对面展开肉搏战，直到兵败被俘，壮烈牺牲。守城军民全部战死，无一人投降，江阴城变成了一座"空城"。

正值江阴反剃发斗争高潮之际，位于江阴东南方向的嘉定也展开了反剃发斗争。当地人民推举士绅黄淳耀和侯峒曾主持城防，在城上悬起了"嘉定恢剿义师"的大旗。清朝派明朝降将李成栋前往镇压。他们调集大量兵马围城猛攻。嘉定城内的百姓不分男女老少都组织起来守城。在外援断绝的情况下，嘉定百姓困守了十几天。他们中的很多人一连几个昼夜没合眼，虽然两眼肿烂，又饥又渴，然而仍斗志昂扬。后来因连下几天大雨，嘉定土城被冲破，清军趁机用大炮猛轰，终于攻进城内。

清军攻进城时，侯峒曾仍从容不迫地站在城头指挥，看事情已到了无可挽回的地步，他带着两个儿子投河自尽。黄淳耀也宁死不降，自缢而亡。

清军占领嘉定后，大肆抢夺财物，仅李成栋一个人，就用 300 只大船运送他抢到的东西。清军不但抢财而且杀人。然而清军的残暴行为不但没有吓倒嘉定人民，反而激起了当地居民更加激烈的反抗。20天后，江东人朱瑛自称游击将军，把流亡的嘉定义民聚集起来，重新占领了嘉定城，继续武装抗清。无奈敌我力量悬殊，这次反抗最终以失败告终，嘉定人民再次遭到清军惨无人道的屠戮。

后来，原明朝把总吴之蕃在江东起兵，反攻嘉定，不幸惨遭失败，起义军全军覆没。嘉定人民第三次遭受清军灭绝人性的大屠杀。

这三次大屠杀，后人称为"嘉定三屠"。参加这三次反抗的人民多达十几万人，先后壮烈牺牲的，也有两万多人。

除了江阴和嘉定，江南的许多城市，如常州、无锡、宜兴、嘉兴、绍兴等地的居民也纷纷起事，进行反剃发斗争，但最终均以失败告终。频繁的战事给江南人民带来了无尽的灾难，昔日繁华的江南地区到处是断壁残垣，一片颓败景象。

大明遗民

公元 1644 年，大明末代皇帝崇祯缢死，李自成攻陷北京仅四十二天便仓皇西撤。清朝统治者入主中原后野蛮推行剃发令，强制汉人秃额顶拖长辫，废明朝汉族衣冠，改着旗袍马褂。可能想见，当时的人们经历了多么大的心灵震荡！

尤其是担负着文化传承使命的士大夫，处于血雨腥风、内外交逼之中，面对民族传统、人格尊严的即将惨遭荡灭，陷入了深深的思考。

于是，很多士大夫效仿商末的叔齐伯夷"不食周粟"，坚决做大明的遗民。

黄宗羲，生于万历三十八年（1610），东林名士之子。他十九岁锥刺阉党，二十岁参加复社，虽满腔报国之心，但实在报国无门。阉宦余孽他反过，南明朝臣他做过。当清兵南下之际，他还曾招募义兵，奋起抵抗。然而，改朝换代，势如山崩，绝非他一人所可挽回。三十四岁那年，他终于经受了一场山河破碎的变故与磨难。

又过了半个世纪，黄宗羲以八十六岁高龄殁于故乡。在这五十多年里，他坚持抗清十七年，其中有十年被通缉。最后的三十余年，他以垂老之身避居乡间，著述讲学，坚决不事清廷。清朝统治的日益稳固，轰轰烈烈的反清复明斗争逐渐沉寂，使他认识到重整河山只不过是一场梦幻，何况他又年过半百。他只能回到余姚老家，掸去案上积尘，重整庭前花土，把拳拳报国之心，深深地埋藏于书山墨海。黄宗羲是充实的，因为他写下了《明夷待访录》《明儒学案》那样的皇皇巨著，开了浙东史学研究的风气。因为他高徒林立，且徒弟们各有所长，因而他获得了"天下之治乱不在一姓之兴亡，而在万民之忧乐"这样的真知灼见。

比黄宗羲小三岁的江苏昆山人氏顾炎武，曾作为复社成员，参加过反对宦官权贵的斗争，也曾参加过抗击清兵的人民起义，但最终还是不得不卜居华阴，潜心学问，立志做一个孤忠守节、不忘故国的悲愤寓公。他郁郁三十八年，于清康熙二十一年（1682），默默地卒于远离故乡的曲沃（今隶属山西临汾市）。

比顾炎武小九岁的湖南衡阳人王夫之，二十五岁成了亡国遗臣。经过八年抗清，他于三十三岁开始藏身瑶洞、匿迹深山，忍饥耐寒达四十年之久，著书一百多种，三百多卷，终得完发而逝。

像黄、顾、王那样的大才，生逢乱世，经世济民的抱负不得施展，又甘愿利用大半生的时间与精力羁足故纸、穷理发微，这是悲剧还是喜剧呢？

这样的人远不止上述三位。流亡各地的江苏沛县白苧山人阎尔梅，隐居乡壤的如皋人氏冒辟疆，佯狂终身的昆山才子归庄，卧床抗命的山西名士傅青主，以及曾一度削发为僧遁入空门的崇德人士吕留良、番禺人氏屈大均、桐城人士方以智、诸暨人氏陈洪绶、南昌人氏八大山人朱耷，等等，他们谁的心里不是充满辛酸、冷寂？谁的心里不怀着必死之志，以嘴角一丝苦涩的笑慰藉余生，以眶中一掬寒泪消磨长夜！

于是，他们挥笔写了，洋洋洒洒，希冀在淋漓的字迹中排解忧愁，借此忘却烦恼；于是，他们画了，浓勾淡抹，试图在错杂的画面上冲淡郁闷，寻找解脱……

然而，不能。他们实在无法最后拯救自己，他们注定一世凄凉。他们心灵解脱的途径，唯有死。

在众多的明朝遗民中，还有一位颇值一提，他就是黄宗羲的同乡、长黄氏十岁的朱之瑜。这位号舜水的先生，作为诸生，在明未亡时，朝廷屡征不就，决意不为国家出力，似乎是看透了时局，伤透了心。然而，明亡后，他却如丧考妣，多方奔走，在据守舟山抗清失败以后，流亡日本、越南、暹罗等地，最终侨居日本讲学达三十三年之久，遂于"数年之间，使日本儒学大兴"，是为"水产学"。他的学术思想，对日本后来的明治维新产生了深远的影响。

他以气节祭奠了自己的先朝，同时却以实绩滋润了异邦的土地。

 **雍正即位**

雍正帝胤禛是清朝入关后的第三代皇帝。他于 1678 年 12 月 13 日出生，是康熙的第四个儿子。

与清朝其他各位皇帝继位不太一样的是，胤禛能继承康熙的皇位是通过与他的兄弟们激烈争夺赢来的。

康熙晚年，众多皇子争做太子，长达 20 多年，对当时的政局产生了很大的影响。本来，当康熙还是一个年仅 22 岁的青年时，就册立了不满两周岁的儿子允礽为太子。但是允礽被立为太子以后，许多行为让康熙十分不满。允礽为人贪得无厌，喜怒无常。13 岁时，他就刚愎自用，喜欢杀人。他对朝中大臣以及皇室亲戚都很不尊重，想骂就骂，想打就打。他跟着康熙到各地视察，肆无忌惮地向地方官勒索。康熙知道后曾大骂允礽以后一定是害民败国之君。从这个时候起，康熙与允礽的父子感情也开始恶化。康熙于 1690 年征噶尔丹，在归途中生病。由于想念允礽，便命允礽来看望。但允礽看见病中的父亲竟然没有一点担心忧虑的表现。康熙认为他不懂孝道，气得让他先回北京了。到了 1708 年，允礽知道自己已得不到康熙的宠信，便在陪同康熙出巡时欲图谋不轨，但被康熙发觉。康熙到此对允礽已是忍无可忍，下令废掉了他。

太子一被废，也就意味着剩下的皇子都有机会成为太子以继承皇位，因而各皇子就展开了激烈的争夺战。与其他几个皇子跃跃欲试，积极在康熙面前表现自己，胤禛相对老练得多，表现得十分谦让而低调，多能从大局出发，因而渐渐赢得了康熙的赏识。

太子一被废，其他兄弟都对太子落井下石，与他划清界限，唯有胤禛还替太子说话。太子被废后，由胤禛等兄弟几人看管。一次，康熙准备举行仪式，向上天宣读他废太子的决定，为此他让允礽先看看对决定有什么意见。允礽愤愤地说："我的太子位置是皇上给的，皇上要废就废，还要告什么天？"康熙听到这话，十分生气，说："皇帝的位置是上天给的，太子也一样。这样的大事怎么能不告诉天呢？允礽既然如此胡说，以后他的话就不要告诉我了。"

后来，允礽看了决定说："皇上说我别的不对都可以，可是说我想杀他这是绝对没有的，你们几个皇子一定要替我告诉皇上。"其他几个皇子听了，认为皇上说过不想再听允礽说的话，便不愿替他说话，只有胤禛听了说："允礽的话事关重大，应该替他告诉皇上。"其他的皇子仍不答应，胤禛便说："好吧，你们不说那我就一个人去找皇上说。"康熙知道了胤禛的做法，很是感动。在当时为夺皇位，众兄弟尔虞我诈、相互拆台的情况下，胤禛的做法确实独树一帜，颇有心计。

康熙说他这么做，是深明大义，团结了兄弟，于国于家都有利，因而开始注意到他。

诸皇子为争夺太子之位使出各种手段，弄得政治混乱，国家动荡不安。康熙又急又气，终于得了重病。朝中大臣、皇子对此表现得漠不关心。他们即使来看望，也只是应付一下，并不真正关心皇帝的健康。他们更关心的是皇帝万一死了由谁来继承皇位。有人竟然催问病

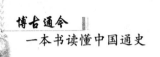
中的康熙：究竟准备让哪个皇子继承皇位？

对这些事，康熙是凉透了心。而胤禛则十分关心父亲的病，对康熙说："皇上，您是我大清朝赖以存在的根本。您的身体可一定要保重啊！您现在已经病了，应该赶忙找医生找药进行治疗休息，怎么能拖着病体操劳国家大事呢？至于由谁继承皇位，等您病好了再做考虑，不用这么急。"康熙听了，欣慰地点了点头。

见父皇点头，胤禛连忙接着说："皇上，我虽然不懂得医学，但我希望以我的性命做保证，由我为您找医生、找药，对您的身体加以精心治疗、调理，如果治不好就杀了我。"康熙听了更是感动，接受了他的请求。结果，用胤禛找的最好的医生和药，康熙的身体逐渐恢复了健康，而胤禛在康熙心中的地位就更高了。

后来康熙看到诸皇子为了能继承皇位，争夺得实在太激烈，局面太混乱，不得已又重新将允礽立为太子以安定局面。无奈的是，允礽恶习依旧，没有丝毫改变。因而康熙不得不再次将他废掉，从而使得诸皇子的争夺战达到了白热化。

此时的胤禛，通过几年不动声色的准备，不仅在康熙心目中占据了重要地位，更秘密拉拢了一些官员团结在他周围，形成了一个小集团，力量不可忽视。而在这个时候，一个小孩子又大大帮了胤禛一把，使他最后终于能继承大清的皇位。这个孩子便是出生于1711年的胤禛的第五个儿子弘历，也就是后来的乾隆皇帝。

康熙晚年由于被诸皇子争太子一事搞得焦头烂额，因而很少能有时间、心情和儿孙们一起享受天伦之乐。他虽是皇帝，可也是个老人，心中十分孤独寂寞。1722年春天，康熙在圆明园赏花，正在高兴时，胤禛告诉他有弘历这个孙子。康熙立即召见。弘历聪明活泼，康熙见了很是高兴，让他留在宫中，还经常将他带在身边，陪他一起玩耍、学习。后来见到弘历的母亲，康熙连连说她是有福之人。康熙死于1722年冬，在生命最后时刻出现的这个孩子对他来说无疑有重要意义，也是促成胤禛继承皇位的重要原因。

康熙死后留下密诏，正式宣布胤禛为皇帝，也就是雍正皇帝。民间有许多关于雍正非法夺皇位的传说，这只是他的竞争对手不甘失败，故意制造的流言，不足为信。

大兴文字狱

由于清朝是中国北方少数民族入主中原建立起来的，所以清朝统治者特别注意防范汉族知识分子的民族情绪，经常抓住知识分子文章中的个别字句发动"文字狱"，对他们进行严厉的镇压。雍正皇帝在位的时候，文字狱出现得最多，情况也最严重，其中，以吕留良一案最大，处理得也最离奇。

吕留良是明末清初的一个著名学者。明朝灭亡后，他参加了反清斗争。由于斗争没有成功，他就在家里开设私塾，招收学生。有人推荐他参加康熙皇帝举行的博学鸿词科的考试，他不愿为清朝卖命，坚决拒绝了。官员们还要劝他，甚至想威胁他出山。不得已，吕留良跑到寺庙里，剃光了头，当了和尚，官员们这才拿他没办法。

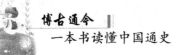

做了和尚之后，吕留良一直躲在寺庙里著书立说。他写的书里面有许多反对清朝统治的内容。不过，他的书写好之后，并没有流传出去。55岁的时候，吕留良病死了，他的后人把他写的书结集刊刻，但并没有多大的影响。

几十年后，正是雍正皇帝统治的初年，有个湖南的失意文人，名叫曾静。他出身贫寒，生活不如意，看到土地高度集中，财富占有不平等，产生了浓厚的民族意识和政治见解。他认为只有推翻清朝统治，贫寒百姓才有出头之日。后来，他偶然读到吕留良的几篇文章，对吕留良的学问佩服得五体投地，认为吕留良完全有资格做皇帝，从此反清思想更浓厚了。

他又派自己的学生张熙从湖南跑到吕留良的老家浙江去打听他遗留下来的文稿。张熙到了浙江，不但找到了吕留良的后裔，找到了文稿的下落，而且还找到了吕留良的两个学生。张熙跟他们一谈，很合得来。他回去向曾静汇报后，曾静也约那两个人见了面，四个人谈起清朝的统治都十分愤慨，大家就秘密商量，想办法推翻清王朝的统治。

他们也懂得，光靠几个读书人办不了大事。后来，曾静打听到担任川陕总督岳钟琪是岳飞的后代，现在手中握有很大的兵权，而且在讨伐边境叛乱的时候立了战功，受到雍正帝的赏识和重用。他想，要是能劝说岳钟琪起来反清，成功的希望就非常大。

于是，曾静写了一封信，派张熙去找岳钟琪。张熙当掉自己的家产，一路风尘仆仆地来到西安，见到总督岳钟琪。岳钟琪拆开来信，见是一封劝说他反清的匿名信，顿时大吃一惊。再一看信，里面竟列了雍正帝的十条罪状，还指责雍正是用阴谋诡计夺得皇位的。他急忙问张熙："你是哪里来的，竟胆敢送这样大逆不道的信？"

张熙面不改色地说："将军跟清人是世仇，您难道不想报仇吗？"

岳钟琪说："这话从哪儿说起？"

张熙说："将军姓岳，是南宋岳武穆王的后代，现在的清朝皇帝的祖先是金人。岳王爷当年被金人勾结宋朝奸臣秦桧害死，千古称冤。现在将军手中有的是人马兵力，正是替岳王爷报仇的好机会呢。"岳钟琪听了，马上翻了脸，吆喝一声，命人把张熙打进牢监，并且要当地官吏严刑逼供，追查他是什么人指使的。

张熙在狱中受尽种种酷刑，但他就是不招，还大义凛然地说："你们要杀要剐都可以，要问指使人，没有！"

岳钟琪心想，这个张熙是个硬汉，光使硬的治不了他，就另想了一个软的办法。第二天，他把张熙从牢中放出来，秘密地接见了他。岳钟琪假惺惺地说，昨天的审问，不过是试探，他听了张熙的话，十分感动，决心起兵反清，希望张熙帮他出主意。

张熙开始不相信，但岳钟琪郑重其事地与张熙结为金兰兄弟，骗取了张熙对他的信任。张熙于是把老师曾静及与老师交往密切且反抗清朝最厉害的人的姓名地址，一一告诉了岳钟琪。

获得了张熙提供的情况之后，岳钟琪一面派人到湖南捉拿曾静，一面立刻写了一份奏章，把曾静、张熙怎样谋反的情节，全报告了雍正帝。

雍正帝接到报告后又气又急，立刻下命令把曾静、张熙押送到北京，自己亲自审问。这时候，张熙才知道自己已经上了岳钟琪的大当。

雍正帝一查，明白了曾静等人的反清行动源于吕留良的思想和著作，也认识到思想犯比现行犯危险得多。于是，雍正帝将曾静谋反和吕留良的文字犯罪连接起来，精心将张熙投书和吕留良的著作摘录成

条，分编整理，审讯时公开提问，要曾静、张熙等人老实交待，重新认识，自我批判。

此案经过四年的审查，才宣告结案。不过，最后的处置却一反历代皇帝处置钦犯的常例。首犯曾静、张熙被下令免罪释放，让他们戴罪立功，到各地去现身说法，作反面教材；而受牵连的从犯吕留良却从坟里刨出来，锉骨扬灰；他的后代和两个学生则被满门抄斩，不少钦佩吕留良为人的读书人也一并受到株连，被罚到边远地区充军。

同时，雍正帝编纂刊刻了一本书，书名为《大义觉迷录》，书中收录了这桩清朝最大文字狱案的全部谕旨、审讯过程、口供，为清朝统治中原进行辩护，后面还附上了曾静的认罪书，作为学习的文件公开发行于全国各地。直到雍正去世后，这本泄漏了大清帝国各种宫廷内幕、隐秘的御制国书才被乾隆皇帝查禁销毁。

乾嘉学派

明清之际，学术风气陡变。原因是：明朝的灭亡，对仁人志士产生了强烈的刺激，以黄宗羲、顾炎武、王夫之为代表的知识分子对中国历史文化进行了深刻的反思。再者，清初对知识分子实施文化高压政策，以文字狱来迫害他们，使他们走向纯粹的学术研究。

另外，清代学风的变化还有着学术史本身方面的原因。从宋儒那里，知识分子就有了"尊德性"与"道问学"的分歧。在成贤成圣的方式上，有的儒家如朱熹特别强调多学多思，而有的儒家如陆象山、王阳明，就强调多读书致知对发明心性没有好处，甚至有害。后一派的意见在明朝王学兴盛的时代占了上风，但明朝的灭亡让知识分子意识到不能只是空谈性理，还应该博学以致用。

正是在这两方面的作用下，考据之学渐渐兴旺起来。学者们对传统的经史文献进行了大量的考订、校勘、辑佚、辨伪和注解工作，整理了一大批文献。因为这样的工作在清乾隆、嘉庆年间特别兴盛，所以称之为"乾嘉学派"。这一时期的学术成就，对后代中国古代文化的研究，是有很大帮助的。

戴震（1723—1777年），字东原，安徽休宁人，是清代著名学者。据说他十岁才能说话，但天资聪颖，过目成诵。塾师给他讲授《大学章句》，他问塾师："如何得知这是曾子所述的孔子的话呢？又何以得知门人所记即曾子之意呢？"塾师回答说："朱子这样说的。"戴震又问："朱子是何时人？"答："南宋。""曾子何时人？"答："东周。""周与宋相距多少年？"答："差不多两千年。"戴震接着问道："那么朱子又是怎样知道的呢？"老师最终被问得哑口无言。这个小故事可以说是对乾嘉学风的一个形象化的阐说。

乾嘉学派治经凡立一义，必凭证据，不尚孤证，不立伪证，讲求归纳，崇尚朴实文风，倡导实事求是。研究内容以经学为中心，次及小学（文字）、史学、天算、地理、音韵、校勘、律吕、金石、目录诸学，成绩斐然。

乾嘉学风的产生与清代康熙以后经济的发展、社会的相对稳定有关，没有良好的物质基础，没有安定的社会环境，学者是很难专心于

考据校勘、训诂声韵之学的。

如果说，康雍年间的经济增长是乾嘉学风兴起的基础，那么，文字狱的阴影笼罩就是其兴起的潜在的心理要素。

奢靡的天王府

太平天国是中国最后也是最大的一场农民革命运动。可是这场曾经叱咤风云的运动从洪秀全率众起事开始，到占领南京建立"天朝"政权，仅仅维持了 11 年。这引起后人无尽的深思，其中的教训实在太多，而最根本的教训，只有两个字：腐败。

太平天国从建都天京之日起，以天王洪秀全为首的领袖人物就丧失了进取心。他从 1853 年 3 月进入天京，到 1864 年 6 月 52 岁时自杀（一说饥饿病死），11 年中从未迈出天京城门一步。只有一次，他坐着 64 人抬的大轿出宫，去探视生病的东王杨秀清，其余时间都在他的太阳城金龙殿坐享荣华，其帝王生活的威仪和气派，是相当排场的。

据一位对太平天国并无敌意的英国翻译兼代理宁波领事富礼赐在其所著的《天京游记》中记录，有一次他在王宫前调查时，忽然间声音杂起，鼓声、钹声、锣声与炮声大作，原来是天王进膳的时间到了。直至膳毕，声音才停止。此时，他看见"圣门半开，好些软弱可怜的女子或进或出，各提盘碗筷子及其他用品，以侍候御膳用。各种物品大都是金制的"。天王有王冠，以纯金制成，重八斤；又有金制项链一串，亦重八斤。他的绣金龙袍亦有金纽。他由内宫升大殿临朝，亦乘金车，名为圣龙车，由美女手牵而行。

太平天国实行一夫多妻制。杨秀清曾在答复美国人的一份外事文书中公开承认："兄弟聘娶妻妾，婚姻天定，多少听天。"天王洪秀全拥有的妻妾则有准确的数字：金田起义后不久为15人，一年后至永安，据突围时被俘的天德王洪大泉口供："洪秀全耽于女色，有36个女人。"到1864年天京沦陷，幼天王洪天贵福被俘后在口供中说："我现年十六岁，老天王是我父亲。我有八十八个母后，我是第二个赖氏所生。我九岁时父亲就给了我四个妻子。"

洪秀全还为他的后妃规定了许多奇怪的清规戒律，并规定他们严格遵行。如禁止女子抬头看他，否则"起眼看主是逆天，不止半点罪万千"，"看主单准看到肩，最好道理看胸前。一个大胆看眼上，怠慢尔王怠慢天"（引自《天父诗》）。

在《天父诗》里看不到洪秀全在初创拜上帝教时所倡导的"天下多男子全是兄弟之辈，天下多女子尽是姊妹之群"的平等思想，只有对妇女的绝对权威和压制。

太平军进入天京后，立即开始大兴土木。天王府的第一期工程半年即建成，可惜被大火烧毁了一部分。于是次年正月又开始了第二期工程。两期工程所用的砖石木料都是从明故宫、庙宇、民房拆取搬来的，建筑工人主要是征用没有随军的妇女、老人，工匠则是奉天王的诏命从安徽、湖北招募来的，且都是无偿劳动。第三期的天王府工程，计划扩建到周围二十里。

在大兴土木的同时，天京诸王豪贵也上下争奢赛富，竞相大搞华

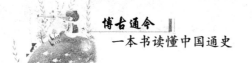

丽排场。如舆马定制，从基层管辖25人的"两司马"乘4人抬黑轿开始，层层加多。东王杨秀清每次出行要乘48人抬的大黄轿，夏日则为轿下设玻璃注水养金鱼的水轿，每次出行，前后仪仗数里，像赛会一般。而天王洪秀全从不出宫门，宫内有美女牵挽的金车，宫外常备64人抬龙凤黄舆。为了应对豪华的铺张，宫内专设典天舆一千人，典天马一百人，还有典大锣、典天乐等。奢侈已极。

除了供天王如此挥霍之外，还有讲求排场的朝内外文武各级官员31万多人，其中大部分都是王亲国戚和与洪秀全一起起事的功勋兄弟。他们都是些冗员，担着闲差，坐享荣华，很快就把库中掠夺来的金山银海挖空吸干了。

由于洪秀全对无功的王兄王弟滥封王爵，一时间封王之风迅速蔓延开来，几个王兄更是仗势卖官鬻爵，随便滥封。后来，实在没有爵位可封了，就在"王"字头上加一"斜"字，造成新字，为六等王。直到太平天国运动失败总共封了2700多个王。

太平天国的灭亡，撇开政策上和军事战略上失误这些原因不说，刚取得暂时的胜利，就挡不住贪图享受和腐败之风的诱惑，而且上行下效，愈演愈烈，终于导致百万人军转瞬间冰消瓦解。这个教训是极其惨痛的，不能不引起后人的深思。

曾国藩出将入相

　　曾国藩，一位旷世奇才，"中兴"名臣。他是近代中国历史上最有影响的人物之一。可以毫不夸张地说，曾国藩是清王朝苟延残喘之际的一剂强心针。

　　曾国藩，原名子成，字伯涵，号涤生，1811 年 12 月 16 日生于湖南湘乡荷叶塘天子坪白玉堂。在他短短的 61 年生涯中，可谓官运亨通，仕途坦荡。他重视人的思想和精神，他组建的湘军，具有浓厚的封建意识，勤王忠君和捍卫封建礼教是他的建军宗旨。他拥有晚清最富权威的幕府，他门下的幕僚大多博学多识，甚至包括当时少有的数学家、天文学家。至于李鸿章、左宗棠等一大批影响中国的权贵，也都是从曾国藩的幕府里走出的。他所保荐的幕僚，大都成了清廷中的重臣。曾国藩所创立的幕府，由此被称为"神州第一幕府"。

　　先来谈谈曾国藩创立的幕府。曾国藩幕府可谓人才辈出，后来官至总督、巡抚、尚书、侍郎者有李鸿章、李翰章、郭嵩焘、左宗棠、刘蓉、唐训方、彭玉麟、钱应溥、黎庶昌、何璟、倪文蔚、李宗羲等十余人，还有科学技术专家如徐寿、李善兰等。拥有这些人才组成的智囊团，参谋其事，曾国藩的成功是不难理解的。曾国藩幕府在历史上存在了二十多年，其影响之深，范围之广，颇有"前无古人，后无

来者"之势。无论是对曾国藩个人的事业，还是对晚清政局都起到了至关重要的作用。

就是这样一位权贵者，却有着极其矛盾的性格。他推崇仁爱，却又大开杀戒，被称为"曾剃头"；他提倡清廉，却对自己部下贪赃枉法的行为包庇纵容；他教人刚毅坚忍，却两次在挫折面前自寻短见；他拥有晚清最富实力的虎狼之师，却死守忠君报国的封建观念，在处理"天津教案"时，屈服于朝廷，滥杀无辜，结果被冠上了"卖国贼"的帽子，抑郁而终。

曾国藩是封建道德的楷模。在今天看来，虽有一些糟粕，但如果我们珍视自己的传统文化，曾国藩的文章道德不可不重视。曾国藩的学术思想自成一派，他所撰写的《曾国藩家书》至今仍有着很大的影响力。

曾国藩是清末著名的理学大师，学术造诣极深。他说："盖真能读书者，良亦贵乎强有力也"，要有"旧雨三年精化碧，孤灯五夜眼常青"的精神。写字或阳刚之美，"着力而取险劲之势"；或阴柔之美，"着力而得自然之味"。文章写作，需在气势上下工夫，"气能挟理以行，而后虽言理而不灰"；要注意详略得当，详人所略，略人所详，而"知位置者先后，剪裁之繁简"，又"为文家第一要也"。为文贵在自辟蹊径，"文章之道，以气象光明俊伟为最难而可贵"，"清韵不匮，声调铿锵，乃文章第一妙境"。

曾国藩认为持家教子主要应注意以下十事：一、勤理家事，严明家规。二、尽孝悌，除骄逸。三、"以习劳苦为第一要义"。四、居家之道，不可有余财。五、联姻"不必定富室名门"。六、家事忌奢华，尚俭。七、治家八字：考、宝、早、扫、书、疏、鱼、猪。八、亲戚交往宜重情轻物。九、不可厌倦家常琐事。十、择良师以求教。

　　曾国藩以编练湘军起家，书生治国，镇压了中国历史上规模最大的农民起义——太平天国运动。其军事思想内涵极丰，确有过人之处。他认为，兵不在多而在于精，"兵少而国强"，"兵愈多，则力愈弱；饷愈多，则国愈贫"。他主张军政分理，各负其责。他购买了洋枪、洋炮、洋船，推进中国军队武器的进步。他治军以严明军纪为先，同时着意培养"合气"，如果将士同心，"将军有死之心，士卒无生之气"。他选择人才有四点要求："一曰知人善任，二曰善觇敌情，三曰临阵胆识，四曰营务整齐。"曾国藩军事思想中最丰富并值得今人借鉴的是其战略战术。如"用兵动如脱兔，静如处女"，主客奇正之术，"扎硬寨，打死仗"，水师不可顺风进击，善择营地，"先自治，后制敌"，深沟高垒，地道攻城之术，水陆配合，以静制动，"先拔根本，后翦枝叶"，等等。

　　曾国藩对交友之道也颇有见地。他认为交友贵雅量，要"推诚守正，委曲含宏，而无私意猜疑之弊"，"凡事不可占人半点便宜。不可轻取人财"，"观人之法，以有操守而无官气、多条理而少大言为主"。处世方面，曾国藩认为，"处此乱世，愈穷愈好"，身居高官，"总以钱少产薄为妙"。"居官以耐烦为第一要义"，"德以满而损，福以骄而减矣"。为人须在一"淡"字上着意，"不特富贵功名及身家之顺逆，子姓之旺否悉由天定，即学问德行之成立与否，亦大半关乎天事，一概笑而忘之"，"功不必自己出，名不必自己成"，"功成身退，愈急愈好"。曾国藩写有格言十二首，基本上概括了他的处世交友之道。

　　关于修身养性，曾国藩总结了修身十二款：敬、静坐、早起、读书不二、读史、谨言、养气、保身、日知所亡、月无亡不能、作字、夜不出门。他认为古人修身有四端可效："慎独则心泰，主敬则身强，

求人则人悦，思诚则神钦。"曾国藩不信医药，不信僧巫，不信地仙，守笃诚，戒机巧，抱道守真，不慕富贵，认为"人生有穷达，知命而无忧。"曾国藩认为："养生之法约有五事：一曰眠食有恒，二曰惩忿，三曰节欲，四曰每夜临睡前洗脚，五曰每日两饭后各行三千步。"养生之道，"视""息""眠""食"四字最为要紧，养病须知调卫之道。

从曾国藩的这些思想学术不难看出，作为晚清最富势力的权贵，他深谙救国救民之道，不仅有气宇轩昂的儒将之风，更有气吞山河的军事家之才。他爱才惜友，正是因此，他的门下才广聚贤才。他使幕僚们走上政治舞台，而幕僚们又支撑着他影响了中国达几十年之久。

毛泽东在早年曾说过："吾于近人，独服曾文正。"晚年曾说："曾国藩是地主阶级最厉害的人物。"

而蒋介石则多次告诫他的子弟僚属"应多看曾文正，胡林翼等书版及书札"，"曾文正家书及书札，为任何政治家所必读"。

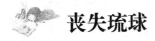 丧失琉球

琉球群岛，隔海相望于中国，散布于西太平洋之上，北连日本列岛，南接中国台湾。琉球群岛由北、中、南三大岛屿群共一百多个岛屿组成。

公元 12 世纪时，岛上出现了北山、中山和南山三个独立的王国。史载，从 1383 年开始，琉球三国的国王继承王位时都需接受中国明朝政府的册封。公元 1429 年，中山国王尚巴志统一琉球群岛，建立了琉球王国。琉球王国依旧作为藩属，向中国朝贡。直到 1879 年日本吞并琉球为止，在近 500 年的时间里，琉球王国始终使用中国政府的年号，奉中国为正朔。

1609 年，江户幕府的德川家康觊觎琉球王国的富庶，悍然下令由九州萨摩藩的岛津家久出兵三千，武装侵略琉球。日兵囚禁琉球王于鹿儿岛，并阴谋一举吞并琉球王国，后来迫于明朝政府的压力，又由于日本幕府内部因分赃不均出现内讧，这一阴谋才未得逞，但是日本仍然控制琉球王国内政长达 45 年之久。

1871 年，遭遇台风漂流到台湾的琉球船民被台湾高山族人杀死。这本是一桩普通的刑事案件，但日本政府却乘机大做文章，以保护"属国居民"为借口，派兵入侵台湾，逼迫清政府签订了《中日北京专条》。在这次外交讹诈中，日本政府的一大借口，就是宣称琉球国民是日本国属民，称其武装侵台是"保民义举"，这已经为侵略琉球埋下了伏笔。

1872 年，日本借琉球使者到访之机，突然强制"册封"琉球国王为藩王，并将其列入所谓的"华族"。

1874 年，日本内阁会议通过了《台湾藩地征伐要略》，提出要将琉球的实权控制在日本手中，同时要求政府采取行动，阻止琉球王国派遣使者向中国继续朝贡。

1875 年初，根据内务卿大久保利通的建议，日本政府拟定了一份针对琉球王国的强制"命令"：

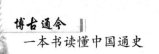

一、琉球王国对中国朝贡、派遣使节及庆贺清帝即位等惯例一概废止；

二、撤销在福州的琉球商馆，其与中国的贸易业务，以后一概归设在厦门的日本领事馆管辖；

三、琉球王登基需经中国派员册封这种礼仪，今后一概废止；

四、琉球王赴日接受日本政府提出的对琉球王国的政治改革及设施兴建等一系列方案；

五、琉球王国与中国今后交涉，一概归日本外务省管辖。

1875 年 6 月，驻扎琉球的日军占领要害部门，拘捕了琉球国王尚泰及诸王子，并将他们直接押往东京，成功地控制了琉球的内政外交，同时强制琉球改用日本年号。不久，日本占领当局即开始在琉球施行由日方制订的警察制度和监察制度。

琉球王国上下不愿就此被日本吞并，不断派人赴日本以及中国方面陈情，决计抗争到底。日本方面对此类要求自然是置之不理。1876 年 12 月，身陷囹圄的琉球国王尚泰不甘心就此国灭族消，秘密派遣其妹婿、担任琉球王国紫巾官的向德宏，紧急向清政府求援。向德宏乘船出海，伪装成遭遇台风，避开了日本监视，到达福建，面见闽浙总督何璟、福建巡抚丁日昌，呈递了琉球王的陈情书，乞求清政府出面，向日本交涉，代纾国难。

但是，当时的清政府正面临着几个战略方向上的边疆危机：法国在广西，俄国在新疆以及日本在福建频频制造事端，表现出了咄咄逼人的态势。在这种情况下，清政府根本无暇顾及琉球这个海外藩属。同时，清政府更担心，日本模仿此次中国干预琉球问题插手朝鲜，从而使清政府在辽东战略方向上遭受更大的危机。因此，李鸿章私下表示，即使从此琉球王国不向中国朝贡，也无关国家轻重，可以大度包容。清政府这种姑息养奸的态度，等于坐视琉球王国被日本吞并。

1879年4月4日，日本将琉球的中山岛改称为冲绳岛。其实"冲绳"就是"中山"的日文音译。日本人很聪明，把"中山岛"改称为"冲绳岛"后，又按照冲字的日本意义（训读），用英文写成Oki，绳字写成nawa。于是中山岛变成了Okinawa，美国人与英国人、法国人等都跟着称它为Okinawa，不知不觉地承认了这是日本的领土。到了今天，连我们中国人也很少知道"冲绳"便是"中山"了。

慈禧太后、李鸿章这些人，掌握着国家大权，却白白浪费了大权，耽误了国家。

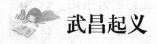

武昌起义

1911年1月，湖北革命党人组织的文学社宣告成立，蒋翊武、刘复基等人为领导。他们以"推翻清朝专制，反对康、梁的保皇政策，拥护孙文的革命主张"作为活动的宗旨。这一组织得到广大新军士兵的拥护，很多士兵加入了文学社。

这时候，湖北还有另一个革命组织共进会。两个组织不久在武昌举行联席会议，决定联合起来成立起义总指挥部，由文学社社长蒋翊武为总指挥，共进会负责人孙武为参谋长。他们和黄兴等人取得联系，

准备在当年中秋节（10月6日）举行武装起义。

就在起义准备工作紧锣密鼓地进行时，发生了一个意外事件。南湖炮兵营的士兵汪锡九、梅青福等人在喝酒的时候大谈起义，大骂清廷，排长刘步云听到后，前来干涉，还动手打了他们。这一下子激怒了进步士兵。他们将刘步云痛打了一顿，并从炮房中拖出大炮，要炮轰反动军官们的营地。无奈炮中没有撞针未能打响。这一事件引起了湖广总督瑞澂的警觉，他下令全城戒严，加强城防力量。革命党人不得不推迟起义，将时间改在10月11日。

可是到了10月9日，又发生了一件意外。这天中午，孙武等人在汉口俄租界宝善里的革命总机关赶制炸弹。革命党人刘公的弟弟刘同找孙武谈完话后，就站在一边看孙武拌火药、装炸弹，嘴里还叼着香烟。一不小心，火星落在炸药上，一声巨响，黑烟弥漫，孙武的手和脸被烧伤，血肉模糊。在场的人赶快把孙武送到附近的同仁医院抢救，其余同志马上离开，并向起义总指挥部告急。他们前脚刚走，俄国巡捕后脚就到，把革命党人准备起义时用的文告、旗帜、印信、钞票和宣传品全部抄走，并抓走了刘同等人。

俄国人如获至宝，立即打电话通知瑞澂，并把这些"战利品"和刘同引渡给清朝地方官。刘同当时只有十四五岁，在敌人的严刑拷打下屈服了，供出了有关起义的情况。瑞澂得知革命党人马上就要起义的消息，不禁打了个冷战。他一面命令"楚豫号"兵舰停泊在总督衙门附近的江面，准备随时登船逃走，另一面下令全城戒严，搜捕革命党人。

在这场大搜捕中，革命领导人彭楚藩、刘复基、杨宏胜等人惨遭杀害，蒋翊武等人逃亡，革命失去了统一指挥。

10月10日上午，工程八营的正目（相当于班长）熊秉坤正在和其他同志等待起义的通知，这时战友李泽乾进来向他报告："城里到处戒严，人们传说官府昨晚侦破了谋反机关，抓走了好多人，还要按名单到处抓人呢！"又说有人还看到了官府杀害彭、刘、杨三人的告示。熊秉坤见情况危急，就利用吃早饭的机会低声对各队代表徐少斌、金兆龙等人说："我们防守军械库，应当首先起义。因为各营起义后，都必须到这里领取弹药，我们不动手，别营怎敢先动！"于是大家约定下午三点钟上完操以后起义，并通知在楚望台执勤的革命党人接应。可这时候，营里突然接到上级的紧急命令：停止下操。熊秉坤只好改为晚上七点以后起义。

快到七点的时候，排长陶启胜见士兵程正瀛手里拿着上了子弹的枪，金兆龙也在擦枪，就问："你们干什么？"金兆龙回答说："以防不测！"陶启胜大声说："你们想造反吗？"金兆龙急不择言，说："造反就造反，你能把老子怎的！"陶启胜上前跟金兆龙扭打起来，要把他抓起来惩处。程正瀛见情势危急，向陶启胜开了一枪。陶启胜受了轻伤，连滚带爬地出门逃命，迎面正碰上了熊秉坤。熊秉坤知道陶启胜是清廷的走狗，怕他去报告，也向他开了一枪，结果了他的性命。

全营革命党人听到枪声，大喊"反吧！"立即行动起来，顿时枪声大作。就这样，几个新军革命士兵的行动，揭开了武昌起义的序幕。

起义的士兵们打死了阮荣发等三个反动军官，其他军官见势不妙，有的翻墙逃跑，有的躲进了厕所。各队士兵见官长死的死，逃的逃，胆子就更大了。他们蜂拥而出，集中到熊秉坤周围。熊秉坤见大家都动起来了，就鸣笛集合，并且先带领四十多个战士奔向楚望台，和那里接应的同志会合，占据了军械库。其他士兵也跟着往那里集中。熊

秉坤以总代表的身份向大家宣布："从现在起，我们的军队叫湖北革命军。今天晚上的作战目标是攻占总督衙门，以完成武昌独立为原则，口令是'同心协力'。"

宣布命令后，熊秉坤感到自己只是个小小的正目，缺乏领导起义的威望和指挥经验，难以控制局势，就去找队官（相当于连长）吴兆麟。吴兆麟进过参谋学堂，军事知识和作战经验都比较丰富，被人们称为"智多星"。熊秉坤和士兵们推举他为临时总指挥。吴兆麟要求士兵们绝对服从命令，并对起义部队作了部署。

这时候，蔡济民等人又带领别营的起义士兵和学生来到楚望台。南湖炮队也把火炮拉了出来，架设在中和门城楼、楚望台和蛇山等制高点。约有两千人的革命军开始了围攻总督衙门的战斗。

总督瑞澂吓得魂不附体，急忙叫人在衙门后墙挖了个洞，爬了出去，逃到事先停在长江的楚豫号兵舰。第八镇统制张彪凭借有利地形和先进武器，带领清兵在望山门拼死顽抗。但革命军十分英勇，经过整整一夜的激战，终于占领了总督衙门和武昌全城。数百名革命士兵在战斗中献出了年轻的生命，用鲜血换来了胜利。10月11日上午，武昌城头飘起了革命军的大旗，革命党人胜利了。

武昌起义的胜利，就像一个惊雷，掀起了全国革命风暴，劈碎了封建王朝的统治枷锁，腐朽的清王朝很快土崩瓦解。由于这一年是旧历辛亥年，所以这场伟大的革命又叫"辛亥革命"。

[1] 张荫麟. 中国史纲[M]. 北京：中华书局，2012.

[2] 蒋廷黻. 中国近代史[M]. 上海：上海古籍出版社，2011.

[3] 叶显恩. 简明话说中国[M]. 南宁：广西人民出版社，2006.

[4] 张岱年，方克立. 中国文化概论[M]. 北京：北京师范大学出版社，2011.

[5] 程裕祯. 中国文化要略[M]. 北京：外语教学与研究出版社，2011.

[6] 辜正坤. 中西文化比较导论[M]. 北京：北京大学出版社，2007.

[7] 葛兆光. 古代中国文化讲义[M]. 上海：复旦大学出版社，2012.

[8] 游国恩，等. 中国文学史[M]. 北京：人民文学出版社，2002.

[9] 吕思勉. 先秦史[M]. 北京：中国友谊出版公司，2009.

[10] 司马迁. 史记[M]. 北京：中华书局，2014.

[11] 徐正英，常佩雨，译注. 周礼[M]. 北京：中华书局，2014.

[12] 童书业. 春秋史[M]. 上海：上海古籍出版社，2010.

后 记

本系列图书以轻松活泼的语言，分十个专题介绍中国古代的历史文化，内容丰富，引人入胜，是一套理想的传统文化普及读物。本系列图书的编写和出版，离不开中国财富出版社领导的大力支持和编辑同志的辛勤工作，在此，谨向社领导和编辑同志表示由衷的感谢！

在本书的编写过程中，我们参考了大量的相关文献资料，引用了许多专家学者的著作和观点，我们已经征求了部分作者的同意并支付了稿酬，但其中一些资料来自互联网和一些非正式出版物，无法联系到原作者，敬请作者见书后及时与此邮箱联系：724176693@qq.com，我们将按照国家有关规定支付稿酬并寄送样书。